Albert der Große

Über die Prinzipien der fortschreitenden Bewegung

Herders Bibliothek der Philosophie des Mittelalters

Herausgegeben von
Matthias Lutz-Bachmann,
Alexander Fidora, Andreas Niederberger

Band 35

Albert der Große

Liber de principiis motus processivi
Über die Prinzipien
der fortschreitenden Bewegung

Lateinisch
Deutsch

Albert der Große

Liber de principiis motus processivi
Über die Prinzipien
der fortschreitenden Bewegung

Lateinisch
Deutsch

Übersetzt von Jürgen Wetzelsberger
Eingeleitet und kommentiert von
Henryk Anzulewicz und Jürgen Wetzelsberger

HERDER

FREIBURG · BASEL · WIEN

MIX
Papier aus verantwortungsvollen Quellen
FSC® C083411
www.fsc.org

www.herder.de
Umschlaggestaltung: Finken & Bumiller
Satz: SatzWeise, Föhren
Herstellung: CPI books GmbH, Leck
Printed in Germany
ISBN 978-3-451-34187-8

Inhalt

Text und Übersetzung

Anhang

Vorwort

Mit diesem Band wird die naturphilosophische Analyse der räumlichen Bewegung von Tier, Mensch und Himmelssphäre aus der Feder des Albertus Magnus (um 1200–1280), eines der profiliertesten Universalgelehrten des lateinischen Mittelalters, präsentiert. Sein originelles lateinisches Lehrstück *Liber de principiis motus processivi*, das erstmalig ins Deutsche übersetzt wurde und mit dieser Ausgabe zweisprachig erscheint, bietet dem Leser die einzigartige Möglichkeit, ein grundlegendes, im Wesentlichen auf Aristoteles zurückgehendes Verständnis der Lokomotion unter der physikalisch-mechanischen, biologischen, psychophysiologischen, kosmologischen und anthropologischen Rücksicht zu gewinnen. Die naturphilosophische Auffassung der räumlichen Bewegung der Sinnenwesen, ihre Begründung und die Untersuchung der Bewegungsmodelle, ihrer kausalen Voraussetzungen und Folgen sind sowohl historisch als auch systematisch interessant. Mit diesem Werk liefert Albertus Magnus die elementare Erklärung der natürlichen Motorik mit ihren Ursachen und Folgen, die für das Sinnenwesen »existenziell« relevant sind und die bis zur Ebene des Geistes hinaufreichen.

Die deutsche Übersetzung, der die kritische Textedition von Bernhard Geyer aus dem Jahr 1955 als Band XII der Kölner Gesamtausgabe *Alberti Magni Opera Omnia* zugrunde liegt, wurde von Jürgen Wetzelsberger angefertigt. Sie wurde in sachlicher und begrifflicher Hinsicht zwecks der Vereinheitlichung und Harmonisierung mit den in *Herders Bibliothek der Philosophie des Mittelalters* erschienenen Übersetzungen der Schriften des Albertus Magnus durch Henryk Anzulewicz einer gründlichen Durchsicht unterzogen. Von ihm stammt die Einleitung zu dieser Ausgabe, an die Jürgen Wetzelsberger im historischen und doktrinellen Kommentar die Vorstellung der Bewegungsmodelle nach dem *Liber de principiis motus processivi* – das Modell der räumlich-fortschreitenden Bewegung der Sinnenwesen, der kreisförmigen Himmelsbewegung und der Bewegung des Men-

schen, bei dem die animalischen Bewegkräfte (Einbildung, Einschätzung, Streben) am Intellekt teilhaben – anschließt. Die Verfasserschaft ist jeweils mit dem Namenskürzel unter dem betreffenden Abschnitt gekennzeichnet.

An dieser Stelle sei das Wort des Dankes an die Herausgeber der *Herders Bibliothek der Philosophie des Mittelalters*, die Herren Professoren Alexander Fidora, Matthias Lutz-Bachmann und Andreas Niederberger gerichtet, die zusammen mit dem Herder Verlag das Erscheinen dieses Bandes ermöglicht haben und damit ein drittes Werk des Albertus Magnus in ihrer Reihe für interessierte Leser zugänglich machen. Frau Ursula Johannsen, Editionsassistentin der Reihenherausgeber, und Herrn Dr. Stephan Weber, Lektor des Herder Verlages, gilt verbindlicher Dank für die reibungslose Zusammenarbeit bei der Herstellung des Bandes. Frau Dr. Elke Franke hat freundlicherweise die Korrekturen großer Teile des Manuskripts übernommen.

Bonn und Salenstein, September 2013 Henryk Anzulewicz,
Jürgen Wetzelsberger

Einleitung

1. Authentizität des *Liber de principiis motus processivi*

1.1 Das Autograf

Das von Albertus Magnus zum eigenständigen Werk, dem *Liber de principiis motus processivi*, umredigierte Buch XXII seiner Tierkunde *De animalibus* ist als deren materieller Bestandteil an seiner ursprünglichen Stelle im Autograf des Autors erhalten.[1] Die Echtheit des Werkes wurde offensichtlich deshalb niemals problematisiert, obwohl seine Präsenz und Wirksamkeit im Mittelalter im Verborgenen geblieben zu sein scheinen. Einen solchen Eindruck vermittelte die bisherige Forschung, die sich mit dieser Frage flüchtig befasste. Das Werk muss dennoch im universitären Milieu in Abschriften zirkuliert haben, wie wir anhand der Taxationsliste des *stationarius* der Pariser Universität von 1304 annehmen. Diese Liste verzeichnet das Exemplar des Werkes in fünf Pecien und berechnet für das Kopieren drei Denaren.[2] Die alten Kataloge der Werke des Doctor universalis nennen indes von dem eigentlichen zoologischen Schriftenkorpus nur *De animalibus* und den *Liber de natura et origine animae;* den *Liber de principiis motus processivi* erwähnen sie nicht. Ein kausaler Zusam-

[1] Das Kölner Autograf von *De animalibus*, die Handschrift W 258a, gehört zum Bestand des Historischen Archivs der Stadt Köln. Nach dem Einsturz des Kölner Archivgebäudes in der Severinstraße 222–228 am 3. März 2009 und der Bergung der Handschrift wurde sie vorläufig – bis zu ihrer Restaurierung – im Historischen Archiv des Erzbistums Köln aufbewahrt.

[2] Vgl. *Chartularium Universitatis Parisiensis*, ed. H. Denifle et Æ. Chatelain, t. II, Paris 1891, p. 111 (n. 642): »De Principiis motus processivi, v pecias iij den.« G. Murano, *Opere diffuse per* exemplar *e pecia* (Textes et études du Moyen Âge, 29), Turnhout 2005, 228 n. 67. B. Geyer, »Ad Librum de principiis motus processivi Prolegomena«, in: Albertus Magnus, *Liber der principiis motus processivi*, Ed. Colon. XII, p. XXX.

menhang zwischen der Abwesenheit der Schrift in den alten Werkkatalogen und dem fehlenden Nachweis der Rezeption der Schrift einerseits und der Echtheitsfrage andererseits besteht, wie sich noch zeigen wird, nicht.

Die Ausgliederung des *Liber de principiis motus processivi* aus dem Autograf der Tierkunde *De animalibus* des Albertus Magnus war kein Präzedenzfall. Sie erfolgte analog zur Herausnahme des *Liber de natura et origine animae* aus der Tierkunde, der anfänglich zum Bestand des zoologischen Schriftenkorpus als Buch XX gehörte. Auch dieses Werk blieb nach seiner formalen Ausgliederung aus *De animalibus* und der Umwandlung zu einer selbständigen Schrift materiell an seiner ursprünglichen Stelle im Autograf.[3] Die Authentizität und Eigenständigkeit der beiden nur formal aus *De animalibus* herausgenommenen Schriften waren und sind durch ihren Verbleib im erhaltenen Autograf gesichert.

1.2 Interne und externe Argumente für die Echtheit

Abgesehen vom Autograf und dem Zeugnis der Taxationsliste der Pariser Universität von 1304 gibt es hinreichend viele ausdrückliche Bezugnahmen des Autors auf dieses Werk als sein eigenes, auf die wir bei der Erläuterung der Redaktionsfrage eingehen werden. Es kommen externe Echtheitsbeweise hinzu, zu denen u. a. das Zeugnis der Handschriften gehört, auf das hier hinzuweisen genügt.[4]

1.3 Die alten Werkkataloge

Die ältesten bekannten Werkkataloge des Albertus Magnus wurden im 14. und 15. Jahrhundert angelegt, aber sie gehen vermutlich bis

[3] Vgl. B. Geyer, »Die ursprüngliche Form der Schrift Alberts des Großen *De animalibus* nach dem Kölner Autograph«, in: A. Lang, J. Lechner, M. Schmaus (Hg.), *Aus der Geisteswelt des Mittelalters* (BGPhMA. Suppl.-Bd. III/1), Münster 1935, 578–590. H. Anzulewicz, »Einleitung«, in: Albert der Große, *Liber de natura et origine animae / Über die Natur und den Ursprung der Seele.* Lateinisch-Deutsch, übersetzt und eingeleitet von H. Anzulewicz, Freiburg – Basel – Wien 2006, 16–23.

[4] Siehe unten Anm. 8.

ins 13. Jahrhundert zurück. Sie sind ein wichtiger Orientierungsfaktor, der im Fall des *Liber de principiis motus processivi* scheinbar versagt.[5] Dies gilt zunächst für die sog. Stamser Tabula, die zu Beginn des 14. Jahrhunderts im Dominikanerkonvent St. Jacob in Paris angelegt wurde und in einer Abschrift in der Zisterzienserabtei Stams (Tirol) erhalten ist. Eine nach Heribert Chr. Scheeben bessere Gestalt des Stamser Katalogs der Werke des Albertus Magnus ist in einer aus der Basler Kartause stammenden, in der Universitätsbibliothek zu Lüttich unter der Signatur A. VII 43 aufbewahrten Handschrift des 15. Jahrhunderts bezeugt. In den beiden Fassungen des Katalogs wird der *Liber de principiis motus processivi* als eigenständiges Werk nicht aufgelistet, während *De origine animae* und *Magnus liber de animalibus* als voneinander verschiedene Schriften verzeichnet werden.[6]

Die Nichterwähnung der Schrift über die fortschreitende Bewegung der Sinnenwesen in den späteren Werkkatalogen[7] ist, wie festgehalten, kein Indiz für die Echtheitsbedenken der Katalogbearbeiter, sondern vielmehr Ausdruck von deren mangelnder Kenntnis des zoologischen Schriftenkorpus des Albertus Magnus. Dieser Zustand ist möglicherweise auch überlieferungsgeschichtlich bedingt, weil die Mehrzahl der Handschriften aus dem 13. und 14. Jahrhundert, die den *Liber de principiis motus processivi* als eigenständige Schrift überliefern – wie das Autograf von *De animalibus*, das diese Schrift enthält –, anonym sind.[8] Hieraus kann jedoch nicht generell auf Unkenntnis der Kopisten, Besitzer und Benutzer dieser Kodizes hinsichtlich der Autorenschaft der darin enthaltenen Schrift geschlossen werden. Das Autograf von *De animalibus* wurde in Köln als solches wahrgenommen und in der Konventsbibliothek der Prediger pietät-

---

5 Hierzu und zum Folgenden vgl. B. Geyer, »Der alte Katalog der Werke des hl. Albertus Magnus«, *Miscellanea Giovanni Mercati*, vol. II (Studi e Testi, 122), Città del Vaticano 1946, 399–400.

6 P. Simon, »Ein Katalog der Werke des hl. Albertus Magnus in einer Handschrift der Lütticher Universitätsbibliothek«, in: R. Haass, J. Hoster (Hg.), *Zur Geschichte und Kunst im Erzbistum Köln*, Düsseldorf 1960, 83 Nr. 5 und 38. Aus dem Komplex der zoologischen Schriften von Albertus fehlen in diesem Werkverzeichnis auch die *Quaestiones super De animalibus*.

7 Vgl. H. Chr. Scheeben, »Les écrits d'Albert le Grand d'après les Catalogues«, *Revue Thomiste* 36 (1931) 260–292.

8 Vgl. W. Fauser, Die Werke des Albertus Magnus in ihrer handschriftlichen Überlieferung. Teil I: Die echten Werke (Alberti Magni Opera Omnia. Tomus subsidiarius, I/1), Münster 1982, 166–168.

voll aufbewahrt.[9] Es gibt außerdem bis heute erhaltene handschriftliche Textzeugen aus dem 13. und 14. Jahrhundert, die das Werk mit einer korrekten Autorenzuschreibung tradieren. Wir stoßen auch auf mittelalterliche Bibliothekskataloge, die das Werk im Bücherbestand mit dem Autorennamen und Werktitel exakt ausweisen.[10] Die Möglichkeit, dass die ältesten Werkkataloge einen Textzustand vor der Ausgliederung des *Liber de principiis motus processivi* aus *De animalibus* dokumentieren, ist auszuschließen. Zu dieser Folgerung kommen wir aufgrund der Tatsache, dass die Kataloge den *Liber de natura et origine animae* verzeichnen, der zu gleicher Zeit wie der *Liber de principiis motus processivi* aus *De animalibus* herausgenommen worden sein muss, und dass diese redaktionelle Änderung im Autograf für die beiden Bücher in derselben Weise erfolgt ist. Des Weiteren kommt hinzu, dass die Werkkataloge, die hier in Betracht gezogen werden, die Spätwerke des Albertus Magnus, wie die *Summa theologiae* oder das Doppelwerk über die Eucharistie und das Messopfer,

---

9 Darüber berichtet Petrus von Preußen, aus Danzig stammender und im Kölner Dominikanerkonvent gegen Ende des 15. Jh. wirkender (chronologisch gesichert ist nur seine Präsenz bei der Graböffnung des Albertus Magnus am 11. Januar 1483) Biograf des Albertus Magnus, der sich hierbei auf die Autopsie der Handschrift der Werke des Doctor universalis und seine ausgedehnten bio-bibliografischen Recherchen stützt. Bei der Aufzählung der naturphilosophischen Werke des Albertus Magnus erwähnt er den *Liber de principiis motus processivi* zwar ausdrücklich nicht, aber wenn er vom Autograf der Tierkunde schreibt, macht er deutlich, dass diese eine aus mehreren Teilen bestehende Schriftensammlung bildet; vgl. Petrus de Prussia, *Vita B. Alberti Magni* c. 43, Antverpiae 1621, p. 293: »De animalibus Librum divisum in multos libros partiales, qui de manu propria eius conscriptus Coloniae in Praedicatorum Conventu habetur, sicut et super Matthaeum, v.h. [= vidi habemus]«; siehe auch ibid. c. 20, p. 181. In einem Verzeichnis der Werke des Albertus Magnus aus dem 15. Jh., das möglicherweise in Verbindung mit dem Kölner Dominikanerkonvent und dessen Büchersammlung gesehen werden kann, finden wir die bis dahin durch Werkkataloge eigens nicht erfasste Schrift mit dem Titel »De principio motus progressivi«; vgl. H. Knaus, »Ein rheinischer Gesamtkatalog des 15. Jahrhunderts«, *Gutenberg-Jahrbuch* 51 (1976), 509–519, hier 516 und Abb. 2 (Dem Hg. des Katalogs misslang eine stimmige Interpretation des Werkverzeichnisses aufgrund mangelnder Kenntnis der Werke des Albertus Magnus und der mittelalterlichen Katalogisierungspraxis).

10 Vgl. D. Planzer, »Albertus-Magnus-Handschriften in mittelalterlichen Bibliothekskatalogen des deutschen Sprachgebietes«, *Divus Thomas* 10 (1932) 261 (393) n. 80; 265 (397) n. 116.

anführen, jene Schriften also, die mit Gewissheit nach der redaktionellen Überarbeitung von *De animalibus* verfasst worden sind. Der überlieferungsgeschichtliche Aspekt des Werkes berührt nicht die Frage seiner Authentizität, sondern deutet nur, wie B. Geyer nahelegt, die *fata huius libelli* an.[11]

2. Methode, Wissenschaftsbegriff und wissenschaftssystematische Zuordnung

2.1 Quästionen, Paraphrase und inhaltliche Erweiterung

Albertus Magnus legte das zoologische Schriftenkorpus des Aristoteles zweimal auf zwei methodisch verschiedene Weisen aus: das eine Mal in Form von Quästionen und das andere Mal in einer paraphrasierenden, durch umfängliche Digressionen stark erweiterten Erklärung und inhaltlichen Ergänzung der Vorlage. In der Schrift *De animalibus* beschränkte er sich jedoch nicht auf eine paraphrasierende Auslegung der Vorlage, sondern er bediente sich ebenso einer deskriptiven Methode der Erschließung von Gegenständen dieser Wissenschaft. Ein solches Verfahren war geeignet und möglich, weil die letztgenannte Schrift jenseits des Lehrbetriebs redigiert wurde. Die *Quaestiones super De animalibus* sind hingegen methodisch und quantitativ den Erfordernissen des Unterrichts angepasst. Beide Werke sind in enger zeitlicher Nähe in Köln entstanden. Nach dem aktuellen Kenntnisstand lässt sich nicht entscheiden, ob das Werk *De animalibus* vor der Beschäftigung mit der Tierkunde im Unterricht am Kölner Studium Generale der Dominikaner verfasst wurde, oder parallel dazu bzw. erst danach. Einige werkinterne und externe Indizien scheinen für die chronologische Posteriorität des Quästionenkommentars zu sprechen. Dieser konzentrierte und beschränkte sich auf ausgewählte Fragen aus der aristotelischen Vorlage, die im Modus einer *disputatio* abgehandelt wurden. Ihr schriftlicher Niederschlag ist weder im Autograf noch in einer vom Autor autorisierten Fassung überliefert, sondern in einem Reportatum, wie das Zeugnis einer

---

11 Vgl. B. Geyer, »Ad Librum de principiis motus processivi Prolegomena«, § 4, p. XXX.

Handschrift und mancher Inhalt dieses Werkes nahelegen.[12] Der *Liber de principiis motus processivi* entstand, wie die ganze Schrift *De animalibus*, im Zuge der Auslegung des von Aristoteles verbürgten zoologischen Wissens, seiner Komplettierung und Generierung als Kommentar zu der von Albertus im süditalienischen Kampanien neu aufgefundenen, ersten lateinischen Übersetzung der Schrift *De motu animalium*.[13] Der Kommentar wurde einstweilen zum integralen Bestandteil des großen Kommentarwerkes *De animalibus* als dessen Buch XXII.

2.2 Wissenschaftsstatus und wissenschaftssystematische Zuordnung

Nicht in den Quästionen und auch nicht im *Liber de principiis motus processivi*, sondern in *De animalibus*, Buch XI, reflektierte Albertus die Tierkunde in wissenschaftstheoretischer Hinsicht und wies sie als eine eigenständige naturphilosophische, nicht deduktiv, sondern induktiv und deskriptiv verfahrende Disziplin aus. Das auf diese Weise gesammelte Wissen beruht jedoch, wie er dort festhält, auf Wahrscheinlichkeitsannahmen und erfüllt das Kriterium der Allgemeinheit, Notwendigkeit und Beweisbarkeit, welches dem strengen Wissenschaftsbegriff des Aristoteles zugrunde liegt, nicht. Über die Natur einzelner Dinge könne es keine apodiktische Wissenschaft geben, sondern nur eine ihr gegenüber schwächere, als *opinio* qualifizierte Wissensform.[14]

---

[12] Vgl. E. Filthaut, »Ad Quaestiones super De animalibus Prolegomena«, in: Albertus Magnus, *Quaestiones super De animalibus*. Ed. Colon. XII, p. XLIV v. 65–94, p. XLV v. 48–67. P. Hoßfeld, *Albertus Magnus als Naturphilosoph und Naturwissenschaftler*, Bonn 1983, 76.

[13] Vgl. P. De Leemans, »The Discovery and Use of Aristotle's *De Motu Animalium* by Albert the Great«, in J. A. Aertsen, A. Speer (Hg.), *Geistesleben im 13. Jahrhundert* (Miscellanea Mediaevalia, 27), Berlin – New York 2000, 170–188. Aristoteles Latinus, *De motu animalium. Fragmenta Translationis anonymae*, ed. P. De Leemans (Aristoteles Latinus, XVII 1.III), Bruxelles 2011.

[14] Ausführlicher darüber mit Stellennachweis und weiterführender Literatur siehe: H. Anzulewicz, »Albertus Magnus und die Tiere«, in: S. Obermaier (Hg.), *Tiere und Fabelwesen im Mittelalter*, Berlin – New York 2009, 34–41. M. Tkacz, »Albert the Great and the Revival of Aristotle's Zoological Research Program«, *Vivarium* 45 (2007) 30–68. Th. W. Köhler, »*Processus narrativus.*

Den Gegenstand dieser epistemisch schwächeren Wissensform, welche »die Wissenschaft über die Naturen einzelner Sinnenwesen« ist, bilden nach seiner Auffassung die vom seelischen Prinzip hervorgebrachten unterschiedlichen Ausprägungen des Körpers der Sinnenwesen, deren psychische Kräfte und Eigenschaften, ihr Ursprung und ihre Funktionen. Dazu rechnete er ursprünglich auch die Natur und den Ursprung der Seele sowie die fortschreitende Bewegung der Sinnenwesen, Gegenstandsbereiche, die er in Form einer aus zwei Traktaten bestehenden »Digression« und eines ebenfalls zwei Traktate umfassenden Kommentars zur aristotelischen Schrift *De motu animalium* in seinem Werk *De animalibus*, Buch XX und XXII, erläuterte. Nachdem dieses letztere fertiggestellt war, gliederte er die beiden Bücher aus dem Bestand der Tierkunde formal aus und wandelte sie zu selbständigen Schriften, dem *Liber de natura et origine animae* und dem *Liber de principiis motus processivi*, um.

Der für die Tierkunde beanspruchte, abgeschwächte Wissenschaftsbegriff galt also für den späteren *Liber de principiis motus processivi* (und den späteren *Liber de natura et origine animae*) nur solange dieser zum Bestand der Tierkunde gehörte. Nach der Ausgliederung dieser Schrift, wofür wir wissenschaftstheoretische Gründe als ausschlaggebend annehmen, wurde auch der nunmehr eigenständige naturphilosophische Teilbereich in seinem epistemologischen Status auf die höhere Stufe gehoben und mit den naturphilosophischen Wissenschaften wie Physik, Psychologie und Psychophysiologie gleichgestellt. Diese aber genügen dem Kriterium der Wissenschaftlichkeit der *Zweiten Analytiken* des Aristoteles gänzlich oder in höherem Maße als die Wissenschaft von den Eigenschaften einzelner Sinnenwesen, welche die *scientia de animalibus* ist.

Die im Buch XI von *De animalibus* wissenschaftstheoretisch reflektierte und als partikuläre Wissenschaft über die Sinnenwesen ausgewiesene Disziplin bestimmte Albertus zu Beginn seines *Physik*-Kommentars als den abschließenden Teil der naturphilosophischen Wissenschaften.[15] Die Stellung dieser Wissenschaft entspricht der Be-

---

Zur Entwicklung des Wissenschaftskonzepts in der Hochscholastik«, *Salzburger Jahrbuch für Philosophie* 39 (1994) 109–127.

15 Albertus Magnus, *Physica* l. 1 tr. 1 c. 4, Ed. Colon. IV/1, p. 7 v. 61–64; Lat.-dt.: *Albertus Magnus und sein System der Wissenschaften*, hg. vom Albertus-Magnus-Institut, eingeleitet, übersetzt und für den Druck vorbereitet von H. Möhle, H. Anzulewicz, M. Burger, S. Donati, R. Meyer, M. Bredenbeck

schaffenheit ihres Gegenstandes und des Wissens, das sie von ihm generiert, gemessen am Wissenschaftsbegriff des Aristoteles. Im Buch XI von *De animalibus* wird die Notwendigkeit dieser Wissenschaft, die das allgemeine Wissen über die Natur der Sinnenwesen ergänzt, unterstrichen. Ein allgemeines Wissen sei ein »mögliches« und »unbestimmtes« Wissen, folglich ein defizitäres Wissen, sofern es nicht an die konkrete Natur der Sinnenwesen geknüpft werde. Indem Albertus aus *De animalibus*, dem letzten Teil der naturphilosophischen Wissenschaften, das ursprüngliche Buch XXII herauslöste, änderte er den Wissenschaftsstatus von dessen Lehre, die, wie der geänderten Überschrift zu entnehmen ist, nicht von den sich bewegenden Sinnenwesen handelt, wie die ursprüngliche Überschrift suggerierte, und auch nicht von der Bewegung der Sinnenwesen, wie der Titel seiner Vorlage *(De motu animalium)* lautet, sondern von den Prinzipien der Bewegung. Die Prinzipien als Gegenstand einer Wissenschaft erfüllen aber, im Gegensatz zu partikulären Gegenständen, das Kriterium der Wissenschaftlichkeit gemäß dem Wissenschaftsbegriff der *Zweiten Analytiken.*

3. Redaktionsgeschichte des *Liber de principiis motus processivi*

3.1 Genese

Als Albertus Magnus Anfang der 1250er-Jahre am Kölner *Studium Generale* der Dominikaner sein Projekt der Kommentierung der *libri naturales* des Aristoteles vorstellte und in Angriff nahm, lag ihm dessen Tierkunde nur in der lateinischen Übersetzung aus dem Arabischen vor, die Michael Scotus um 1220 anfertigte. Das griechische Schriftenkorpus der aristotelischen Zoologie, das in der lateinischen Übersetzung den Titel *De animalibus* führte, umfasste folgende fünf Werke: *Historia animalium* in zehn Büchern, *De partibus animalium* in vier Büchern, *De generatione animalium* in fünf Büchern sowie *De*

---

und S. Bullido del Barrio, Münster 2011, 126/127: »et quoad differentias animalium traditur scientia sufficiens in libris *De animalibus*. Et ille liber est finis scientiae naturalis« (»und in Bezug auf die Unterschiede der Sinnenwesen [wird die Wissenschaft über Körper] in den Büchern *Über die Sinnenwesen* hinreichend geschildert [...]. Und jenes Buch bildet den Abschluss der Naturwissenschaft.«).

motu animalium und *De progressu animalium*[16] jeweils in einem Buch. In der arabischen Überlieferung dieses Schriftenverbundes, der die Grundlage der lateinischen Übersetzung des Michael Scotus war, fehlten die beiden letztgenannten Werke.[17] Albertus Magnus, der nur auf diese Übersetzung zugreifen konnte, stand eine unvollständige Vorlage für sein Kommentarwerk zur Verfügung. Auf den Umstand, dass Aristoteles eine Schrift über die Bewegung der Sinnenwesen verfasst hatte, die aber verschollen war, wurde er durch Averroes aufmerksam. Der arabische Exeget des Aristoteles hatte Kenntnis von der Existenz einer solchen Schrift, die ihm ebenfalls nicht zur Verfügung stand, und von ihrem Inhalt aus einer Abbreviation des Nicolaus Damascenus. Averroes schrieb diesbezüglich in seinem Kommentar zu *De anima* des Aristoteles:[18]

> »Und er selbst (Aristoteles) sprach [darüber] im Traktat, den er über die Bewegung der Sinnenwesen verfasst hat; dieser Traktat kam aber nicht zu uns, sondern was uns überliefert wurde, war nicht allzu viel in der Zusammenfassung des Nikolaus.«

Diese durch Averroes vermittelte Kenntnis darüber, dass Aristoteles die Bewegung der Sinnenwesen auch in einer speziellen Schrift behandelte, deren Inhalt indirekt und fragmentarisch bekannt sei, fand bei Albertus keine explizite Erwähnung. Der Sachverhalt als solcher muss ihm schon bei der Systematisierung der Naturwissenschaften im *Physik*-Kommentar (I tr. 1 c. 4) vertraut gewesen sein. Aus dem vierten Buch des letztgenannten Kommentarwerkes geht hervor, dass er diese durch Averroes verbürgte Kenntnis besaß, allerdings nicht über dessen Kommentar zu *De anima*, sondern aus dem *Physik*-

---

16 Andere lateinische Formen des Titels dieser Schrift (griech. Περὶ πορείας ζῴων) sind »De incessu animalium« (Renaissance), »De ingressu animalium« und »De gressu animalium«.

17 Vgl. B. G. Dod, »Aristoteles latinus«, in: N. Kretzmann, A. Kenny, J. Pinborg, E. Stump (Hg.), The Cambridge History of Later Medieval Philosophy, Cambridge 1982, 58–59, 77. P. De Leemans, »The Discovery and Use of Aristotle's *De Motu Animalium* by Albert the Great«, 171.

18 Averroes, *Commentarium magnum in Aristotelis De anima* l. 3 text. comm. 54, ed. F. Stuart Crawford, Cambridge, Mass. 1953, p. 524 v. 59–62: »Et ipse locutus fuit de hoc in tractatu quem fecit de Motu Animalium, sed iste tractatus non venit ad nos, sed quod transferebatur ad nos fuit modicum de abbreviatione Nicolai«. Vgl. B. Geyer, »Ad Librum de principiis motus processivi Prolegomena«, p. XXIV v. 10–16.

Kommentar.[19] Damit dürfte die Berücksichtigung des *Liber de motibus animalium* in der systematischen Erfassung der *libri scientiae naturalis* im *Physik*-Kommentar des Albertus geklärt sein.[20] In seinem chronologisch nächsten Kommentarwerk, *De caelo et mundo*, verweist er auf den *Liber de motibus animalium* als seine Quelle, wobei auch diese Angabe von Averroes' Kommentar zu *De caelo* des Aristoteles verbürgt ist.[21] In diesem Licht wird auch die Aussage im Kommentar des Albertus zu *De anima* verständlich, durch die er unmittelbar vor und zu Beginn der Behandlung der Fortbewegung der Sinnenwesen bezüglich der motorischen Kräfte der Seele erklärt, diese Bewegung sei für die Seele und den Körper gemeinsam, wenngleich sie durch die Seele im Körper verursacht werde; er werde sie gesondert in einer anderen Wissenschaft behandeln und ihr speziell ein Buch über deren Ursachen und Eigenschaften widmen:[22]

---

19 Albertus Magnus, *Physica* l. 4 tr. 1 c. 13, Ed. Colon. IV/1, p. 226 v. 55–58: »Cum enim declaraverit Aristoteles in *Libro de motibus localibus animalium*, quod omnis motus procedit ab immobili, oportet …«. Vgl. Averroes, *Physica* l. 4 comm. 43, Ed. Iunctina, Venetiis 1562, f. 142L: »dicendum est quod illa, quae moventur per se, indigent aliquo quiescente, circa quod moventur, ut declarat Aristoteles in libro de Motibus animalium localibus …«.

20 Albertus Magnus, *Physica* l. 1 tr. 1 c. 4, Ed. Colon. IV/1, p. 7 v. 42–46; Lat.-dt.: *Albertus Magnus und sein System der Wissenschaften*, 124/125: »Secundum autem quod motiva est anima sensibilis, dupliciter movet, scilicet secundum locum, aut mutando locum aut dilatando aut constringendo corpus in eodem loco, et utrumque horum traditur in *Libro de motibus animalium*« (»Insofern aber die sinnenhafte Seele eine bewegende [Kraft] ist, bewegt sie nämlich örtlich auf zweifache Weise: entweder durch den Ortswechsel oder durch die Dehnung und das Zusammenziehen des Körpers am selben Ort; und beides davon wird im Buch *Über die Bewegungen der Sinnenwesen* geschildert«).

21 Vgl. Albertus Magnus, *De caelo et mundo* l. 2 tr. 1 c. 7, Ed. Colon. V/1, p. 123 v. 46–47 mit Quellennachweis.

22 Albertus Magnus, *De anima* l. 3 tr. 4 c. 7, Ed. Colon. VII/1, p. 237 v. 15–21: »Et quia talis motus processivus communis est animae et corpori, licet sit ab anima veniens in corpus, *ideo* in alia scientia, ubi quaeremus de *communibus operibus animae et corpori, quaerendum est de illo.* Faciemus enim librum specialem de causa et differentiis huius motus, quem vocamus processivum.« (Kursivschrift hebt die Worte hervor, die der Vorlage entnommen sind oder ihr entsprechen). Vgl. ibid. c. 8, p. 237 v. 59–62: »De omnibus autem huiusmodi motus differentiis determinari habet in libro *De motibus animalium*, ubi etiam dicemus, qualiter ipsi motui duae quietes necessario interponuntur«. Aristoteles, *De anima* l. 3 c. 10 (433b19–21); transl. vetus, in: Albertus Magnus, *De anima*, ed. cit., p. 236 v. 91: »Unde in communibus corporis et animae operibus considerandum est de his«.

»Und weil eine solche Fortbewegung gemeinsam für die Seele und den Körper ist, obwohl sie aus der Seele in den Körper hineingeht, deshalb muss man in einer anderen Wissenschaft nach ihr fragen, wo wir die gemeinsamen Tätigkeiten der Seele und des Körpers untersuchen werden. Wir werden ein spezielles Buch über die Ursache und Unterschiede dieser Bewegung, die wir die fortschreitende [Bewegung] nennen, verfassen [...] Über alle solche Unterschiede der Bewegung ist aber im Buch *Über die Bewegungen der Sinnenwesen* zu bestimmen, wo wir auch sagen werden, wie der Bewegung selbst zwei Momente des Ruhens dazwischengesetzt werden.«

Als Albertus im Anschluss an das Kommentarwerk *De anima* sein philosophisches Programm[23] mit der Auslegung der *Parva naturalia* fortsetzte, nahm er wiederholt Bezug auf die geplante Schrift *De motibus animalium.* Aus dem Einleitungskapitel der zum Komplex der Kommentare des Albertus zu den *Parva naturalia* zugehörigen Schrift *De intellectu et intelligibili*, Buch I, die keine Vorlage im *Corpus Aristotelicum* hat, sondern eine eigene Werkschöpfung des Autors darstellt, erfahren wir, dass das Werk »de Motibus qui dicuntur animales« auf die Schrift »de Inspiratione et expiratione« folgen und dem Werk »de Vita et morte« vorausgehen wird:[24]

»Und darüber haben wir schon nach unseren Kräften teilweise in den Büchern *Über die Nahrung und das Nahrungsfähige* und *Über die Wahrnehmung und das Wahrgenommene* ausgeführt. Es bleiben aber weiter die Bücher *Über Schlaf und Wachen*, *Über Jugend und Alter*, *Über Ein- und Ausatmung* und *Über die Bewegungen*, die ›sinnenhafte‹ [Bewegungen] heißen, *Über Leben und Tod*, die alle über die Tätigkeiten handeln, welche der Seele und dem Körper gemeinsam sind.«

Diese Ordnung bestätigte Albertus zu Beginn seines Werkes *De spiritu et respiratione*, bei dessen Abfassung er sich nicht auf die entspre-

---

23 Unter dem philosophischen Programm des Albertus wird hier die Kommentierung der naturphilosophischen Schriften des Aristoteles und die Schließung der Lücken in einem von Albertus neu aufgestellten System der Naturwissenschaften verstanden.

24 Albertus Magnus, *De intellectu et intelligibili* l. 1 tr. 1 c. 1, Ed. Paris. IX, p. 477b–478a: »Et de his in parte jam pro modulo nostro expediti sumus in libris de *Nutrimento et nutribili*, et de *Sensu et sensato*. Restant autem adhuc libri de *Somno et vigilia*, de *Juventute et senectute*, de *Inspiratione et expiratione*, et de *Motibus* qui dicuntur *animales*, de *Vita et morte*, qui omnes sunt de operibus communibus animae et corporis.«

chende aristotelische Vorlage, sondern auf das Opusculum des Costa ben Luca *De differentia spiritus et animae* stützte. In seiner diesbezüglichen Stellungnahme in *De spiritu et respiratione* hielt er fest:[25]

> »Es gibt viele Sinnenwesen, die sich ja örtlich bewegen und dennoch nicht atmen; hingegen gibt es kein atmendes [Sinnenwesen], das sich nicht auch örtlich bewegt. Deshalb muss entsprechend der Übereinstimmung mit der Natur über die Ein- und Ausatmung früher als über die örtliche Bewegung, die den Sinnenwesen eigentümlich ist, gesprochen werden. Es ist nämlich auch die erste örtliche Bewegung, die im belebten Körper erscheint, die Bewegung des Geistes, weshalb auch die Rede über die Atmung der Rede *über die Bewegungen der Sinnenwesen* vorangestellt werden muss.«

Der Plan bezüglich einer gesonderten Untersuchung über die Bewegungen der Sinnenwesen – gemeint war die Schrift *De motibus animalium* – stand also mit einer geringfügigen Änderung gegenüber der ursprünglich im *Physik*-Kommentar (Buch I Tr. 1 Kap. 4) festgelegten Ordnung spätestens mit dem Beginn der Arbeit an *De intellectu et intelligibili*, Buch I, fest. Albertus setzte ihn mit der Abfassung des *Liber de motibus animalium* unter der Änderung der anfänglich vorgesehenen Reihenfolge *De memoria et reminiscentia – De motibus animalium – De spiritu et respiratione* durch das Vorziehen der Abfassung von *De spiritu et respiratione* vor *De motibus animalium* um.[26] Dass ihm hierbei keine Vorlage des Aristoteles zur Verfügung stand und er damit einen Rekonstruktionsversuch unternimmt, er-

---

[25] Albertus Magnus, *De spiritu et respiratione* l. 1 tr. 1 c. 1, Ed. Paris IX, p. 212: »Multa sunt animalia quae quidem secundum locum moventur, et tamen non spirant: nullum autem spirantium est, quod etiam secundum locum non moveatur. Ideo secundum convenientiam naturae prius *de inspiratione et respiratione* dicendum est quam de motu secundum locum, qui competit animalibus. Est autem etiam primus motus secundum locum qui apparet in corpore animato, motus spiritus: propter hoc etiam de motu spirationis sermo, sermoni de *Motibus animalium* est anteponendus«. Vgl. Albertus Magnus, *Physica* l. 1 tr. 1 c. 4, Ed. Colon. IV/1, p. 7 v. 42–54; Lat.-dt.: *Albertus Magnus und sein System der Wissenschaften*, 124/125. G. Meersseman, *Introductio in Opera Omnia B. Alberti Magni*, Brugge 1931, 53–54. P. De Leemans, »*Secundum viam naturae et doctrinae.* Lire le *De motu animalium* et les *Parva naturalia* d'Aristote au Moyen Âge«, in: Chr. Grellard, P.-M. Morel (Hg.), *Les* Parva naturalia *d'Aristote. Fortune antique et médiévale*, Paris 2010, 202–203.

[26] Vgl. B. Geyer, »Ad Librum de principiis motus processivi Prolegomena«, p. XXIII v. 84–90.

wähnt er nicht, aber er nennt seine wichtigsten Quellen und sein nächstes Vorhaben. Zu den Quellen rechnet er vorrangig das Lehrgut des Aristoteles aus *De anima*, *Physica* und *De caelo et mundo* sowie die sich daran anschließende Tradition. Sie wird teils ergänzt, teils kontrastiert durch die Lehransichten des Platon und der Platoniker. In *De motibus animalium* und bei der Abfassung seiner Tierkunde *De animalibus* kündigte Albertus eine Schrift (oder zwei getrennte Schriften) »über den Ursprung der Seelen oder ihren Untergang« und »über den Zustand der Seele nach dem Tode« an.[27] Nach der ersten Ankündigung sollte dies im Anschluss an das letzte, XIX. Buch von *De animalibus* und im Bereich der »göttlichen Wissenschaften« *(in scientiis divinis)* erfolgen. Das Vorhaben wurde als Buch XX von *De animalibus* verwirklicht, das später zum eigenständigen *Liber de natura et origine animae* umgewandelt wurde. Ein weiteres Buch über die Fortbewegung der Sinnenwesen, das die Tierkunde ergänzen und als deren Buch XXII hinzukommen sollte, war nicht vorgesehen. Das Auffinden einer als verschollen geltenden lateinischen Übersetzung der Schrift des Aristoteles *De motu animalium* während seines dienstlichen Italien-Aufenthaltes in *Campania iuxta Graeciam* hat Albertus veranlasst, diese Schrift einer Kommentierung zu unterziehen und den Kommentar in die Tierkunde *De animalibus* als Buch XXII einzugliedern. Zu Beginn der Auslegung erwähnt er die Umstände seiner Auffindung der lateinischen Übersetzung der Schrift des Aristoteles und nimmt rückblickend Bezug auf seine frühere Werkschöpfung *De motibus animalium*, mit der er einst die Lücke im *Corpus Aristotelicum* schloss:[28]

---

[27] Hierzu und zum Folgenden vgl. H. Anzulewicz, »Einleitung«, in: Albert der Große, *Liber de natura et origine animae / Über die Natur und den Ursprung der Seele*, 18–20.

[28] Albertus Magnus, *Liber de principiis motus processivi* tr. 1 c. 1, Ed. Colon. XII, p. 48 v. 63–74: »Ex dictis igitur manifestum est, quod perfectio motus est a corde, procedente virtute motiva in membra exteriora, quae formata sunt ad motum ambulationis vel volatus vel reptionis vel natationis. De modo ergo huius motus, licet iam in libro *De motibus animalium* hoc quod nos sensimus, tradiderimus, tamen quia postea in Campania iuxta Graeciam nobis agentibus pervenit ad manus nostras libellus Aristotelis de motibus animalium, etiam hic ea quae tradidit, interponere curavimus, ut sciatur, si in aliquo ea quae ex ingenio proprio diximus, deviant a Peripateticorum principis subtilitate.« Siehe unten S. 80.

»Aus dem Gesagten ist daher erwiesen, dass die Ausführung der Bewegung vom Herz ausgeht und die bewegende Kraft dann in die äußeren Glieder vorrückt, die zum Gehen, Fliegen, Kriechen oder zum Schwimmen geformt sind. Wir wollten nun hier, auch wenn wir schon im Buch *Über die Bewegungen der Sinnenwesen* das, was wir meinen, veröffentlicht haben, dennoch – weil uns nachher in Campanien in der Nähe von Griechenland, wo wir zu tun hatten, Aristoteles' Buch über die Bewegungen der Sinnenwesen in die Hände fiel – auch das, was dieser über diese Art der Bewegung geäußert hat, einschieben, damit man erkennt, wenn in irgendeinem Punkt das, was wir aus eigenem Können geäußert haben, von der Genauigkeit des führenden Kopfes der Peripatetiker abweicht.«

Mit dieser Darstellung der Pläne des Albertus Magnus, eine Schrift über die Bewegungen der Sinnenwesen zu verfassen, mit der Schilderung der Hintergründe dieser Pläne, ihrer Wiederholungen und Änderungen, die durch Aussagen des Autors ausgewiesen werden, ist die Genese des *Liber de principiis motus processivi* und seine vorläufige Verortung in *De animalibus* im Kern erklärt.

3.2 Das Motiv für die Ausgliederung

Fragt man sich, warum Albertus den *Liber de principiis motus processivi* aus dem zoologischen Schriftenkorpus herausnahm, findet man bei ihm keine direkte Antwort. Es scheint uns aber, dass eine indirekte, durchweg plausible Begründung für diesen Schritt, in seiner Wissenschaftslehre der *scientia de animalibus* liegt. Dort nimmt er an, dass der Grad der Allgemeinheit des Lehrgehaltes *(doctrina communis)* das Kriterium ist, das eine über die allgemeinen Prinzipien handelnde Wissenschaft von einer partikuläre Sachverhalte erfassenden und diese beschreibenden Wissenschaft, welche die Tierkunde ist, zu unterscheiden erlaubt, diese Unterscheidung begründet und notwendig macht.[29] Der *Liber de principiis motus processivi* hat die Prinzipien der räumlichen Bewegung und die Bewegung als solche zum Gegenstand, keine konkrete Bewegung im Raum von einem bestimmten Sinnenwesen. Die Prinzipien haben den Status eines allgemeinen, formalen Gegenstandes, während eine konkret aufgefasste Bewegung nicht ohne Körper, Organ und Materie existiert. Auf dieser Grund-

[29] Vgl. H. Anzulewicz, »Albertus Magnus und die Tiere«, 40.

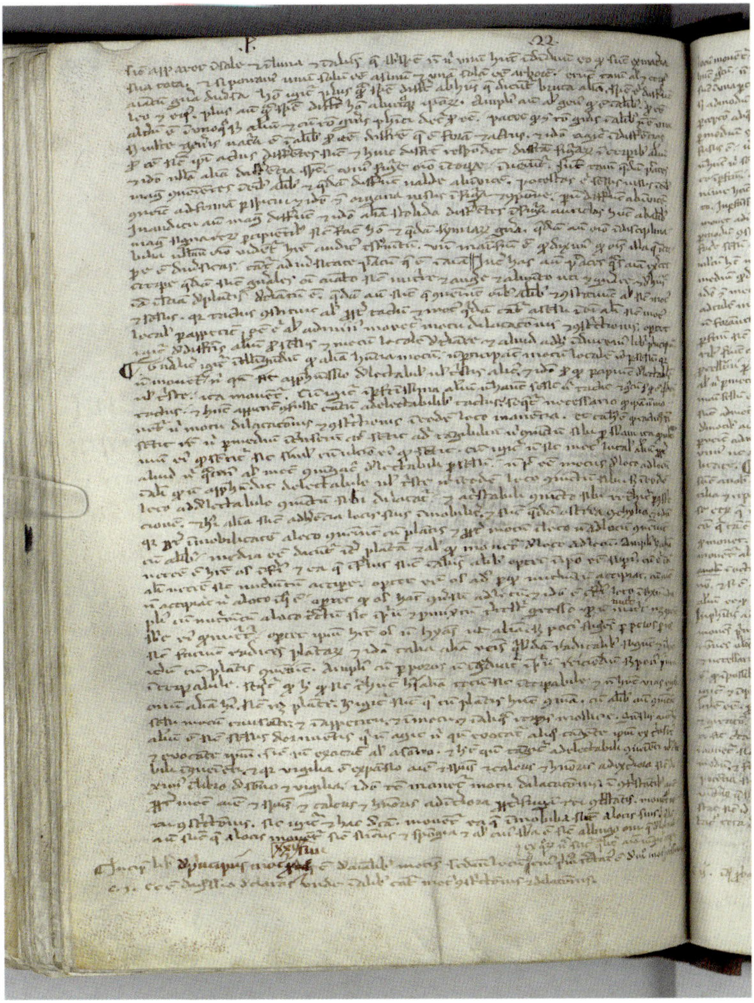

Abb. I: Albertus Magnus-Autograf von *De animalibus*, Historisches Archiv der Stadt Köln, Cod. W 258a, f. 339 verso; Textblock, Zeile 20: Anfang des *Liber de principiis motus processivi (Generaliter igitur intelligendum …);* vgl. unten S. 72.

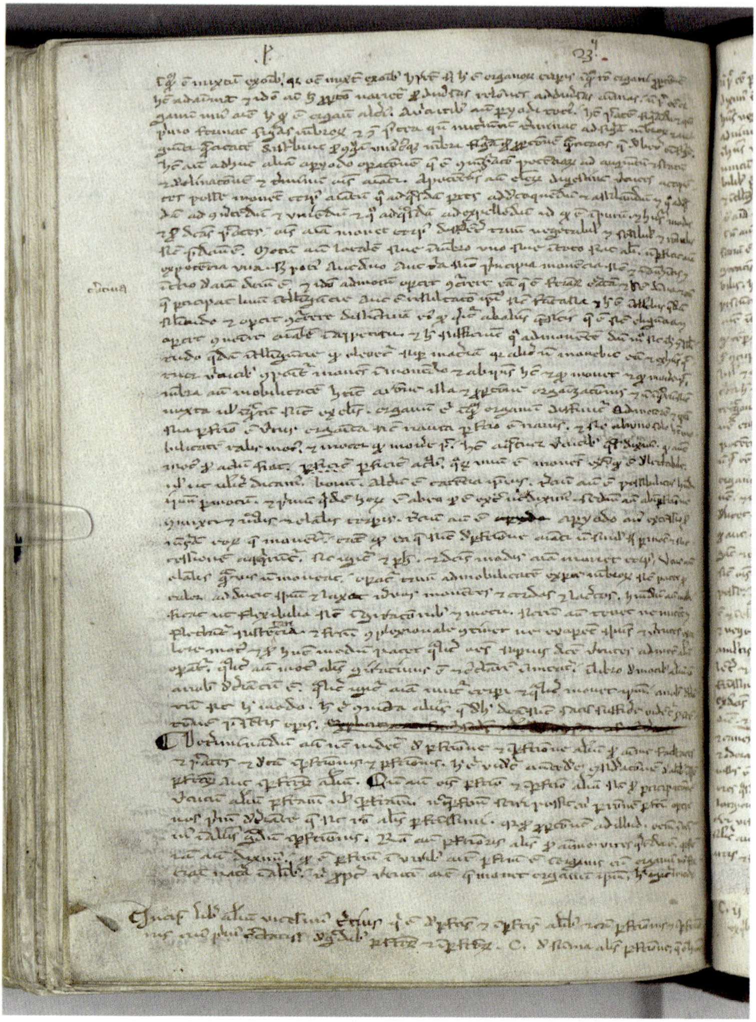

Abb. II: Albertus Magnus-Autograf von *De animalibus*, Historisches Archiv der Stadt Köln, Cod. W 258a, f. 350 verso; Textblock, Zeile 9 von unten: Ende des *Liber de principiis motus processivi (-tionem presentis operis.);* vgl. unten S. 200.

lage grenzt Albertus seine naturphilosophischen Schriften *(De anima* und die sog. *Parva naturalia)* von *De animalibus* ab, obwohl sie inhaltlich verwandt, hinsichtlich der Allgemeinheit ihrer Gegenstände jedoch verschieden sind. Aus seinen Ausführungen geht hervor, dass der *Liber de principiis motus processivi* so wie sein Prototyp *De motibus animalium* unter der Rücksicht der Formalität seines Gegenstandes denselben Status einer Wissenschaft wie die Schriften zur Psychologie und Physiologie genießt. Er gehört nicht zu der partikulären Wissenschaft, die den einzelnen Sinnenwesen zukommende Eigenschaften zum Gegenstand hat.[30] Mit dieser Auffassung und ihrer Umsetzung wich er vom *status quo* des überlieferten *Corpus Aristotelicum*, in dem die Schrift *De motu animalium* wie auch *De progressu animalium* entweder fehlte oder im strengen Sinn nicht zum Verbund der kleinen Schriften zur Naturphilosophie gerechnet wurde, nicht nur in dessen arabisch-lateinischer Tradition ab.[31]

3.3 Die Ausführungsweise

Die formale Ausgliederung der ursprünglichen Bücher XX und XXII aus dem Kommentarwerk und ihre Umwandlung zu eigenständigen Schriften nahm der Autor im Autograf durch die Änderungen der genuinen Bücherzählung und der Überschriften der für eigenständig erklärten Teile, ferner durch die entsprechende Anpassung der bisher als werkintern geltenden Verweise auf andere Bücher der Tierkunde, des jeweiligen Explicit und des Einleitungskapitels zum Werk vor. Die redaktionellen Änderungen fanden ihren konsequenten Ausdruck in der separaten, von *De animalibus* getrennten handschriftlichen Überlieferung der ausgegliederten Werkteile. Dieser »editorische« Effekt war vom Autor offenkundig beabsichtigt und ist möglicherweise unter seiner persönlichen Anleitung vollzogen worden. Denn dieser bisher relativ einheitliche, in 28 Bücher eingeteilte Werkkomplex der Tierkunde im Autograf bekam nach der formalen Ausgliederung zweier Bücher, die aber faktisch weiterhin im Autograf geblieben sind,

30 Ebd. 40–41.

31 Vgl. J. G. Lennox, *Aristotle's Philosophy of Biology. Studies in the Origins of Life Science*, Cambridge 2001, 114–125. O. Höffe, *Aristoteles* (Beck'sche Reihe. Denker, 535), München ²1999, 132.

vom Buch XX in der neuen Zählung eine neue Struktur, die sich für die Kopisten als nicht leicht durchschaubar darstellen musste.[32]

Die im Autograf von *De animalibus* am unteren Rand f. 339v eingetragene Überschrift des ersten der beiden Traktate von Buch XXII lautete vor seiner Umwandlung zum *Liber de principiis motus processivi* vermutlich, wie sie H. Stadler rekonstruierte und B. Geyer als einen weiteren Anhaltspunkt für die Richtigkeit dieser Ansicht anführte, »Incipit liber animalium vicesimus secundus qui est de amimalibus motivis ...«. Dieser Eintrag wurde vom Autor teilweise ausradiert und geändert, sodass man ihm die formale Eigenständigkeit dieses Werkteils entnehmen muss. Die geänderte Überschrift lautet: »Incipit liber de principiis motus processivi qui est de amimalibus motivis secundum locum ex quorum natura scitur qualiter anima iungitur corpori«. Die Worte »animalium vicesimus secundus« wurden durch die Formulierung »de principiis motus processivi« ersetzt; über das Wort »processivi« kam die ursprüngliche Bücherzahl XXII hinzu, wenn sie dort nicht von Anfang an stand; die Worte »ex quorum natura scitur qualiter anima iungitur corpori« wurden anscheinend nachträglich über die Zeile mit der Titelangabe des ersten Traktates geschrieben.[33]

Dass die Änderung in der Überschrift am Unterrand f. 339v – sie bezieht sich auf den Textabschnitt, der in der oberen Hälfte des Blattes mit einer neuen Zeile und einem Absatzzeichen mit den Worten »Generaliter igitur intelligendum quod animalia ...« beginnt – auf diese neue Weise strukturbildend für das Werk wurde, bestätigt der Schluss des zweiten Traktates des *Liber de principiis motus processivi.* Dort, im Autograf f. 350v, erfolgte eine an die Vorgabe der geänderten Überschrift notwendig gewordene Anpassung, die durch die Streichung des Schlusssatzes »Explicit vicesimus secundus animali-

---

[32] Vgl. B. Geyer, »Ad Librum De natura et origine animae Prolegomena«, p. IX v. 37–83. Zu Verwendung und Verständnis des lat. Terminus *edo, editus, editio* in den Handschriften der Werke des Albertus Magnus siehe H. Anzulewicz, »Albertus Magnus-Editionen. Von den frühen Drucken bis zur Gesamtausgabe von A. & É. Borgnet«, in: G. Kapriev (Hg.), *Nomina essentiant res,* Sofia 2011, 225–227.

[33] Vgl. H. Stadler, [Prolegomena], in: *Alberti Magni Liber de principiis motus processivi ad fidem Coloniensis archetypi*, ed. H. Stadler, München 1909, 4–6. B. Geyer, »Die ursprüngliche Form der Schrift Alberts des Großen De animalibus nach dem Kölner Autograph«, 582; id., »Ad Librum de principiis motus processivi Prolegomena«, p. XXIII v. 23–31.

um, incipit vicesimus tertius« erzielt wurde. Die ursprüngliche Überschrift des darauffolgenden Buches, die im Autograf am unteren Rand f. 350v eingetragen ist, blieb versehentlich nicht korrigiert; sie gibt die alte, nicht mehr gültige Bücherzählung an: »Incipit liber animalium vicesimus tertius qui est de perfectis et imperfectis animalibus …«. Unverändert blieb auch die laufende Bücherangabe am oberen Rand f. 350v: »libri 23^{ij}« [»tractatus I^{us}«, f. 351r].[34] Darüber hinaus wurden die ursprünglichen werkinternen Verweise auf andere Bücher von *De animalibus*, welche sich im *Liber de principiis motus processivi* fanden, wie erwähnt, zu Verweisen auf *De animalibus* als ein externes Werk umgeändert oder getilgt.

3.4 Signifikanz der redaktionellen Änderungen

Nachfolgend stellen wir synoptisch die wichtigsten redaktionellen Änderungen des Autors, die sich über den Text des zum eigenständigen *Liber de principiis motus processivi* umgewandelten Buches XXII von *De animalibus* erstrecken und durch die Umwandlung verursacht wurden, zusammen. Der Vergleich der beiden Redaktionen verdeutlicht die Signifikanz der nachträglichen Eingriffe des Autors in einen bereits abgefassten Text. Die linke Spalte gibt den Jetzt-Zustand des Textes wieder, so wie er im *Liber de principiis motus processivi* bezeugt ist, während die rechte Spalte den ursprünglichen Text von *De animalibus*, Buch XXII, vor dessen Ausgliederung aus der Tierkunde dokumentiert:[35]

	Liber de principiis motus processivi	De animalibus
1	ubi in *libris animalium* volantia et gressibilia et natatilia et reptilia et contrahentia et extendentia se distinximus: tr. 1 c.2, Ed. Colon. XII, p. 49 v. 1–3, unten S. 80	ubi in libris *praemissis huius scientiae* volantia et gressibilia et natatilia et reptilia et contrahentia et extendentia se distinximus: Autograf W 258a f. 340r

[34] B. Geyer, »Die ursprüngliche Form der Schrift Alberts des Großen De animalibus nach dem Kölner Autograph«, 582 (einige Ungenauigkeiten von Geyer berichtigen wir stillschweigend).

[35] Vgl. B. Geyer, »Ad Librum de principiis motus processivi Prolegomena«, p. XXIII v. 33–45.

2	Tractatus secundus qui est de principiis moventibus in motu processivo: tr. 2, Ed. Colon. XII, p. 57 v. 1–3, unten S. 112	tractatus secundus *vicesimi secundi libri de animalibus* qui est de principiis moventibus in motu processivo: Autograf W 258a f. 343r
3	quemadmodum diximus in scientia de cordis natura: tr. 2 c. 7, Ed. Colon. XII, p. 67 v. 4–5, unten S. 154	quemadmodum *supra* diximus in scientia de cordis natura: Autograf W 258a f. 346v
4	Alibi autem diximus de sensu et sensato et de somno et vigilia et de aliis potentiis et passionibus et operibus animae: tr. 2 c. 10, Ed. Colon. XII, p. 71 v. 11–13, unten S. 174	Alibi autem diximus de sensu et sensato et de somno et vigilia et de aliis potentiis et passionibus et operibus animae, *in praehabitis autem istius libri de animalibus nominati diximus de animalibus in genere:* Autograf W 258a f. 348r
5	Sed omnia huiusmodi dubia citius solvuntur, si ad mentem revocetur, quod in *Libris animalium* de natura et anatomia cordis determinatum est: tr. 2, c. 11, Ed. Colon. XII, p. 72 v. 25–28, unten S. 180	Sed omnia huiusmodi dubia citius solvuntur, si ad mentem revocetur, quod in *praehabitis* de natura et anatomia cordis determinatum est: Autograf W 258a f. 349r

Es gibt noch einige weitere vom Autor ausgeführte redaktionelle Änderungen in diesem Teil des Werkes wie z. B. die Tilgung einer redundanten, auf ein eigenes Werk bezogenen Hinzufügung »quem fecimus« (Autograf f. 340v), ein sich über mehrere Zeilen erstreckender Nachtrag nach der Ausradierung des vorher Geschriebenen (ebd.), ferner die Streichung einer mit diesem Nachtrag inhaltlich zusammenhängenden Textpassage, die 28 Zeilen umfasst und der Erläuterung der Bewegung des Schiffes durch den Wind (Tr. 1 Kap. 3, Ende) gewidmet ist (f. 341r). Diese Auffälligkeiten im Autograf sind von H. Stadler und B. Geyer dokumentiert und die getilgte Textpassage vollständig transkribiert.[36] Sie vermitteln den Eindruck von der Qualität, der Art und Weise und dem Umfang nachträglicher redaktioneller Eingriffe des Autors in den Text; eine strukturbildende Funktion im Prozess der Ausgliederung des *Liber de principiis motus processivi* aus der Schrift *De animalibus* kommt ihnen nicht zu.

[36] H. Stadler, [Prolegomena], 4–6. B. Geyer, »Ad Librum de principiis motus processivi Prolegomena«, XXXI.

4. Chronologie

4.1 Relative Chronologie

Alle Anzeichen sprechen dafür, dass Albertus die in seinem *Physik*-Kommentar aufgestellte systematische Ordnung der naturphilosophischen Wissenschaften,[37] die zugleich als eine grobe chronologische Richtschnur für die Umsetzung des Programms angesehen wird, bei der Abfassung von *De animalibus* und somit des späteren *Liber de principiis motus processivi* ohne größere Abweichungen eingehalten hat. Gemäß dieser Vorfestlegung steht die relative Chronologie seines zoologischen Schriftenkorpus' fest. Die Wissenschaft von den Sinnenwesen als der letzte Teil seines naturphilosophischen Programms nahm er sich offenbar nach der Fertigstellung aller in der Reihe der *libri naturales* vorgesehenen Werke vor. Er schloss damit an die Kommentierung und Ergänzung der Reihe kleiner naturphilosophischer Traktate des Aristoteles, die als »Parva naturalia« bezeichnet werden, an.[38] Die chronologisch relevanten Aussagen, die Albertus in diesen Schriften mit Bezug auf den *Liber de natura et origine animae* macht, gelten *mutatis mutandis* auch für den kurz darauffolgenden *Liber de principiis motus processivi.* Sie bestätigen im Wesentlichen die relative Werkchronologie, an der hier festgehalten wird.[39] Unsere frühere Annahme indes, dass am Schluss von *De intellectu et intelligibili*, Buch II Kap. 12, Albertus Magnus neben dem *Liber de natura et originie animae* die Schrift *De motibus animalium* als sein anstehendes Vorhaben nennt,[40] glauben wir in Bezug auf die letztgenannte Schrift korrigieren zu müssen. Konnte für diese Auffassung die chronologische Plausibilität ausschlaggebend sein und unter dieser Rücksicht auch weiterhin aufrechterhalten werden,

---

37 Vgl. oben Abschnitt 2.2 mit Anm. 15.

38 Zur Bezeichnung »Parva naturalia« vgl. Chr. Grellard, P.-M. Morel, »Présentation«, in: dies. (Hg.), *Les* Parva naturalia *d'Aristote. Fortune antique et médiévale*, Paris 2010, 5. Zu dem Ensemble der Schriften, ihrem Bestand und Anordnung in der Tradition des Mittelalters vgl. P. De Leemans, »*Secundum viam naturae et doctrinae*«, 201–206.

39 H. Anzulewicz, »Einleitung«, in: Albert der Große, *Liber de natura et origine animae / Über die Natur und den Ursprung der Seele*, 16–23.

40 Ebd. 17. – Wir folgten darin dem Hinweis der unkritischen Ausgabe der Intellekt-Schrift von A. Borgnet.

ist sie unter dem sachlichen Gesichtspunkt zugunsten des *Liber de principiis motus processivi* zu verwerfen. Aus der nachstehend angeführten Textpassage aus *De intellectu et intelligibili* kann unter Berücksichtigung aller interpretationsrelevanten Aspekte und Zusammenhänge, die sich uns jetzt in einem heuristisch erweiterten Horizont und bei einer strikten Beachtung verwendeter Begrifflichkeit erschließen, nur auf den *Liber de principiis motus processivi*, die mit dem *Liber de natura et origine animae* eng »verwandte« und von den Prinzipien der Bewegung der Sinnenwesen, nicht aber von der Bewegung als solche handelnde Schrift geschlossen werden:[41]

> »im Anschluss aber an das, was hier bestimmt wurde, ist es erforderlich, über die Natur jeder [Art von] Seele zu fragen, über ihr Entstehen und ihre Unsterblichkeit und über die Prinzipien der Bewegungen der Sinnenwesen. Denn dadurch weiß man, wie [die Seele] mit dem Körper vereinigt wird. Und dies werden wir in zwei anderen Büchern tun, die unmittelbar nach diesem einzuordnen sind.«

Welche Folgen sich aus dieser sachlich-chronologischen Verbindung der drei Werke für die Datierung von *De intellectu et intelligibili*, Buch II, ergeben, bleibt in einer anderen Untersuchung zu klären.

Das chronologische Verhältnis des *Liber de principiis motus processivi* zu den restlichen Büchern von *De animalibus* wurde von B. Geyer beleuchtet. Aus seiner Rekonstruktion der ursprünglichen Form der Schrift *De animalibus* geht hervor, dass Albertus sich schon nach der Abfassung des ursprünglich als Buch XXII von *De animalibus* konzipierten *Liber de principiis motus processivi* und zu Beginn der Arbeit am Buch XXIII seiner Tierkunde entschloss, die ursprünglichen Bücher XX und XXII aus *De animalibus* herauszulösen und als separate Schriften herauszugeben. Diese Annahme beruht auf dem Umstand, dass schon in den nachfolgenden Büchern der Tierkunde XXI und XXIII (in der Zählung nach dem Ausschluss der ursprünglichen Bücher XX und XXII) der *Liber de principiis motus animalium* als ein

41 Albertus Magnus, *De intellectu et intelligibili* l. 2 tr. un. c. 12, Ed. Paris. IX, p. 521a: »consequenter autem in his quae hic determinata sunt, oportet quaerere de natura omnis animae et generatione et immortalitate et de principiis motuum animalium, quia per hoc scitur qualiter unitur corpori. Et hoc quidem faciemus in aliis duobus libris qui immediate post istum sunt ordinandi.« Den Text der unkritischen Ausgabe korrigierten wir nach der Handschrift Neapel, BN VIII. C. 37 f. 87v.

eigenständiges, von *De animalibus* verschiedenes Werk zitiert wird. Es handelt sich um folgende zwei Erwähnungen:[42]

> De animalibus l. 21 tr. 1 c. 8 n. 46, ed. H. Stadler p. 1345 v. 25–26: »sicut ostendimus in *libro de principiis motus animalium*«.
>
> Ibid. l. 23 tr. un. n. 2, ed. H. Stadler p. 1430 v. 27–29: »patet per ea quae in *de Anima* et *de Motibus animalium* et in *de Principiis motuum animalium* dicta sunt«.

Die Sachlage bleibt konstant in allen nach *De animalibus* verfassten Schriften, d. h. immer dann, wenn der Autor auf *De principiis motus processivi* Bezug nimmt, meint er ein eigenständiges Werk. Den meisten solcher expliziten Erwähnungen begegnet man im *Metaphysik*-Kommentar, der zusammen mit dem zweiten Kommentar zur *Nikomachischen Ethik* gegenüber *De animalibus* die chronologisch nächstliegende Schrift ist. Die Belegstellen hierfür sind nachfolgend aufgelistet:

1	Metaphysica l. 5 tr. 1 c. 7, Ed. Colon. XVI/1, p. 224 v. 4–7:	»corpus dicitur unum, sicut ligamentis colligatum ad cor, sicut ostendimus in *libris animalium* et in libro, qui *de principiis motuum animalium* intitulatur«. Vgl. unten S. 142–146.
2	Metaphysica l. 5 tr. 1 c. 7, Ed. Colon. XVI/1, p. 224 v. 13–18:	»sicut in his quae *de principiis motuum animalium* disputavimus, qui est ab immobili uno, sicut motus bracchii totius ab immobili humero et motus asseid sive focilium ab immobili cubito, et motus manus ab immobili rasceta et motus totius corporis ab immobili corde«. Vgl. unten S. 142–146.
3	Metaphysica l. 5 tr. 5 c. 5, Ed. Colon. XVI/1, p. 280 v. 49–52:	»illi enim diffusam undique materiam dicunt Atlantem et sua diffusione tenere caelum. De hoc autem in *Principiis motuum animalium* et in II *Caeli et mundi* et in *Poeticis* a nobis dictum est.« Vgl. unten S. 94 sqq.
4	Metaphysica l. 10 tr. 1 c. 1, Ed. Colon. XVI/2, p. 432 v. 61–64:	»sicut est corpus animalis unum ex compositione ad unum, quod est cor, et motus a corde per membra unus est, sicut in *libro de principiis motuum animalium* iam olim ostendimus«. Vgl. unten S. 174–187.

[42] B. Geyer, »Ad Librum de principiis motus processivi Prolegomena«, p. XXIII v. 46–53.

5	Metaphysica l. 11 tr. 3 c. 2, Ed. Colon. XVI/2, p. 536 v. 80–83:	»Talis enim est anima quae est principium movens per concupiscentiam et iram, sicut in *Libro de principiis motuum animalium* determinatum est«. Vgl. unten S. 112, 132–133.

4.2 Absolute Chronologie

Die Frage der absoluten Chronologie des *Liber de principiis motus processivi* hängt zusammen mit der Frage nach dem Zeitpunkt der Auffindung einer lateinischen Übersetzung der Schrift des Aristoteles *De motu animalium* durch Albertus Magnus. Dies geschah während seines dienstlichen Aufenthaltes in Süditalien, nach seinen Angaben »in Campania iuxta Graeciam«. Beide Fragen wurden neuerlich von Pieter De Leemans akribisch untersucht und weitestgehend geklärt, wobei für die Datierung der Schrift kein eindeutiges, sicheres Ergebnis erzielt werden konnte, sondern zwei als plausibel ausgewiesene Lösungen.[43] Im Folgenden sollen die Problemlage, die Lösungsversuche und das Ergebnis kurz umrissen werden.

Versucht man die Chronologie des Kommentarwerkes nur anhand einer noch festzustellenden Datierung der Schrift *De animalibus* zu ermitteln, wird man, wie schon teilweise deutlich wurde, vom Ende der 1250er-Jahre ausgehen müssen. In diese Richtung weist die relative und absolute, sofern sie approximativ festgelegt werden kann, Chronologie der davor liegenden Schriften zur Psychologie und Psychophysiologie. Von der Datierung des Kommentars zu *De anima* ausgehend, für den der *terminus ad quem* 1257 angenommen wird, sind die redaktionell nächstliegenden Schriften die Kommentare zu den *Parva naturalia* einschließlich der zeitlich voneinander abgesetzten Abfassung der Bücher I und II von *De intellectu et intelligibili* und *De motibus animalium.* In diesen Zeitraum der zweiten Hälfte der 1250er-Jahre fällt vermutlich die Kommentierung des Matthäus-Evangeliums am Studium Generale zu Köln und anschließend die schriftliche Endredaktion dieses umfangreichen Werkes, das, wie *De*

[43] P. De Leemans, *Introduction*, in: Aristoteles Latinus, *De motu animalium. Fragmenta Translationis anonymae*, ed. cit., IX–XVIII; vorgängige, grundlegende Untersuchung von P. De Leemans siehe oben Anm. 13.

animalibus, im Autograf erhalten ist.[44] Es ist wahrscheinlich, dass Albertus die Redaktion des Evangelienkommentars noch vor seinem Ingress als Bischof in Regensburg (29. März 1260) abgeschlossen hatte. Der Autor nimmt in diesem exegetischen Kommentarwerk Bezug auf seine Schriften *De anima* und *De animalibus* als bereits verfasst.[45] Es scheint, dass das letztgenannte Werk kurz davor oder parallel zum Evangelienkommentar *Super Matthaeum*, vor dem Weggang des Albertus aus Köln nach Regensburg, verfasst worden ist. In diesem Fall wäre das Frühjahr 1260 als der *terminus ad quem* für die beiden Werke anzunehmen. Diese Datierung wird durch die Mailänder Handschrift der *Quaestiones super De animalibus* des Albertus Magnus, Cod. H 44 inf. der Biblioteca Ambrosiana gestützt, die den Quästionenkommentar mit den folgenden Worten schließt:[46]

> »[Hier] enden die Quästionen über die Sinnenwesen, die Bruder Albert diskutierte, indem er das Tierbuch den Brüdern in Köln wiederholte, die ein Bruder Namens Konrad von Österreich, Zuhörer [seiner Auslegung] des Buches, als Nachschrift gesammelt hat. Dies ist geschehen im Jahr des Herrn 1258.«

Der Herausgeber des Evangelienkommentars, Bernhard Schmidt, nennt u. a. das oben angeführte Handschriftenzeugnis als einen der drei Gründe für die Möglichkeit einer Datierung der Schrift *De animalibus* auf die Zeit bis 1258. Die Glaubwürdigkeit der Mailänder Handschrift wird insofern anerkannt, als man ihrem Zeugnis bei der Datierung der *Quaestiones super De animalibus* Glauben schenkt und ihre Bestimmung des überlieferten Textes als Reportatum über-

---

44 Das Albertus-Autograf – Cod. W 259 – gehört zum Bestand des Historischen Archivs der Stadt Köln; es liegt der kritischen Edition zugrunde: Albertus Magnus, *Super Matthaeum*, Ed. Colon. XXI/1–2.

45 Albertus Magnus, *Super Matthaeum* 7, 12, ed. cit., p. 256 v. 21–23: »De hoc autem in philosophicis in libro nostro *De anima* plene es determinatum«. Ibid. 3, 7, p. 72 v. 52–53: »De hoc autem plura diximus in *Libro de animalibus*«.

46 E. Filthaut, »Ad Quaestiones super De animalibus Prolegomena«, in: Albertus Magnus, *Quaestiones super De animalibus*, ed. cit., p. XXXV v. 41–54, hier v. 49–54: »Expliciunt questiones super de animalibus, quas disputavit frater albertus repetendo librum animalium fratribus colonie, quas reportavit quidam frater et collegit ab eo audiens dictum librum nomine cunradus de austria. Hoc actum est anno domini 1258.«

nimmt.[47] Nach Auswertung mehrerer chronologisch relevanter und teilweise kontrovers diskutierter Merkmale resümiert B. Schmidt, dass *De animalibus* 1258 schon verfasst sein konnte und dass der Evangelienkommentar vor dem Regensburger Episkopat des Albertus, d.h. bis zum Frühjahr 1260 oder spätestens bis 1264 fertiggestellt war.[48] Die neuerlich beanstandete Rekonstruktion der Chronologie des Apografs der ursprünglichen Fassung des Einleitungskapitels von *De animalibus* im Codex Vat. lat. 718 f. 226vb–227rb widerlegt die Annahme von B. Schmidt nicht, weil das Apograf nicht das einzige und nicht das entscheidende, sondern eines der drei Argumente für die Datierung der Tierkunde darstellt.[49]

Der Evangelienkommentar *Super Matthaeum* liefert wichtige Indizien zur Chronologie von *De animalibus* und damit für die Datierung des *Liber de principiis motus processivi*, der ursprünglich zum Bestand der Tierkunde als deren Buch XXII gehörte. Er enthält, wie es auf den ersten Blick scheint und wie der Quellennachweis in der kritischen Edition suggeriert, zwei Anknüpfungen an die aristotelische Vorlage des *Liber de principiis motus processivi* oder jeweils an eine der genannten Schriften, wenn nicht, wie sich im Folgenden herausstellen wird, an den Kommentar des Albertus Magnus. In den beiden Fällen, die offensichtlich chronologische Rückschlüsse erlauben, nimmt der Verfasser Bezug auf ein und denselben Lehrsatz des Aristoteles aus *De motu animalium*, dem zufolge das Herz das Prinzip ist, aus dem alle Bewegung der Sinnenwesen hervorgeht und zu dem sie zurückgeführt wird. In der ersten Allegation dieser Lehrmeinung führt der Autor sie auf die Schrift *De principiis motus voluntarii* als das Werk des Aristoteles zurück.[50] In der späteren Zitierung der-

---

47 Vgl. B. Schmidt, »Prolegomena«, in: Albertus Magnus, *Super Matthaeum*, ed. cit., p. XV v. 19–21: »Ego quidem censeo fieri potuisse, ut opus De animalibus iam anno 1258 confectum esset, et his tribus rationibus …«. Das Merkmal »Reportatum« wird im Titel des Werkes in der kritischen Ausgabe berücksichtigt: Albertus Magnus, *Quaestiones super De animalibus quas reportavit frater Conradus de Austria* (ed. cit., p. XXXIV).

48 B. Schmidt, »Prolegomena«, in: Albertus Magnus, *Super Matthaeum*, ed. cit., p. XVI v. 11–23.

49 R. Wielockx, »Les brefs traités zoologiques d'Aristote. Histoire gréco-latine du texte: de la Grande Grèce, par l'Italie, à Paris«, *Bulletin de Philosophie Médiévale* 53 (2011) 3–39, hier 4–9.

50 Albertus Magnus, *Super Matthaeum* 5, 30, Ed. Colon. XXI/1, p. 144 v. 53–56: »Hoc autem est virtus cordis, quia, sicut probatur in *Libro de principiis*

selben Lehrmeinung indes, die um einen essenziellen Aspekt in knapper Form erweitert wird, weist Albertus ihre Quelle durch den *Liber de principiis motuum animalium* aus, ohne diesmal den Autorennamen zu nennen. Aufgrund der weitgehenden Identität der wiederholt allegierten Sachverhalte könnte man annehmen, dass es sich im zweiten wie im ersten Fall um einen im Werk des Aristoteles und nicht im Kommentar des Albertus zu *De motu animalium* überlieferten Lehrinhalt handelt.[51] Dieser Befund wirft Fragen auf, deren Beantwortung neue Einblicke in die Chronologie der darin involvierten Werke des Albertus Magnus verspricht. Fangen wir mit den Fragen an.

Wenn Albertus im Evangelienkommentar *Super Matthaeum*, ähnlich wie in *De intellectu et intelligibili*, Buch II, seine ersten Kenntnisse der Inhalte der Schrift des Aristoteles *De motu animalium*, die er als »Liber de principiis motus voluntarii« bzw. »Liber de principiis motuum animalium« betitelte, zu erkennen gibt, hierbei aber nicht auf sein eigenes Kommentarwerk zurückgreift, dann war sein *Liber de principiis motus processivi* zu diesem Zeitpunkt möglicherweise noch nicht vollendet oder noch gar nicht geschrieben. Trifft diese Mutmaßung zu, schließt sie die Annahme der chronologischen Priorität der Tierkunde *De animalibus* gegenüber dem Evangelienkommentar *Super Matthaeum* aus; oder aber sie deutet eine spätere Abfassung des Kommentars zu *De motu animalium* des Aristoteles und seine Einfügung in die zuvor verfasste Tierkunde an. Letzteres scheint mit dem Textbefund im Autograf unvereinbar zu sein. Muss dann nicht die Möglichkeit erwogen werden, dass Albertus bei der Abfassung des Evangelienkommentars die aristotelische Vorlage seines *Liber der principiis motus processivi* bereits kannte und auch sie schon einer Kommentierung unterzog, sich aber beim Zitieren der Quelle in beiden Fällen nur auf die Schrift des Aristoteles bezog? Oder kommen an beiden Stellen gleichzeitig die Schrift *De motu animalium* des Aristoteles und der *Liber der principiis motus processivi* des Albertus, die Vorlage und ihr punktuell erschlossener und erweiterter Inhalt, zum Ausdruck? Eine weitere und letzte Möglichkeit, die zu erwägen ist und die aus unserer Sicht als die wahrscheinlichste Lösungsvari-

motus voluntarii ab Aristotele, motus omnium membrorum et operatio principiatur a corde«.

51 Albertus Magnus, *Super Matthaeum* 22, 37, Ed. Colon. XXI/2, p. 543 v. 66–68: »probatum est in *Libro de principiis motuum animalium*, quod omnes motus a corde incipiunt et in ipsum revertuntur«.

ante aufgewiesen werden kann, ist ein in beiden Fällen jeweils unterschiedlicher Quellenbezug.

In seiner zweiten Allegation in *Super Matthaeum* verweist Albertus auf den Lehrgehalt, der im zitierten Umfang nur im *Liber de principiis motus processivi*, in seinem Werkkommentar also, nachweisbar ist und auch dort neben der Nennung der aristotelischen Vorlage als die primäre Quelle (was im strengen Sinne nicht zutrifft) vom Editor nachgewiesen wurde.[52] Der ohne eine Verknüpfung mit dem Aristotelesnamen angeführte Werktitel »Liber de principiis motuum animaliumi« zeigt *de facto* nicht *De motu animalium* des Aristoteles an, sondern den Kommentar des Albertus zu dieser Schrift. Der erste äußere Grund für diese Auffassung des zitierten Werktitels liegt in einer signifikanten Differenzierung und Konstanz, die man bei Albertus im Gebrauch des Titels der Schrift des Aristoteles *De motu animalium* und seines Kommentars zu diesem Werk beobachtet. Den Titel der verschollenen Schrift des Aristoteles und manches ihres Inhaltes kannte er zunächst durch die Vermittlung des Averroes' *(In Phys., De caelo, De an.)* in der prägnanten Form »(liber) de motibus animalium«. Er führte diese Schrift stets mit diesem Titel an, und unter diesem Titel rekonstruierte er sie.[53] Die Verwendung eines um den Prinzipienbegriff erweiterten Titels der Schrift über die Bewegung der Sinnenwesen, die uns zum ersten Mal in *De intellectu et intelligibili* begegnete, stellt eine zweifache Zäsur dar. Erstens wird damit ein neues Vorhaben in Bezug auf die Bewegung der Sinnenwesen, das sich als die Kommentierung der Schrift *De motu animalium* unter einem wissenschaftstheoretisch klar bestimmten Gesichtspunkt herausstellen wird, als fest beschlossen bekannt gegeben, und zweitens impliziert die Bekanntgabe dieses Projektes das Verfügen über die aristotelische Vorlage, die Begründung und Voraussetzung für das Vorhaben. Welche wissenschaftstheoretischen Aspekte in welcher Weise hierbei eine Rolle spielen konnten, belegen die redaktionellen Änderungen im Autograf von *De animalibus*, wozu wir uns oben geäußert haben.

Nicht unbedeutend ist in diesem Zusammenhang der Umstand, dass auch nachdem Albertus die lateinische Übersetzung der aristo-

---

[52] Ebd. mit Quellennachweis zu v. 66–67; vgl. auch B. Schmidt, »Prolegomena«, p. XVI v. 39–43.
[53] Vgl. oben Anm. 19, 20, 22, 28.

telischen Schrift *De motibus animalium*, die er *in Campania iuxta Graeciam* auffand, vorlag und er mit ihrer Kommentierung begann, sie weiterhin nicht anders als »Libellus Aristotelis de motibus animalium« betitelte.[54] Der Prinzipienbegriff indes taucht nur im Titel seines eigenen Kommentarwerkes und in seiner Ankündigung am Schluss des letzten Kapitels von *De intellectu et intelligibili*, Buch II, sowie in den beiden Allegationen im Evangelienkommentar *Super Matthaeum* auf, in den Schriften also, die offensichtlich ein chronologisch enges Verhältnis verbindet.

Der andere Grund für die Rückführung der Allegation des »Liber de principiis motuum animalium« im Evangelienkommentar *Super Matthaeum* auf den *Liber der principiis motus processivi* des Albertus Magnus und für die strenge Auslegung dieses Titels einschließlich der daraus erwachsenden Implikationen liegt in Inhalt und Nachweisbarkeit dieser Allegation. Wie schon hier zu Beginn des vorletzten Abschnitts festgehalten, aber nicht weiter ausgeführt, ist die in *Super Matthaeum* zitierte Lehrmeinung, alle Bewegung habe ihren Ursprung im Herzen und kehre zu ihm zurück, nur zur Hälfte in *De motu animalium* des Aristoteles tatsächlich nachweisbar.[55] Die zweite Hälfte dieser Sentenz, die besagt, alle (organische) Bewegung werde zum Herzen zurückgeführt, ist nicht der Schrift des Aristoteles, sondern ihrer erweiterten Auslegung durch Albertus Magnus im *Liber de principiis motus processivi* entnommen. Diese Erweiterung sprengt den Rahmen einer paraphrasierenden Kommentierung und stellt eine Digression in der Form eines eigenständigen Kapitels im zweiten Traktat des Kommentarwerkes dar; das Kapitel steht unter der Überschrift »11. Es ist der erläuternde Exkurs darüber, dass die ganze Vielzahl der Kräfte der Seele vom Herzen ausgeht und zu diesem wie ihrer Ursache zurückgeführt wird«.[56]

---

54 Albertus Magnus, *Liber de principiis motus processivi* tr. 1 c. 1, Ed. Colon. XII, p. 48 v. 69–71: »in Campania iuxta Graeciam nobis agentibus pervenit ad manus nostras libellus Aristotelis de motibus animalium«. Siehe unten S. 80.

55 Aristoteles, *De motu animalium* c. 10 (703a14); dt.: ders., *Über die Bewegung der Lebewesen*, übersetzt und erläutert von J. Kollesch, Berlin 1985, 20.

56 Albertus Magnus, *De principiis motus processivi* tr. 2 c. 11, Ed. Colon. XII, p. 71 v. 14–16: »Cap. 11: Et est digressio declarans, quod omnis multitudo virtutum animae exit a corde et reducitur ad ipsum sicut ad causam«. Siehe unten S. 174.

Fazit: Eine absolute Chronologie für die Schrift *De principiis motus processivi* lässt sich unter Berücksichtigung der feststehenden Daten aus der Biografie des Albertus Magnus und der relativen Chronologie der nächstliegenden Werke mit hoher Wahrscheinlichkeit bestimmen. Wir nehmen an, dass Albertus die lateinische Übersetzung der Schrift des Aristoteles *De motu animalium* während seiner Italienreise und seines Aufenthaltes an der päpstlichen Kurie von Anfang Oktober 1256 in Anagni bis Juni 1257 (Rom und Viterbo) auffand.[57] Er konnte sich umgehend der Auslegung des Textes widmen und seinen Kommentar anschließend in die Tierkunde, von der er bereits das Buch XXI schrieb, eingliedern. Als er die Redaktion des Evangelienkommentars *Super Matthaeum* gegen Ende 1257 oder im darauffolgenden Jahr in Angriff nahm, waren der *Liber de principiis motus processivi*, die Tierkunde mit ihrem Buch XX, dem später aus ihr ausgegliederten *Liber de natura et origine animae* und die *Parva naturalia* einschließlich der Schriften *De intellectu et intelligibili* und *De motibus animalium* fertiggestellt. Aus *De intellectu et intelligibili*, Buch II Kap. 12, geht hervor, dass der *Liber de principiis motus processivi* zusammen mit dem *Liber de natura et origine animae* zeitlich und sachlich unmittelbar an diesen zweiten und letzten Teil der Intellektschrift anschließen. Sie sind bereits als eigenständige Werke bezeichnet und nicht als Bestandteile von *De animalibus.* Ob Albertus diesen Plan zunächst änderte und ihn danach durch den redaktionellen Eingriff in die Tierkunde wiederherstellte, oder *De intellectu et intelligibili*, Buch II, mit der redaktionellen Ausgliederung der ursprünglichen Bücher XX und XXII aus der Tierkunde chronologisch zusammenfällt, lassen wir offen. Mit Blick auf die Datierung der *Quaestiones super De animalibus* und der unmittelbar davor liegenden Schriften kommt das Ende von 1257 als der wahrscheinliche *terminus ad quem* für die Fertigstellung des *Liber de principiis motus processivi* in Betracht.

---

57 Zu diesem Italienaufenthalt des Albertus vgl. H. Chr. Scheeben, *Albert der Große. Zur Chronologie seines Lebens*, Vechta – Leipzig 1931, 40, 43–47.

5. Die aristotelische Vorlage

Den bisherigen Darlegungen ist zu entnehmen, dass Albertus durch die Vermittlung des Averroes *(In Phys., De caelo, De an.)* rudimentäre Kenntnisse des Inhalts der verschollenen Schrift des Aristoteles *De motu animalium* besaß. Er hielt sie für einen unverzichtbaren Bestandteil im System der Naturwissenschaften, weshalb er den Versuch unternahm, die überlieferungsgeschichtlich bedingte Lücke im Wissenschaftssystem durch eine Rekonstruktion des Werkes zu schließen. Während seines dienstlichen Aufenthaltes in Süditalien 1256 fiel ihm eine lateinische Übersetzung dieser bis dahin für verschollen gehaltenen naturphilosophischen Schrift des Aristoteles in die Hände. Er zögerte keinen Augenblick, die Schrift einer Kommentierung zu unterziehen, obwohl er kurz zuvor das fehlende Glied im Wissenschaftssystem durch eigene Rekonstruktion behob. Die wenigen und vagen Angaben über die Umstände und den Ort des Auffindens der Schrift, die er zu Beginn seines Kommentars macht, und der Kommentar selbst, der teilweise eine Paraphrase seiner Vorlage darstellt, sind die einzigen Quellen unseres Wissens über die anonyme, nicht mehr erhaltene, lateinische Übersetzung der Schrift des Aristoteles *De motu animalium*. Anhand der kritischen Edition des Kommentars des Albertus Magnus zu dieser Schrift, die B. Geyer im Rahmen der Gesamtausgabe der Schriften des Dominikanergelehrten besorgte und die für diese zweisprachige Ausgabe adaptiert wurde, rekonstruierte Pieter De Leemans in einer akribischen, philologischen Detailuntersuchung der gesamten griechisch-lateinischen Überlieferung des aristotelischen Werkes die von Albertus benutzte Vorlage seines Kommentars.[58] Im Vorfeld seiner in herausragender Weise fertiggestellten Edition der rekonstruierten Fragmente dieser nicht mehr erhaltenen Übersetzung der aristotelischen Schrift *De motu animalium*, die Albertus seinem Kommentar zugrunde legte, veröffentlichte De Leemans eine Reihe von Untersuchungen zu dem gesamten topografischen, chronologischen und philologischen Komplex der Entdeckung und der Auslegung dieser Schrift durch den Doctor universalis. Die Zusammenfassung der von ihm erzielten Erkenntnisse, die

---

[58] Aristoteles Latinus, *De motu animalium. Fragmenta Translationis anonymae*, ed. cit.

den neuesten Forschungsstand widerspiegeln, legte er im einleitenden Teil seiner Edition dar, auf die hier verwiesen wird.[59]

6. Handschriftliche Überlieferung und Druckausgaben

6.1 Handschriften

Der *Liber de principiis motus processivi* ist wie der *Liber de natura et origine animae* in zwei voneinander getrennten handschriftlichen Traditionen überliefert. Der früheste Traditionsstrang, der das Werk als einen Bestandteil – Buch XXII – von *De animalibus* des Albertus Magnus tradiert, umfasst gegenwärtig neben dem Kölner Autograf W 258a zwei Abschriften aus dem 14. Jahrhundert. Der andere Überlieferungsstrang, der das ursprüngliche Buch XXII von *De animalibus* nach seiner Ausgliederung aus der Tierkunde als eine eigenständige Schrift überliefert, wird durch 22 Handschriften bezeugt. Es kommen hinzu ein Textfragment – Tr. 2 Kap. 2 –, eine Abbreviation und ein Exzerpt. Die Listen der Handschriften der beiden Texttraditionen mit Kurzbeschreibungen der Kodizes sind in den Prolegomena zu diesem Werk und zum *Liber de natura et origine animae* in der *Editio Coloniensis* zusammengestellt.[60] Diese Listen werden durch Handschriftenverzeichnisse der Werke des Albertus Magnus von W. Fauser ergänzt und korrigiert;[61] die Transkription des später entdeckten, oben erwähnten Textfragments, einschließlich des Faksimiles und der inhaltlichen Beschreibung des Kodex', wurde von H. Anzulewicz veröffentlicht.[62]

---

59 P. De Leemans, »Introduction«, in: Aristoteles Latinus, *De motu animalium. Fragmenta Translationis anonymae*, IX–XVIII.

60 B. Geyer, »Ad Librum de principiis motus processivi Prolegomena«, p. XXVII–XXIX; »Ad Librum De natura et origine animae Prolegomena«, in: Albertus Magnus, *Liber de natura et origine animae*, Ed. Colon. XII, p. X–XVIII.

61 W. Fauser, *Die Werke des Albertus Magnus in ihrer handschriftlichen Überlieferung*, 166–168; ders., »Albertus-Magnus-Handschriften. 1. Fortsetzung«, *Bulletin de Philosophie Médiévale* 24 (1982) 123; ders., »Albertus-Magnus-Handschriften. 2. Fortsetzung«, *Bulletin de Philosophie Médiévale* 25 (1983) 113.

62 H. Anzulewicz, »Neuaufgefundenes Textfragment von *De principiis motus processivi* II, 2 des Albertus Magnus im Kodex Wien, Österreichische National-

6.2 Drucke

Der *Liber de principiis motus processivi* wurde zum ersten Mal 1517 in Venedig in der Offizin der Nachfolger des Octavianus Scotus in einer Sammlung der Kommentare des Albertus Magnus zu den *Parva naturalia* des Aristoteles und einiger weiterer Werke gedruckt. Es folgten die zwei Druckausgaben in den (unkritischen) Gesamtausgaben von P. Jammy, Lyon 1651 (Opera Omnia V, 508–527) und A. (& E.) Borgnet, Paris 1891 (Opera Omnia X, 321–360). Die Ausgabe von Borgnet bietet einen geringfügig, offenbar ohne Berücksichtigung von Handschriften retouchierten Abdruck der vorgängigen Ausgabe.[63] H. Stadler legte 1909 die erste Ausgabe des *Liber de principiis motus processivi* auf der Grundlage des Autografs vor, auf die 1955 die kritische Ausgabe von B. Geyer als Band XII der *Editio Coloniensis* folgte. Der letztere bildet die Grundlage für diese zweisprachige Ausgabe. Alle Druckausgaben des Werkes sind im Literaturverzeichnis am Schluss dieses Bandes verzeichnet, weshalb sie hier ohne nähere bibliografische Angaben angeführt werden.

7. Wirkungsgeschichte

Durch einen Vergleich der handschriftlichen Verbreitung der Werke des Albertus Magnus mit der entsprechenden Überlieferung der Werke anderer hochscholastischer Denker (Alexander von Hales, Thomas von Aquin, Bonaventura) kam B. Geyer zum Schluss, dass die naturphilosophischen Werke des Doctor universalis weit stärker als die Schriften seiner Zeitgenossen das Interesse seiner Mit- und Nachwelt auf sich zogen und kopiert wurden.[64] Für den *Liber de principiis motus processivi* konnte dessen späterer Herausgeber jedoch nur eine sehr begrenzte Nachwirkung bei den mittelalterlichen Autoren er-

---

bibliothek 2303«, *Documenti e studi sulla tradizione filosofica medievale* 5 (1994) 241–258.

63 Vgl. H. Anzulewicz, »Albertus Magnus-Editionen«, 223–243.

64 B. Geyer, »Die handschriftliche Verbreitung der Werke Alberts des Großen als Maßstab seines Einflusses«, in: *Studia Mediaevalia in honorem R. J. Martin O.P.*, Brügge 1948, 221–228; hier 227. Olaf Grönemeyer, »Das Werk Alberts des Großen und die Kölner Ausgabe der Opera Omnia«, *Recherches de Théologie ancienne et médiévale* 59 (1992) 127–129, 133, 138.

mitteln. Nach seinen Erkenntnissen scheint Petrus de Alvernia († 1304), der nach Albertus Magnus als der erste Ausleger dieser Schrift des Aristoteles in Paris gilt, keine sicheren Belege für die Rezeption des Kommentars des Albertus zu liefern. Ein anderer Interpret der *Parva naturalia* des Aristoteles, Johannes von Janduno († 1328), verweist zwar mehrfach in seinem Kommentar auf die Auffassung des Albertus Magnus, und er tut dies sowohl zustimmend als auch ablehnend, aber in allen diesen Fällen, stellt B. Geyer fest, nimmt er Bezug nicht auf die Schrift *De principiis motus processivi*, sondern auf das frühere Werk des Albertus *De motibus animalium.* Eine ähnliche Sachlage wird im Kommentar *In Parva naturalia Aristotelis* des Kölner Albertisten Johannes de Mechlinia (Jan Hulshout van Mechelen † 1475) festgestellt, der selbst erklärt, die Schrift des Aristoteles in der Lehrtradition des Albertus Magnus auszulegen, sich in Wirklichkeit aber auf den Kommentar des Petrus de Alvernia und auf *De motibus animalium* des Albertus, nicht auf dessen *Liber de principiis motus processivi* stützt.[65] Der in dieser Hinsicht von B. Geyer ermittelte Kenntnisstand wurde bisher nicht aktualisiert. Eine von der gegenwärtigen Forschungslage ausgehende Bestandsaufnahme ist daher ein dringendes Desiderat.

[H. A.]

* * *

8. Zu dieser Ausgabe

Der lateinische Text dieser Ausgabe ist unverändert der Editio Coloniensis, Band XII der Werke von Albertus Magnus in der kritischen Ausgabe von Bernhard Geyer aus dem Jahr 1955 nach dem Kölner Autograf entnommen; somit wurde kein textkritischer Apparat beigegeben. Wie in der Reihe HBPhMA üblich, wird zur Hervorhebung von Werktiteln – statt Kapitälchen, wie in der Editio Coloniensis – die Kursivierung verwendet. Die Absatzeinteilung wurde unverändert übernommen, ebenso die Einteilung in Traktate und Kapitel.

---

[65] Vgl. B. Geyer, »Ad Librum de principiis motus processivi Prolegomena«, p. XXX v. 24–47.

Grundsätzlich unterliegt die Übersetzung dem bekannten Spannungsfeld zwischen wortgetreuer – und damit exakter, interpretationsfreier Übertragung – und einer freieren Übertragung, die in der Regel besser lesbar und verständlich ist, dafür aber das Risiko einer unter Umständen zu weit gehenden Interpretation oder zu geringer Detailgenauigkeit birgt. Zudem ist die schriftliche Darstellungsweise von Albertus Magnus im eigentlichen Sinn des Wortes originär: eigenständig und grundlegend neu, gleichzeitig unkonventionell, überraschend und diskursiv-verwoben. Hiermit sind die Wortwahl, Satzstellung und Interpunktion angesprochen, aber auch die Gedankenführung, welche teilweise über mehrere Seiten oder sogar Kapitel verläuft und somit dem Leser eine gewisse Anstrengung abverlangt. – Es kann nicht das Anliegen einer Übersetzung sein, den von Albertus gestellten, vielfältigen Anspruch zu glätten. Der Übersetzer war bemüht, den in lateinischer Sprache ausgedrückten Gedankensinn in moderner, geläufiger deutscher Sprache zu treffen, andererseits wurde für hinreichende begriffliche Exaktheit darauf geachtet, wo erforderlich, auf der Wort- oder Satzbauebene möglichst nahe am Original zu bleiben. Dabei fand der bekannte Begriffskonsens z.B. bei »principium«[66], »spiritus«[67] oder »bonum«[68] Berücksichtigung. An verschiedenen Stellen der Übersetzung sind Wortergänzungen, welche die Lesbarkeit erleichtern, vorgenommen und durch eckige Klammern gekennzeichnet.

Die Anmerkungen sind als Fußnoten beigegeben. Hier finden sich erstens dem neuesten Stand entsprechende Quellennachweise zu den namentlich von Albertus im Text erwähnten Philosophen und Autoritäten, zweitens wurden werkinterne Verweise aufgelöst, soweit diese dem Leser hilfreich sind; schließlich sind auch einige Erläuterungen zum Sinn einer Stelle oder zur Übersetzung eines Terminus angegeben.

---

66 Albertus Magnus, *Metaphysica* l. 5 tr. 1 c. 2, Ed. Colon. XVI/1, p. 209 v. 60–61: »Causa autem, quae minoris ambitus est quam principium, consequenter distinguenda est«.

67 J. J. Bono, »Medical Spirits and the Medieval Language of Life«, *Traditio* 40 (1984) 119–134.

68 H. Anzulewicz, »›Bonum‹ als Schlüsselbegriff bei Albertus Magnus«, in: Walter Senner et al. (Hg.) *Albertus Magnus. Zum Gedenken nach 800 Jahren.* Neue Zugänge, Aspekte und Perspektiven, Berlin 2001, 113–140.

Obige Feststellungen zu Gedankeninhalt und Syntax gelten für viele Werke von Albertus Magnus, was van Steenberghen[69] dazu veranlasste, ersteren als »rätselhaft« und letztere als »obskur« zu bezeichnen. Als Hilfe wird deswegen im folgenden Kapitel »Kommentar« eine problemgeschichtliche Hinführung sowie eine Zusammenfassung der Hauptgedanken (»Bewegungsmodelle nach dem *Liber de principiis motus processivi*«) gegeben. Die vorkommenden Spezialtermini, beispielsweise aus den Bereichen Zoologie und Bewegungsapparat, sind – je nach allgemeiner Relevanz – im Glossar des Anhangs aufgelistet oder in der Fußnote erläutert.

[J. W.]

---

[69] F. van Steenberghen, »Le ›De quindecim problematibus‹ d'Albert le Grand«, in: *Mélanges Auguste Pelzer* (Recueil de travaux d'Histoire et de Philologie, 3me Série, 26me Fascicule), Louvain 1947, 415–439.

Historischer und doktrineller Kommentar

1. Problemgeschichtliche Hinführung

1.1 Die allgemeine Bewegungslehre im Werk des Albertus Magnus

De resurrectione – De IV coaequaevis – Super Dionysium De celesti hierarchia – Physica – De caelo et mundo

Die Bewegung ist eine der Grundbestimmungen der kontingenten Wirklichkeit, Ausdruck ihrer Prozessualität, des Werdens und Vergehens, aufgrund der Verwurzelung in Raum, Zeit und Materie. Diese Auffassung vertritt Aristoteles und befasst sich mit dem Problem der Bewegung im Allgemeinen in der Physik, der naturphilosophischen Grundlagenwissenschaft, deren Gegenstand ein »wesentlich prozesshaftes Naturseiendes« ist.[1] Durch nähere Bestimmung dessen, was das Prozesshafte am Naturseienden ist, kommt er zur Kategorie des Lebens und so zu dem belebten Naturseienden, das den Gegenstand der philosophischen (»theoretischen«) Naturwissenschaften der Psychologie und Psychophysiologie sowie der partikulären naturwissenschaftlichen Disziplinen, wie der Botanik und Zoologie, darstellt.

Albertus Magnus folgt Aristoteles in der Auffassung der Bewegung in Bezug auf alle Stufen des materiell-prozesshaften Naturseienden, d. h. der Bewegung im Bereich der supralunaren Entitäten *(De caelo et mundo)* und der Naturdinge der sublunaren Welt *(Physica, De anima, Parva naturalia)*. Der Weg zur Frage der räumlichen Bewe-

[1] Vgl. I. Craemer-Ruegenberg, »Das Naturverständnis des Aristoteles«, in: L. Schäfer, E. Ströker (Hg.), *Naturauffassungen in Philosophie, Wissenschaft, Technik*. Bd. I: *Antike und Mittelalter*, Freiburg – München 1993, 85–106, hier 86–87. Die Autorin argumentiert mit Blick auf die allgemeine Bewegungslehre des Aristoteles (ebd. 100), dass »einige voneinander abweichende Lehrsätze […] fast einen offenen Widerspruch im (scheinbaren) System anzeigen«.

gung der Sinnenwesen führte ihn durch die Adaption der aristotelischen Auffassung des Lebens als Bewegung eines nahrungsfähigen Naturseienden.[2] Das aristotelische Verständnis der Bewegung, das im Begriff des belebten Naturseienden seinen Ausdruck findet, rezipierte und adaptierte Albertus theologisch schon in seinem Frühwerk *De resurrectione*. Er vertiefte es auf der Grundlage der Physik und der Kosmologie des Aristoteles und seiner arabisch-islamischen Ausleger sowie der Angelologie des Pseudo-Dionysius Areopagita zuerst in *De IV coaequaevis*, später im Kommentar des Pseudo-Areopagiten zu *De caelesti hierarchia* und in den Kommentaren zur *Physik* und zu *De caelo* des Aristoteles. In diesen Schriften ging es vornehmlich um die Bewegung im Allgemeinen, wie sie Aristoteles in der *Physik* und in *De caelo* erklärt. Auch das Leben wird hier hauptsächlich mit der Bewegung der getrennten Substanzen wie dem Beweger der Himmelssphären, den Engeln und der intellektiven Seele verknüpft. Dieses grundlegende, aristotelische Verständnis der Bewegung wird in der frühen Schaffensperiode des Albertus im kosmologischen Teil und im Kontext der Lehre von den getrennten Wesen in *De IV coaequaevis* entfaltet und auf alle Sphären und Stufen des Seienden – von der Bewegung, die vom ersten unbewegten Beweger erwirkt wird, über die Bewegung des Himmels als dem *primum mobile* der getrennten Wesen bis zur Bewegung, die von den Kräften der vegetativen, der sinnenhaften und der rationalen Seelenkräfte hervorgebracht wird – appliziert.[3]

---

[2] Albertus Magnus, *De resurrectione* tr. 4 q. 2 a. 2, Ed. Colon. XXVI, p. 341 v. 34–35: »Similiter Philosophus dicit, quod ›vita est motus generis nutribilis naturam assequens‹«. Vgl. Aristoteles, *Topica* l. 6 c. 10 (148a26–28). H. Anzulewicz, »Die Rekonstruktion der Denkstruktur des Albertus Magnus«, *Theologie und Glaube* 90 (2000), 602–612, hier 612.

[3] Es gibt im Werk zahlreiche Belege hierfür, weshalb wir nur einige besonders signifikante Stellen nennen: Albertus Magnus, *De IV coaequaevis* tr. 3 q. 16 a. 2, Ed. Paris. XXXIV, p. 439b–446a; q. 20 a. un., p. 457b–458a, 459b; q. 24 a. 2, p. 477b–478a; q. 59 a. 1, p. 621a–626a; q. 73 a. 7, p. 759a–760a.

1.2 Die Fortbewegung der Sinnenwesen

De homine – De anima – De motibus animalium – De principiis motus processivi

In *De IV coaequaevis* wurde die Frage der räumlichen Bewegung der Sinnenwesen mehrfach gestreift. In der darauffolgenden anthropologischen Schrift *De homine* indes machte sie Albertus erstmalig zum Gegenstand einer speziellen Untersuchung.[4] Sein Problembewusstsein verdankte sich hierbei hauptsächlich der aristotelischen Psychologie, die er anhand der Schriften *De anima* und *Parva naturalia* des Stagiriten rezipierte und einer ersten Kommentierung in Quästionenform in *De homine* unterzog. Erneut beschäftigte er sich mit dieser Frage im Kommentar zu *De anima*, der auf die Zeit von 1254 bis 1257 datiert wird. Das dritte Mal wandte er sich dem Thema mit der Absicht zu, aus den verfügbaren Wissensbeständen ein Lehrstück über die Bewegung der Sinnenwesen zu verfassen, das die verschollene Schrift des Aristoteles *De motu animalium* restituieren würde. Das Ergebnis dieser Rekonstruktion ist die Schrift *De motibus animalium*, mit der er die Lücke im System der Naturwissenschaften schloss. Als ihm die verschollene Schrift des Aristoteles *De motu animalium* in der lateinischen Übersetzung aus dem Griechischen in *Campania iuxta Graeciam* in die Hände fiel, kommentierte er sie und fügte den Kommentar an das Buch XXI seiner Tierkunde *De animalibus*, an der er zu dieser Zeit offenbar arbeitete, als Buch XXII an.

In der skizzierten Weise lassen sich der Verlauf und die Etappen der Rezeption, der Rekonstruktion und der systematischen Entfaltung der im Wesentlichen von Aristoteles inspirierten Lehre des Albertus Magnus über die Fortbewegung der Sinnenwesen verfolgen. Wir blicken genauer auf seine Vorarbeiten im Frühwerk *De homine* und streifen den Beitrag der übrigen Schriften, die vor dem *Liber de principiis motus processivi* verfasst wurden.

---

[4] Bezüglich der Chronologie des Werkes steht fest, dass es unmittelbar vor *De bono* und dem Kommentar zum Buch I der *Sententiae* des Petrus Lombardus entstand, somit kann der approximative *terminus ad quem* auf 1243 gesetzt werden; als *terminus a quo* kommt in Betracht das Ende der 1230er-Jahre. Vgl. H. Anzulewicz, »Prolegomena«, in: Albertus Magnus, *De homine*, Ed. Colon. XXVII/2, p. XIV–XV.

1.2.1 *De homine*

Unter den motorischen Kräften der Sinnenwesen sind nach Albertus diejenigen, die der Fortbewegung zugrunde liegen, die wichtigsten. Sie werden deshalb zuerst in den Blick genommen, um (1) das Prinzip der Fortbewegung der Sinnenwesen, (2) das, was die Fortbewegung ausmacht, und (3) das Ziel der Fortbewegung zu ermitteln.[5]

In Anlehnung an die Schrift des Aristoteles *De anima* und die Evidenzgründe nimmt Albertus an, dass das Prinzip der Fortbewegung nicht im vegetativen Vermögen gründet, weil dieses über kein sensorisch-aufnehmendes Vermögen verfügt. Die Voraussetzung für jede räumliche Bewegung ist die Wahrnehmung von etwas. Es sei auch eine Erfahrungstatsache, dass Pflanzen keine Fortbewegung eignet.

Die Fortbewegung eignet nicht allen Lebewesen, selbst wenn sie über die Sinneswahrnehmung verfügen, argumentiert Albertus und verweist auf die Gründe, die Aristoteles für diese These in der Schrift *Über die Seele* anführt. Die überlegende Vernunft und der theoretische Intellekt sind ebenfalls, fährt er fort, keine zwingende Ursache der Bewegung, denn sie bewegen nicht, insofern sie Formen *(species)* als das Prinzip von Wissen und nicht von Streben aufnehmen. Das sinnenhafte Streben beuge sich nicht immer dem Vernunfturteil, sondern es setze sich gleichsam autonom gegen dieses durch. Ein Beispiel dafür seien die Unenthaltsamen, die gegen Verstand und Einsicht handelten. Auch die angewandte Kunst und das Handlungswissen, der praktische Intellekt, der den Gegenstand der Handlung als solchen erkenne, müssten nicht notwendig Auslöser der Bewegung sein. Einen Kenner der ärztlichen Kunst muss nicht dessen medizinisches Wissen zum Handeln bewegen, sondern vielmehr ein Kranker, argumentiert Albertus. Das sinnenhafte Streben als solches sei nicht das an sich Bewegende. Folglich stelle sich die Frage, ob das Prinzip der Fortbewegung eine seelische Kraft darstelle, die vom vegetativen, sinnenhaften und rationalen Vermögen der Sache und dem Begriff nach verschieden sei, oder ob dieses Prinzip einen Teil der genannten Vermögen verkörpere, gleichwohl aber von ihnen in der Weise unterschieden werde, wie man andere seelische Vermögen unterscheide.

Den Argumenten für die These, die Fortbewegung sei nicht allen Lebewesen eigentümlich, obwohl sie über die Sinneswahrnehmung

[5] Albertus Magnus, *De homine*, Ed. Colon. XXVII/2, p. 474–479.

verfügten, setzt Albertus Gegenargumente entgegen, die belegen sollen, dass die Voraussetzung für eine Fortbewegung die Wahrnehmung eines als Gutes erkannten Gegenstandes und das Streben nach diesem Guten ist. Beides – Wahrnehmung und Streben – wird als die Sache der sinnenhaften oder der vernunftbegabten Seele befunden. Auf diese Argumentation folgt die im Anschluss an die Schrift des Aristoteles *De anima* geführte Diskussion der Frage nach der Zahl der Beweger und das Problem des Widerspruchs in der Auffassung von Aristoteles und Avicenna hinsichtlich der räumlichen Beweglichkeit aller Sinnenwesen (Avicenna) bzw. der Unbeweglichkeit vieler Sinnenwesen (Aristoteles).

Bei der Lösung der Frage nach dem ursächlichen Grund der Fortbewegung setzt Albertus bei der Unterscheidung zwischen einem Bewegenden schlechthin und einem Bewegenden, von dem die Bewegung immer hervorgeht, an. Das erstere ordnet die Bewegung entweder an oder verleiht die Bewegungsneigung oder streckt die Glieder aus. Es ist vielfältig und kann der praktische Intellekt, das Einbildungsvermögen, das Streben und die Muskelkraft sein. Das Bewegende indes, von dem die Bewegung immer ausgeht, umfasst mindestens zwei oder drei Agenzien. Dazu gehören das aktuell Wahrnehmende – dieses ist entweder der Intellekt oder das Einbildungsvermögen –, das, was die Bewegung anweist und schließlich das, was diese Bewegung gleichsam als das Streben nach dem Gegenstand der Wahrnehmung ausführt. Nach dem Prinzip der Bewegung fragt Aristoteles in *De anima* und kommt zum Ergebnis, hält Albertus fest, dass es weder der praktische Intellekt noch das Streben als solches ist, sondern es sind die beiden im Zusammenspiel.[6]

Die Ausgangsthese, vom vegetativen Vermögen gehe keine Bewegung aus, veranlasst Albertus zur Klarstellung, dass das Bewegende kein Merkmal einer besonderen seelischen Kraft ist, sondern das Vermögen der sinnenhaften oder rationalen Seele. Nicht bei allen Sinnenwesen sei dieser die Bewegung erzeugende Seelenteil vorhanden, so wie auch nicht alle Sinnenwesen mit allen Sinnesvermögen ausgestattet seien. Unvollkommene Sinnenwesen, die nur den Tastsinn haben, und, wie Aristoteles annimmt, ein unbestimmtes Einbildungsvermögen, bewegen sich räumlich nicht. Zu den Ansichten der nicht namentlich erwähnten Diskussionsteilnehmer, die im Ge-

[6] Albertus Magnus, *De homine*, p. 476 v. 22–23.

gensatz zu Aristoteles den unvollkommenen Sinnenwesen das Einbildungsvermögen absprechen, bezieht Albertus keine Stellung. Die doktrinelle Ausrichtung seiner eigenen Lehransichten ist durch die aristotelische Psychologie mit einigen Einflüssen von Avicenna, die hauptsächlich die Bewegung durch Sich-Zusammenziehen und Sich-Ausdehnen betreffen, bestimmt.[7]

Es überrascht nicht, dass Albertus sich auch im Verständnis der fortschreitenden Bewegung der Sinnenwesen, in der zweiten von den eingangs formulierten Fragen, der von Aristoteles in *De anima* dargelegten Auffassung anschließt. Diese Bewegung setze sich aus dem Ausstoßen und dem Zurückziehen zusammen, einer Bewegung im Kreis, dessen eine Hälfte die Bewegung des Ausstoßens, die andere des Zurückziehens umschreibe. Das Ausstoßen sei das Streben nach einem äußeren Erstrebbaren, das Zurückziehen hingegen dessen Einholen. Das Erstrebbare sei das Ziel des Ausstoßens, an dem das Zurückziehen seinen Anfang nehme, weshalb in ihm das Ausstoßen für einen Moment zum Ruhen komme. Die Fortbewegung sei nicht jeder beliebige Standortwechsel des Beweglichen als Ganzes oder von dessen Teilen, sondern eine durch das Streben verursachte und durch die Bewegungsorgane ausgeführte Bewegung.[8]

Die Zweckmäßigkeit der Fortbewegung, die letzte der drei eingangs signalisierten Fragestellungen, bestimmt Albertus einvernehmlich mit der Lehrmeinung der *philosophi*, von denen namentlich nur Aristoteles mit der Schrift *De animalibus (De hist. animalium)* genannt wird. Einflüsse von Avicenna und Isaak Israeli schwingen mit. Das Ziel der Fortbewegung der Sinnenwesen sei vorrangig das Bedürfnis nach Nahrung und sekundär andere Dinge, die als angenehm empfunden werden. Diesem Ziel dienten entsprechend ausgebildete, immer paarweise bei den Sinnenwesen vorhandene Organe der Fortbewegung. Die Bewegung des Sinnenwesens beginne immer von rechts, während die Linke gleichsam zum Abstützen des Körpers nachgezogen werde, ein Umstand, der durch die Beobachtung der fortschreitenden Bewegung von Mensch und Löwen bestätigt werde.[9]

---

7 Ebd. p. 476 v. 24 – p. 477 v. 29.
8 Ebd. p. 478 v. 1–18.
9 Ebd. p. 478 v. 29 – p. 479 v. 24.

1.2.2 *De anima*

Entsprechend den Vorgaben seiner aristotelischen Vorlage behandelt Albertus im dritten Buch des Kommentarwerkes *De anima* die motorischen Kräfte der Sinnenwesen. In zehn Kapiteln des vierten Traktates geht er den Fragen, die er zum Teil in *De homine* schon erläuterte, und weiteren Themen nach, die sich aus der kommentierten Vorlage ergaben. Er schließt mit einem »erläuternden Exkurs über andere Unterscheidungen hinsichtlich der Bewegungsprinzipien gemäß den Platonikern und Theologen«.[10] In den Kapitelüberschriften signalisiert er die Inhalte seiner Ausführungen. Er beginnt die Erörterung über den Teil der Seele, der die Bewegung entstehen lässt und sie steuert. Es folgen teils paraphrasierende, teils die Vorlage ergänzende Ausführungen über das Fehlen motorischer Funktion bei der vegetativen und sinnenhaften Kraft als solcher, über das Zusammenspiel des theoretischen und praktischen Intellekts sowie des Strebens bei der Entstehung einer Bewegung, über die Unterschiede zwischen dem praktischen und theoretischen Intellekt, über die formale Einheit des Bewegenden und dessen Vielheit im Hinblick auf das Zugrundeliegende, über die Rechtheit des Intellektes und die Möglichkeit des Irrtums seitens der Einbildung und des Strebens, über die die formale Einheit und numerische Vielheit aller Bewegungsverursacher und die Möglichkeit ihrer Reduktion. Erläutert werden Fragen nach der Beschaffenheit der Fortbewegung, die von einem räumlich unbewegten Beweger verursacht wird, nach dem Bewegungsprinzip bei den unvollkommenen Sinnenwesen und der wechselseitigen Bewegung zweier Beweger. Den Schluss bildet die zuvor erwähnte Digression, die über die aristotelische Vorlage hinausgeht und sich auf die allgemeinen Prinzipien des sittlichen Handelns (*Synderesis*, Gewissen, Naturrecht) bezieht.

Auf der Grundlage der aristotelischen Seelenlehre war es Albertus möglich, in *De homine* und hauptsächlich im Kommentarwerk *De anima* die Fortbewegung eingehend und ausführlich zu reflektieren. Die Tragweite dieser wiederholt behandelten Frage war ihm mittlerweile auch durch die Vermittlung des Averroes' vertraut und schien ihm möglicherweise das bislang in seinen Werken Geleistete zu übersteigen. Diese Unterstellung will ihre Berechtigung aus den Ankündigungen am Schluss des siebten Kapitels und im Kapitel acht seines

---

[10] Albertus Magnus, *De anima* l. 3 tr. 4, Ed. Colon. VII/1, p. 228–242.

Kommentarwerkes *De anima* ableiten, zwei Stellen, zu denen kurze Zeit später weitere Aussagen zu Beginn von *De intellectu et intelligibili* (Buch I) und am Anfang von *De spiritu et respiratione* hinzukommen, in welchen er ein speziell der Bewegung der Sinnenwesen gewidmetes Werk zu verfassen in Aussicht stellt.[11] Man muss aber zugleich daran erinnern, dass ein »Liber de motibus animalium« von Anfang an einen festen Platz im philosophischen Programm des Doctor universalis hatte, das er in seinem *Physik*-Kommentar im Einzelnen darlegte.

1.2.3 *De motibus animalium*

Kam Albertus in den Werken *De homine* und *De anima* durch seine aristotelische Vorlage geleitet unwillkürlich zur Beschäftigung mit dem Problem der Bewegung der Sinnenwesen, veranlassten ihn »Zeit und Ordnung«, die animalische Motorik gesondert zu untersuchen und im »Liber de motibus animalium«, der seit längerer Zeit geplant war, darzustellen.[12] Waren ihm die allgemeine Bewegungslehre, ihre kosmologischen Aspekte und die psychophysiologischen Grundlagen der Bewegung der Sinnenwesen aus den naturphilosophischen Schriften des Aristoteles und seines Kommentators Averroes sowie aus mancher anderen Quelle, nicht zuletzt aus seinen eigenen Arbeiten, bereits vertraut, stand er nunmehr vor der Aufgabe, über Methode, Struktur und Inhalte dieser Schrift sowie über ihre Quellen eigenständig zu bestimmen. Methodisch begann er das Werk mit der Vorstellung der in einzelnen Schritten zu behandelnden Inhalte und, nach dem Vorbild des Aristoteles, einem kurzen philosophiehistorischen Problemaufriss.

Aus dem Einleitungskapitel des ersten Buches geht hervor, dass Albertus sich in seinem Werk im Ausgang von der Psychophysiologie des Aristoteles und im Wesentlichen nach dieser Maßgabe um eine umsichtige Synthese verschiedener Traditionen und Quellen auf dem Boden der Lehre von der Bewegung der Sinnenwesen bemüht. Im ersten Buch, dem allgemeineren Teil der Lehre von den animalischen Bewegungen, befasst er sich mit dem Ursprung der Bewegung, welche die Seele im Körper ausführen kann, und mit dem organischen

---

[11] Siehe Kapitel Einleitung Anm. 22, 24 und 25.

[12] Albertus Magnus, *De motibus animalium* l. 1 tr. 1 c. 1, Ed. Paris. IX, p. 257a: »Tempus et ordo expostulant, quod de animalium motibus hic disseramus«.

Prinzip der Bewegung. Den Gegenstand des zweiten Buches bilden die animalischen Bewegungen als solche und ihre Eigenschaften sowie die Verfasstheit der sich auf verschiedene Weisen fortbewegenden Sinnenwesen.

1.2.4 *Liber de principiis motus processivi*

Mit dem *Liber de motibus animalium* gelang es Albertus, die verschollene Schrift des Aristoteles *De motu animalium* anhand des anderweitig überlieferten aristotelischen Lehrgehalts annähernd zu rekonstruieren. Dieser Ersatz, so gelungen er auch war, konnte die authentische Schrift des Philosophen, nachdem Albertus sie wiederfand, auf Dauer nicht ersetzen. Die Kommentierung der Schrift des Aristoteles *De motu animalium*, die rasch nach ihrem Auffinden erfolgte, sollte zeigen, schrieb Albertus zu Beginn des *Liber de principiis motus processivi*, inwiefern ihm die zuvor unternommene Rekonstruktion gelungen war. Die Ermöglichung einer solcher Einsicht war aber gewiss nicht sein Hauptmotiv für die Auslegung der Schrift *De motu animalium*, deren Inhalt in der von Albertus kommentierten Gestalt der nachfolgende, eigentliche Teil des doktrinellen Kommentars bildet, den der Übersetzer der Schrift des Doctor universalis, die in diesem Band präsentiert wird, voranstellt.

[H. A.]

2. Die Bewegungsmodelle nach dem *Liber de principiis motus processivi*

Prinzipiell drei verschiedene Modelle von Bewegung – die Bewegung des Sinnenwesens, die Himmelsbewegung und die Bewegung des mit dem Intellekt begabten Menschen – sind im *Liber de principiis motus processivi* behandelt. Bei der Bewegung des Menschen ergibt sich, dass dieser durch seinen Intellekt eine gewisse Gestaltungsmöglichkeit im Bereich des Physiologischen und des Physischen seines Leibes erhält. An die Betrachtungen zur Bewegung des Menschen lässt sich – über den *Liber de principiis motus processivi* hinausgehend – ein Ausblick anschließen, der den Sinn, welchen Albertus Magnus der Bewegung und der Sinneswahrnehmung im göttlichen Schöpfungskontext beimisst, zum Thema hat. Es zeigt sich, dass diese sublunare Bewegung nur durch den Menschen einen göttlichen Sinn erfüllen kann.

2.1 Bewegungsmodell des Sinnenwesens: die mit dem Leib verbundene sinnenhafte Seele

2.1.1 Überblick

Albertus Magnus' Modell von der Bewegung des Sinnenwesens ist durch die mit dem Körper verbundene sinnenhafte Seele definiert, welche gleichzeitig die Form des Leibes ist. Das Herz ist bei der Bewegung und als Form des Leibes das zentrale Organ und ursprünglich ein Kennzeichen der Seele. Alle Sinneswahrnehmung und alle Bewegung gehen vom Herzen aus und werden zu diesem zurückgeführt. Das Herz bewegt sich durch Ausdehnen und Zusammenziehen, um das Schöpfen des Geistes (Geisthauches) vom Herzen zu vollbringen. Ebenfalls um das Herzzentrum ist der Geist (Geisthauch) angeordnet, welcher im Ausdehnen und Zusammenziehen den bewegten Gliedern die Kraft bringt. Die zuletzt bewegten Glieder sind in Gelenkpfannen befestigt, welche im Verhältnis zum bewegten Glied unbeweglich sind, und bewegen sich kreisförmig um den Mittelpunkt des Gelenks. Zwei Organe des Sinnenwesens bewegen sich aber unwillkürlich: das Herz und die Zeugungsorgane. Das leicht bewegliche, dem Körper Lebenskraft verleihende Flüssige im Herzen wird beim Zusammentreffen mit einer Sinneswahrnehmung unwillkürlich bewegt. Ebenso werden die Geschlechtsorgane unwillkürlich bewegt, da sie Zentrum aller Nerven und allen Erleidens sind und da sie zudem die leicht bewegliche Zeugungsflüssigkeit enthalten.

2.1.2 Sinneswahrnehmung als Ursache und Modell der Bewegung

Wesensbestimmende Kennzeichen der Sinnenwesen sind die sinnliche Wahrnehmung und die räumliche Bewegung. Es gilt ganz allgemein, dass die Sinnenwesen, welche die Möglichkeit zur räumlichen Bewegung haben, sich auch nur dann tatsächlich räumlich bewegen, wenn eine Sinneswahrnehmung sie hierzu veranlasst: sie bewegen sich, sobald sie etwas Erfreuliches oder Schmerzliches erfassen.

Die sinnliche Wahrnehmung hat laut Albertus ihren zentralen Sitz im Herzen. Dieses ist das erste, ursprüngliche und auch allgemeine sinnlich wahrnehmende Organ (primum sensibile). Das Herz ist ein im Körper liegendes Organ der Berührung, zu ihm werden die Wahrnehmungen aller anderen Sinne geleitet. Die höheren Sinne wie Sehen oder Hören werden auf eine archaisch und primitiv scheinende

Wahrnehmung zurückgeführt, die Berührung. Auskunft über den Schmerz oder das Erfreuliche einer höheren Sinneswahrnehmung geben nicht in erster Linie die äußeren, höheren Sinne selbst, sondern nur das erste Wahrnehmende, das Herz.

Je vollkommener die Sinneswahrnehmung eines Sinnenwesens ist, desto vollkommener ist seine Bewegungsmöglichkeit. Weil das Sinnenwesen unvollständig wäre, wenn es den Gegenstand seiner Wahrnehmung nicht erreichen könnte, muss dieses Erreichen möglich sein. Üblicherweise erhält das Sinnenwesen durch das sinnlich Wahrgenommene sein Leben. Ein Sinnenwesen, das beispielsweise nur über den Geschmackssinn verfügt, bewegt sich lediglich an dem Ort, an dem es sich befindet, da der Geschmack ein Sinn ist, der nur die unmittelbare, nachbarschaftliche Berührung benötigt. Der Geruchssinn hingegen teilt unter Umständen weit von seinem Ausgangsort entfernt etwas mit, sodass es nötig ist, dass Sinnenwesen mit Geruchssinn sich auch von ihrem Ort wegbewegen können. Wird die Vollkommenheitsreihe von sinnlicher Wahrnehmung und zugehöriger Bewegungsmöglichkeit logisch mit der Rückführung aller Sinne zum Herzen verknüpft, so ist »erwiesen, dass die Ausführung der Bewegung vom Herzen ausgeht und die bewegende Kraft dann in die äußeren Glieder vorrückt, die zum Gehen, Fliegen, Kriechen oder zum Schwimmen geformt sind«.[13]

Mit der unmittelbaren Verknüpfung von Sinneswahrnehmung und Bewegung ist letztlich Albertus' Modell der Bewegung der Sinnenwesen formuliert: Es ist die sinnenhafte Seele selbst, welche mit dem Leib verbunden ist. Es »ist mit Sicherheit klar, wie die Seele mit dem Körper verbunden ist und dass sie mit diesem als Beweger in jeder Bewegung eines Lebewesens verbunden ist.«[14]

2.1.3 Erster, feststehender Beweger in den Sinnenwesen

Alles, was sich selbst bewegt, muss einen ersten, feststehenden und unbeweglichen Beweger in sich tragen, sonst würde seine Bewegung von etwas anderem hervorgebracht. Also hat auch das Sinnenwesen einen solchen unbewegten Beweger in sich. Was aber von der Seele bewegt wird, hat das Prinzip seiner Bewegung nicht in etwas ande-

---

[13] Albertus Magnus, *Liber de principiis motus processivi*, tr. 1 c. 1. Siehe unten S. 79.

[14] Ebd. tr. 2 c. 6. Siehe unten S. 195.

rem, sondern in sich selbst. Was einen unbewegten Beweger in sich trägt, ist bewegend und bewegt zugleich. Merkmal aller Wesen, die »von irgendeinem Unbeweglichen bewegt werden, das sie als Ursprung der Bewegung in sich tragen, [ist]: Es sind ein und dieselben, die bewegen und bewegt werden. Von dieser Art sind die Sinnenwesen, die sich selbst bewegen«.[15]

2.1.4 Alle Bewegung geht auf den ersten, in der Mitte liegenden Beweger zurück.

Das Herz als zentrales Organ ist *zuallererst und ursprünglich* ein Kennzeichen der sinnenhaften Seele und damit der Bewegung. Ein Holzstab, der von der Hand bewegt wird, kann sich nicht selbst bewegen. Ebenso bewegen sich aber auch die äußersten Glieder an der Hand nicht selbst und das Gleiche gilt für den Unterarm und den Oberarm. Die Reihe muss aber einmal enden, und zwar im ersten Bewegenden, das von sich selbst bewegt wird: Und dieses ist das Herz. Die untergeordneten Glieder in der Bewegung der höheren Seelenwesen tragen in gewisser Hinsicht aber doch das Signet des ersten unbewegten Bewegers. Denn diese drehen sich kreisförmig um den Mittelpunkt eines Gelenkes, welcher selbst unbewegt stillsteht.

Selbstverständlich werden die auf der rechten Körperseite liegenden Gliedmaßen bei einer Bewegung nicht das befestigende Zentrum dessen sein, was links bewegt wird, und umgekehrt. Also muss das Prinzip der Bewegung in etwas liegen, das beiden übergeordnet ist. Somit ist es notwendig, dass das erste bewegende Prinzip in der Mitte aller bewegten Glieder liegt.

2.1.5 Unbeweglichkeit des Herzens

Zum Charakter des unbeweglichen Bewegers gehört es, dass er selbst relativ zum Körper unbeweglich und auch fixiert ist. Dies trifft auf das Herz insoweit zu, als dass es einerseits in der Mitte des praktisch unbeweglichen Brustkorbes sitzt und andererseits an den Venen (sc. dem Venenkreuz) fixiert ist.

2.1.6 Spiritus

(i) Begriff des *spiritus* bei Albertus Magnus: Das Werkzeug des *spiritus* ist notwendig, damit die Organe und Glieder Kräfte erhalten, die

---

[15] Ebd. tr. 1 c. 5. Siehe unten S. 107.

dem Körper eignen, da er eine sinnenhafte Seele hat. Die Seele benötigt *spiritus* nicht, um mit dem Körper verbunden zu sein; diese ist mit dem Körper *unmittelbar und ursprünglich* vereinigt. Dass eine sinnenhafte Seele zur Vereinigung mit dem Körper keinen *spiritus* benötigt, kann man sich beispielsweise anhand von Muscheln vergegenwärtigen, welche zwar eine sinnenhafte Seele, aber keine Atmung haben. *Spiritus* hat die Funktion eines instrumentellen Mittleren,[16] das einerseits Kennzeichen der sinnenhaften Seele ist, andererseits in den Bereich des Körperlichen eingreift und der Überbringer der Kräfte ist. Dies formuliert Bono so: »*Spiritus* is unique because it is the one, direct functional link the body has to the source of its vitality, the soul.«[17]

(ii) Im *Liber de principiis motus processivi* erscheint grundsätzlich kein Widerspruch zum Verständnis von *spiritus*, wie es von Bono anhand der Schriften *De animalibus, Quaestiones super De animalibus* und *De spiritu et respiratione* beschrieben wurde. Um der zweifachen Dimension des *spiritus* gerecht zu werden und das Schöpfen von körperlichen Kräften aus dem Seelisch-Geistigen auszudrücken, wurde in dieser Ausgabe der Terminus *spiritus* durchgehend mit »Geist« im Sinne etwa auch von »Geisthauch« wiedergegeben. – Das Herz bewegt das Sinnenwesen von seinem innersten Punkt her und ist die Quelle aller seiner Kräfte. Zur Bewegung ist es notwendig, dass diese Kräfte in die bewegten Glieder kommen. Das Werkzeug hierfür ist der Geist, welcher ebenfalls im Herzen erzeugt wird und von diesem ausgeht. Das Erzeugen des Geistes im Herzen ist ein ununterbrochener Prozess, weswegen das Herz der Bewegung des Ausdehnens und Zusammenziehens unterliegt. Das Ausstoßen des Geistes führt die Kraft in die Glieder, das Zurückziehen aber schöpft fortwährend vom Herzen wieder neue Kraft.

2.1.7 Der unbewegte Beweger ist aus drei Teilbewegern der Seele zusammengesetzt

Der unbewegte Beweger der Sinnenwesen, die Seele, welche ihren Sitz im Herzen hat, ist im Hinblick auf seine Wesensanteile dreigeteilt und setzt sich aus folgenden drei Bewegern zusammen: Kenntnis

---

[16] J. J. Bono, »Medical Spirits and the Medieval Language of Life«, *Traditio* 40 (1984) 119–134.

[17] Ebd. 124.

bringend, auswählend und Antrieb bewirkend. Es ist offensichtlich, dass der Kenntnis-Bringende und der Antrieb-Bewirkende völlig unterschiedlichen Charakters sind. Der erste Beweger gibt im Akt der Sinneswahrnehmung auf irgendeine Art erkennend Aufschluss über das Objekt der Sinneswahrnehmung, ohne einen wesentlichen Kraftanteil. Der dritte Beweger hingegen bewirkt den Antrieb und würde in seiner dumpfen Kraft ohne den Kenntnisbeitrag des ersten Bewegers nicht in Bewegung kommen. Der zweite Beweger, das Auswählen, muss indes die Kenntnis und den Antrieb auf irgendeine Art in sich vereinen, wie sollte er sonst Kenntnis des sinnlich Wahrnehmbaren erlangen, dann über das Mögliche und Sinnvolle abwägen und schließlich den Antrieb ausführen lassen. Das Auswählen geschieht auf ein »Gutes« hin. Das Gute kann das natürlich Gute sein – jede Natur hat ein für sich eigentümliches Gutes – oder ein »jetzt Gutes« wie Nützlichkeit oder Sinneserfreuung. Die Bewegung erfolgt zum schlechthin Guten oder zum »jetzigen Guten«.

2.1.8 Die Bewegung des Herzens und der Geschlechtsorgane ist unwillkürlich

Neben willkürlichen Bewegungen finden auch unwillkürliche Bewegungen statt. Dies ist bei der Herzbewegung und der Bewegung der Geschlechtsorgane der Fall. Diese Bewegungen sind dem willentlichen Zugriff entzogen, da hierbei eine leicht bewegliche, flüchtige Flüssigkeit und ein äußerlich eingeflößtes Erleiden zusammentreffen. Das Herz verleiht einerseits dem ganzen Körper Lebenskraft und enthält dazu stark vitales Flüssiges, andererseits werden alle Sinneswahrnehmungen an das Herz zurückgemeldet. Im Herzen begegnen sich das Flüssige und die sinnliche Wahrnehmung, wobei die sinnliche Wahrnehmung Erfreuliches oder Angst mit sich bringt. Bei Angst wird das Herz durch Kälte, bei Erfreulichem durch Wärme verändert. Die Geschlechtsorgane werden als Mittelpunkt aller Nerven und Adern verstanden, sodass sie das Zentrum aller Empfindlichkeit und damit auch des Erleidens sind. So wie das Herz Zentrum der Sinneswahrnehmung ist, so ist der Hoden das Ziel der zur sinnlichen Wahrnehmung gehörigen Nerven und der Adern. Hinzu kommt, dass auch sie, wie das Herz, ein leicht veränderbares Flüssiges, die Zeugungsflüssigkeit, enthalten.

2.1.9 Die ganze Vielzahl der Kräfte der Seele geht vom Herzen aus und wird zu diesem zurückgeführt

Das Herz ist ein Kennzeichen der sinnenhaften Seele. Die Vielzahl der Organe im Körper rührt von der Vielzahl der Kräfte der Seele her. Die Erzeugung der Organe und Glieder geht vom Herzen aus und in exakt dem Maß, wie Glieder und Organe vom Herzen gebildet und erzeugt werden, fließen Kräfte aus der Seele. Weil die von der Seele ausströmenden Kräfte im Verhältnis und in Verbindung zu selbiger stehen, steht auch das Herz in entsprechender Verbindung und im selben Verhältnis zu Organen und Gliedern. Somit ist es das Herz, welches Ursache und auch Ziel der Lebenstätigkeiten in den Sinnenwesen ist.

Es gibt nur ein ursprüngliches Wahrnehmungsorgan, das durch sich selbst wahrnimmt und für alle anderen Sinnesorgane die Möglichkeit zur Wahrnehmung eröffnet – das Herz. Bei den anderen Sinnesorganen hat die jeweilige sinnliche Wahrnehmung eher den Charakter des Sinnesorgans selbst, als den der ersten, im Herzen liegenden Wahrnehmungskraft. Das Herz kann zwar durch entsprechende Maßnahmen an der Wahrnehmung gehindert werden. Wenn die Verbindung zu einem äußeren Wahrnehmungsorgan unterbrochen ist, bleibt das Herz aber wahrnehmungsfähig und ebenso die verbleibenden Sinnesorgane. Nur wenn das Herz selbst aufhört wahrzunehmen, endet alle Sinneswahrnehmung. Da Bewegung und Sinneswahrnehmung zusammengehören, gilt, dass das Herz auch sich selbst die Ursache der Bewegung ist. Die Ursache des ersten Bewegenden und Wahrnehmenden ist, dass es sich selbst bewegt und durch sich selbst wahrnimmt. Es kann analog zum Beweger des sich selbst bewegenden Himmels verstanden werden.

2.2 Bewegungsmodell des Himmels: inwendiges, göttliches Prinzip

Über die Himmelsbewegung stellt sich die Frage: Gibt es in ihr einen unbeweglichen Körper als ersten Beweger, in dem die bewegende Kraft liegt? Hier besteht das Problem, dass dieser Körper kein Teil des Bewegten sein darf, weil er sonst selbst bewegt und nicht bewegend wäre, oder er wäre gleichzeitig bewegend und bewegt, was unmöglich ist. Denn die Himmelssphäre ist kugelförmig, für ihre

kreisförmige Bewegung sind drei Möglichkeiten denkbar: Es wird entweder erstens alles bewegt oder es steht zweitens alles – in gewisser Hinsicht – still oder es wird drittens die Einheitlichkeit der Himmelssphäre aufgelöst, weil der unbewegte Teil von dem Teil getrennt wird, der in ihr bewegt wird, was unmöglich ist. Deshalb scheint die Bewegung der Himmelssphäre nicht von einem Unbeweglichen zu stammen, das in der Himmelssphäre selbst existiert.

Die Frage nach der Ursache der Himmelsbewegung lässt sich auch nicht durch die Annahme einer Bewegung um die Himmelspole bzw. die Himmelsachse lösen, da die Himmelssphäre nicht von *zwei* Unbeweglichen bewegt wird. Eine Lösung durch die Annahme eines sich auf der Erde abstützenden großen Mannes, des Atlas', ist problematisch, da die Erde offenbar kein Teil dessen ist, dem die Bewegung zugeschrieben wird. Außerdem bewegt immer dasjenige mit der größeren Kraft das andere mit geringerer Kraft. Es steht aber unter Zweifel, ob die Stärke der Erde ausreicht, die ganze Himmelssphäre zu bewegen. Denn die Erde ist Teil der Himmelssphäre, und es ist fraglich, ob ein Teil eines Ganzen das Ganze selbst an Kraft übertreffen kann.

Schließlich kann der Himmel aus Notwendigkeit niemals durch eine Naturkraft zerstört oder aufgelöst werden. Die himmlischen Proportionen werden aber aufgelöst, wenn die Bewegung des Himmels von einer körperlichen Naturkraft, welche die Erde nur ist, abhängt. Dass der Himmel aber unzerstörbar ist, hat Albertus in *De coelo et mundo* bewiesen. Zwar ist die Erde nicht unendlich, könnte aber, wie jeder endliche Körper, eine Vermehrung erfahren. Die Vermehrung könnte so lange fortgesetzt werden, bis sie in der Mitte stillstehend die Himmelssphäre bewegt und diese damit zerstört, weil die Proportionen und die Gleichförmigkeit aufgelöst werden. »Was nämlich von überhaupt niemandem bewegt werden kann, sodass es naturgemäß jenem gegenüber unbeweglich ist, kann von überhaupt keinem der vorgenannten, wie sehr man auch seine Kraft vermehren würde, bewegt werden.«[18]

Somit kann Albertus die Lösung präsentieren: »Homer scheint zu wollen, dass der Ursprung der Bewegung nicht im Innenliegenden sei, was einer Ursache von der Art eines unbeweglichen Teiles, von

---

[18] Albertus Magnus, *Liber de principiis motus processivi* tr. 1 c. 4. Siehe unten S. 103.

dem die Bewegung ausgeht, entspricht, und dass der Himmel andererseits nicht von einer derartigen äußerlichen Ursache, die stillsteht, beweglich ist, sondern eher von einem innerlichen Prinzip göttlicher und unteilbarer Natur, das überhaupt keine räumliche Ausdehnung hat.«[19]

Denn wenn die Himmelsbewegung »von einer unbeweglichen, inneren und unteilbaren Kraft abhängt, werden die himmlischen Zusammenhänge und Proportionen, wie im achten Buch der ›Physik‹ gezeigt wurde, nicht aufgelöst.«[20] Es steht somit fest, »dass nur in den räumlich beweglichen Sinnenwesen ein derartiges unbewegliches Bewegendes sein muss, das außerhalb von dem liegt, was bewegt wird.«[21]

2.3 Bewegungsmodell des Menschen: Sinnliche Wahrnehmung und Intellekt

Der Mensch hat zusätzlich zur sinnenhaften Seele noch die Fähigkeiten des Intellekts. Dessen Beziehungen zur sinnenhaften Seele und zur Bewegung werden von Albertus aus verschiedenen Blickwinkeln betrachtet.

2.3.1 Fortschreitende Bewegung infolge von Schlussfolgerungen

Der Mensch bildet mithilfe seines Intellekts Schlussfolgerungen. Im intellektuellen Bereich sind der betrachtende Intellekt und der tätige Intellekt zu unterscheiden, deren Inhalte und Schlussfolgerungen je unterschiedliche inhaltliche Charakterzüge tragen. Beim betrachtenden Intellekt sind es zum Beispiel Inhalte aus dem Bereich des Spekulativen. Beim praktischen Intellekt beziehen sich die Inhalte auf eine Tätigkeit in der sinnenhaften Gegenstandswelt, beispielsweise auf die Bewegung eines Menschen. Bei ihm wird von einer Beurteilung und einer Auswahl ausgehend eine Folgerung ausgeführt, die in eine Tätigkeit mündet, welche sein Ziel ist. Zum Beispiel erkennt und beurteilt jemand allgemein, dass der Mensch an sich herumgehen muss. Er schlussfolgert, dass er, da er selbst ein Mensch ist, auch

---

19 Ebd. tr. 1 c. 4. Siehe unten S. 103.
20 Ebd. tr. 1 c. 4. Siehe unten S. 105.
21 Ebd. tr. 1 c. 4. Siehe unten S. 105.

herumgehen muss. Diese Schlussfolgerung wird unmittelbar in die Bewegung umgesetzt, und er geht herum.

2.3.2 Verbindung des praktischen Intellekts mit dem Herzen

Weiterhin wird geklärt, ob der intellektuelle Teil der Seele auch mit dem Herzen verbunden ist. Dafür spricht, dass der Verstand, der Wille und das Auswählen beim Zustandekommen der Bewegung eine entscheidende Rolle spielen. Denn diese sind seelische Eigenschaften und alle Bewegung geht vom Herzen aus, welches Kennzeichen der Seele ist. Dagegen spricht die Tatsache, dass der intellektuelle Seelenteil des Menschen keinem spezifischen Körperteil als Akt zugeordnet werden kann.

Albertus beantwortet dies mit dem Vergleich eines Künstlers, der für sein Kunstwerk ein Werkzeug verwendet. Ein Bildhauer empfängt weder das innerliche künstlerische Schaffen noch seine künstlerische Umsetzungsfähigkeit vom Werkzeug, der sogenannten Brechaxt. Aber er benötigt die Brechaxt, um das ihm innerlich vor Augen Stehende in den Grundstoff des Kunstwerkes einzubringen. Und auf diese Art wird der Intellekt mit dem Körper vereint.

Somit liegen für Albertus Intellekt und in ähnlicher Weise auch das Auswählen und der Wille als Seelenkräfte im Herzen. Diese Kräfte fließen aber nicht von der Seele aus, insofern diese die Form des Herzens ist, sondern insofern diese auch noch intellektuelle Anteile besitzt. Die Seele hat Kräfte, die vom Körper getrennt sind, und solche, die mit diesem vereinigt sind, und ist gleichzeitig *ein Einziges*. Somit werden die getrennten Kräfte mit denen, die einem Organ zugehören, in ein und demselben, der Seele, vereinigt. Der Intellekt bewegt so, wie die vom Werkzeug getrennte Kunst das Werkzeug bewegt und ist hervorragende Dignität zum ganzen materiellen Körper: »Denn die ganze Materie des Körpers verhält sich so zum Intellekt, wie sich die Werkzeuge zur Kunst verhalten.«[22]

2.3.3 Physiologische Wirkung von Vorstellung und Einsicht

Bei angenehmen Sinneswahrnehmungen kommt Wärme zusammen mit dem Blut in die Glieder und lockert und vergrößert diese; die Kälte aber, die bei unangenehmen Sinneswahrnehmungen auftritt, wird durch den Entzug von Wärme herbeigeführt und schnürt die

[22] Ebd. tr. 2 c. 12. Siehe unten S. 189.

Glieder zusammen und verkleinert sie. Diese physiologische Wirkung haben aber nicht nur die sich auf konkrete Gegenstände der Sinneswelt beziehenden Wahrnehmungen, sondern auch Vorstellungen und Einsichten. Denn sie beziehen sich im praktischen Bereich unmittelbar auf die realen Gegenstände der Sinneswelt. Eine begriffene Erkenntnisform oder eine Vorstellung hat infolge der mit ihr verbundenen innerlichen Freude die Kraft und Wirkung der Wärme, und der Geist und das Blut werden in die sich erfreuenden Glieder transportiert. Dagegen hat eine furchterregende und schmerzliche Erkenntnisform abkühlende Wirkung, denn durch Rückzug des Geistes und des Blutes zum Herzen hin werden die verlassenen Glieder kalt. Die praktischen, durch den Intellekt aufgenommenen Erkenntnisformen wirken dadurch, dass sie auf konkrete Dinge bezogen werden. Der Gegenstand der Sinneswelt und die Erkenntnisform gehören jeweils zusammen und sind nicht austauschbar. Erkennende Sinnenwesen können manchmal zittern und sich ängstigen, obwohl kein konkreter äußerer Anlass vorliegt.

Albertus sieht die Einwirkung der Begriffe und Vorstellungen in der Mitte des Herzens, an einem Ort von minimaler, unwahrnehmbarer räumlicher Größe, also etwa einem Punkt. Diese Änderung im winzigen Punkt in der Mitte des Herzens bewirkt im ganzen Körper diverse und auch umfangreiche Veränderungen hinsichtlich Wärme, Kälte oder einem anderen Erleiden. Das ganze Fleisch des Leibes wird hinsichtlich Röte und Blässe, Zittern und Beben und anderer ähnlicher Affekte verändert.

Eine Stelle aus dem Sentenzenkommentar des Thomas von Aquin: »Delectatio autem non potest esse nisi in cognoscente«[23] (»Erfreuen kann aber nicht sein, außer in einem Erkennenden«) bringt in etwas anderer Formulierung Albertus' Bemerkung zu den begriffenen Erkenntnisformen zum Ausdruck: »eine begriffene Erkenntnisform hat infolge der damit verbundenen Lust die Kraft der Wärme«.[24] Somit kann ein Mensch, der in angemessener Weise und Umfang die Wahrheit erkennt, erwarten, durch diese Erkenntnis Freude, Wärme und

---

[23] Thomas de Aquino, I *Sent.* d. 1 q. 4 a. 1, ed. P. Mandonnet, Paris 1929, p. 43.

[24] Albertus Magnus, *Liber de principiis motus processivi* tr. 2 c. 4. Siehe unten S. 137.

damit auch Gesundheit zu erhalten. – Bis in die Details des Physischen und des Leibes hinein, wie es oben beschrieben wurde.

2.4 Ausblick: Sinneswahrnehmung und Bewegung im göttlichen Schöpfungskontext

Der Mensch hat sinnlich wahrnehmende und intellektuelle Fähigkeiten. In *De intellectu et intelligibili*[25] wird erläutert, wie er aufgrund dieser seelisch-geistigen Disposition ins göttliche Sein zurückgeführt

[25] Albertus Magnus, *De intellectu et intelligibili* l. 2 tr. 1 c. 12 (Opera Omnia IX), ed. Borgnet, Paris 1890, p. 520a sqq. »Est autem hoc quoddam omnibus mirabilibus mirabilius, et omnibus bonis melius, advertere de bonitate et largitate causae primae in reducendo ad se animam hominis. Cum in omni natura nihil sit propter vilius, formae quae fluunt continue in materiam ex luminibus causae primae et intelligentiarum, melius multo existentes in causa prima et in luminibus intellegentiarum quam in materia, nulla ratione fluunt in materiam propter esse quod habent in materia, licet materia appetat eas sicut divinum et bonum, sicut diximus in libro de Physico auditu. Nec potest hoc dici, quod fluunt ad hoc quod illae formae quae mundi dicuntur, largitatem suae fontalitatis ostendant: quia in rebus vilioribus consumere substantiam non est magnificae largitatis. Oportet igitur quod ad hoc fluunt, ut esse divinum aliquod et operationes divinas perficiant. Esse autem divinum et operationem non perficiunt nisi a materia separatae: et scimus quod non separantur nisi ab anima humana perfecta separatione: oportet igitur, quod per separantem a materia intellectum ad esse divinum reducuntur. Hujusmodi autem reductio non fit per intellectum mundi: quia illarum intellectus habet eas separatas in esse et operatione divina: fiet ergo necessario per intellectum hominis qui ad hoc habet vires et organa, ut a materia accipiat formas divinas.
Secundum autem omnia quae inducta sunt, forma non est sufficienter facta divina per hoc quod efficitur intellectus qui dicitur in effectu vel adeptus: sed divina fit per intellectum assimilantem, et eum qui vocatur divinus: igitur sic reducta confert esse divinum et operationem divinam: substantia autem habens esse divinum et operationem, non indiget aliquo: ergo anima sic reducta de sensibilibus et materia corporum, non indiget, eo quod materialia et instrumentalia organa non accepit secundum naturam nisi ad hoc ut ad esse divinum reduceretur: stat igitur substantiata et formata in esse divino in esse perfecta: et hoc vocaverunt Philosophi caducum alterius et immortalis vitae, per quam vere probatur animae humanae immortalitas.« Vgl. C. Steel, »Abraham und Odysseus. Christliche und neuplatonische Eschatologie«, in: J. A. Aertsen, Martin Pickavé (Hg.), *Ende und Vollendung. Eschatologische Perspektiven im Mittelalter* (Miscellanea Mediaevalia, 29), Berlin – New York 2002, 128–129. U. Klünker, »Nur der Mensch. Menschliche Seele und Erde im Werk

werden kann. Dabei ist er Teil eines letztlich den Kosmos umfassenden Entwicklungskontextes. In dessen Ablauf sind zunächst die Formen aller sinnlichen Gegenstände aus dem Licht der ersten Ursache und aus den Intelligenzen in die materielle Welt eingeflossen. Albertus findet den Grund für dieses Ausfließen der Formen letztlich nur darin, dass auf diese Weise ein Göttliches hervorgebracht oder zumindest zu den göttlichen Wirkungen beigetragen wird. Zu diesem Zweck müssen die ursprünglich göttlichen Formen wieder aus der Materie, in die sie geflossen sind, ins göttliche Sein zurückgeführt werden. Dies aber kann nur der Mensch, da nur er die hierfür erforderlichen Kräfte und Organe hat. Er empfängt die göttlichen Formen aus der Materie, indem er diese zunächst erstens sinnlich wahrnimmt. Dies geschieht zweitens durch die Tätigkeit des Intellekts, welche durch zwei Aspekte zu beschreiben ist: das Trennen der Formen von der Materie und die göttliche Wiederherstellung. Damit ist die menschliche Seele aber letztlich in göttliches Sein und Tätigkeit vorgerückt, ohne notwendigerweise ihr irdisches Dasein aufzugeben. Die sinnliche Wahrnehmung, die Organe der Sinneswahrnehmung – und damit zusammenhängend die Bewegung – sind der menschlichen Seele nur gegeben, um aus sich selbst heraus wieder in göttliches Sein und Tätigkeit zurückgeführt zu werden und um damit den Fortgang der göttlichen Schöpfung unter Beteiligung des Menschen zu vollbringen.

[J. W.]

---

des Albertus Magnus«, in: R. Dorka et al. (Hg.), *Zum Erstaunen bin ich da. Forschungswege in Goetheanismus und Anthroposophie*, Dornach 1998, 80–83.

Abkürzungen

1. Allgemeine Abkürzungen und diakritische Zeichen

a.	articulus
Abb.	Abbildung
Anm.	Anmerkung
al.	alii
Bd.	Band
c., cap.	capitulum
d.	distinctio
ders.	derselbe
dies.	dieselben
diff.	diffinitio
dt.	deutsch
ebd.	ebendort
ed., edd.	edidit, ediderunt
ed. cit.	editio citata
et al.	und andere
f.	folio
Hg., hg.	Herausgeber, herausgegeben
ibid.	ibidem
id.	idem
Jh.	Jahrhundert
Kap.	Kapitel
l.	liber
lect.	lectio
lat.	lateinisch
n.	numerus
Nr.	Nummer
p.	pagina
r	recto
sc.	scilicet
sq., sqq.	sequens, sequentes
Suppl.	Supplement
s. v.	sub vocabulo

t.	tomus
tr.	tractatus
transl.	translatio
un.	unicus
u. a.	unter anderen
v	verso
v.	versus
vgl.	vergleiche
vol.	volumen
⟨ ⟩	Ergänzung des Editors im lateinischen Text
[ ]	Deletion des Editors im lateinischen Text; Ergänzung des Übersetzers

2. Serien, Albertus Magnus-Editionen

BGPhMA	Beiträge zu Geschichte der Philosophie (und Theologie: ab 27, 1928/30) des Mittelalters (Neue Folge: ab 1970), Münster 1891 ff.
Ed. Colon.	Sancti doctoris ecclesiae Alberti Magni Ordinis Fratrum Praedicatorum Opera Omnia. Ad fidem codicum manuscriptorum edenda apparatu critico notis prolegomenis indicibus instruenda curavit Institutum Alberti Magni Coloniense Bernhardo Geyer praeside, Münster 1951 ff. = Editio Coloniensis.
Ed. Lugdun.	Beati Alberti Magni, Ratisbonensis Episcopi, Ordinis Praedicatorum, Opera, Lyon 1651 = Editio Lugdunensis.
Ed. Paris.	B. Alberti Magni, Ratisbonensis Episcopi, Ordinis Praedicatorum, Opera Omnia, ex Editione Lugdunensi religiose castigata … cura ac labore Augusti (et Aemilii) Borgnet, Paris 1890–1899 = Editio Parisiensis.

Text und Übersetzung

Incipit »Liber de principiis motus processivi« qui est de animalibus motivis secundum locum ex quorum natura scitur qualiter anima iungitur corpori

Cuius primus tractatus est de modo motus processivi

Cap. 1. Et est digressio declarans, unde in animalibus causatur motus constrictionis et dilatationis

Generaliter igitur intelligendum, quod animalia habentia motum non participant motum localem nisi per sensum, quia non moventur, nisi quando fit apprehensio delectabilis vel tristis alicuius; et ideo secundum quod percipiunt delectabile vel triste, ita moventur. Cum igitur imperfectissima animalium non habeant sensum nisi tactum et gustum, secundum quod est quidam tactus,[a] et habent appetitum confusum causatum a delectabilibus tactus, sequitur necessario, quod ipsa non moventur nisi motu dilatationis et constrictionis in eodem loco manentia. Et causa huius est, quod tactus non sentit rem nisi per medium intrinsecum nec sentit aliquid tangibilium nisi coniunctum sibi per substantiam, ita quod ultimum eius quod sentitur, sit simul cum ultimo eius quod sentit. Cum igitur non sit motus localis animalium propter aliud, nisi quatenus animal motum coniungatur delectabili per sensum, non potest esse motus de loco ad locum in animali, quod non apprehendit delectabile vel triste nisi in eodem loco coniunctum sibi. Sed in eodem loco ad delectabile coniunctum sibi dilatatur et a tristabili coniuncto sibi retrahitur per

---

[a] Vgl. Aristoteles, *De anima* l. 2 c. 10 (422a8). Albertus Magnus, *De anima* l. 2 tr. 3 c. 27, Ed. Colon. VII/1, p. 137–138.

Es beginnt das Buch »Über die Prinzipien der fortschreitenden Bewegung«, welches von den Sinnenwesen handelt, die sich räumlich bewegen; aus der Natur derselben wird erkannt, wie die Seele mit dem Körper verbunden ist.

Der Erste Traktat hat die Art und Weise der fortschreitenden Bewegung zum Inhalt.

Kapitel 1: Es ist der erläuternde Exkurs nötig, wodurch in den Sinnenwesen die zusammenziehende und ausdehnende Bewegung verursacht wird

Allgemein muss man also wissen, dass die Sinnenwesen, denen die Bewegung eignet, sich nicht räumlich bewegen, außer durch die Sinneswahrnehmung verursacht, weil sie nicht bewegt werden, außer wenn sie einmal irgendetwas Erfreuliches oder Schmerzliches wahrnehmen: Und darum werden sie bewegt, sobald sie etwas Erfreuliches oder Schmerzliches erfassen. Weil die am wenigsten Vollkommenen der Sinnenwesen keine andere Sinneswahrnehmung haben außer der Berührung und dem Geschmack, welcher auch in gewisser Weise Berührung ist – sie haben also ein Streben, das mit der Wahrnehmung verbunden und vom Erfreulichen der Berührung verursacht ist –, folgt notwendigerweise, dass sich dieselben nicht bewegen außer durch eine ausdehnende und zusammenziehende Bewegung, wobei sie an Ort und Stelle bleiben. Und der Grund dafür ist, dass der Tastsinn nichts wahrnimmt außer durch ein Vermittelndes im Innern und auch nichts Tastbares wahrnimmt, wenn es ihm nicht substanziell verbunden ist, in der Weise, dass das Äußerste dessen, was wahrgenommen wird, am gleichen Ort ist mit demjenigen, was wahrnimmt. Da keine räumliche Bewegung von Sinnenwesen wegen etwas anderem stattfindet, außer wenn das bewegte Sinnenwesen durch Sinneswahrnehmung dem Erfreulichen verbunden wird, kann

constrictionem. Et huiusmodi animalia sunt adhaerentia locis suis immobiliter, et sunt quaedam ostrea et conchylia.[a] Et ideo, quia propter immobilitatem a loco conveniunt cum plantis et propter motum in loco, non ad locum, conveniunt cum animalibus, media esse dicuntur inter plantam et animal, quod movetur de loco ad locum.

Amplius, haec animalia necesse est habere os inferius, et ea quae inferius sunt in aliis animalibus, oportet in ipso esse superius. Cum enim in omni animali necesse sit nutrimentum accipere, oportet esse os aliquod per quod nutrimentum accipiat. Cum autem non accipiat nisi a loco, in quo est, oportet, quod os habeat conversum ad locum, et ideo est inferius loco infixum.

Amplius, cum nutrimentum a loco tractum sit impurum et permixtum terrestri grosso, quod non nutrit neque convenit substantiae eius quod nutritur, oportet ipsum habere os non hians ut animalia, sed potius sugens per poros parvos, sicut faciunt radices plantarum, et ideo talia animalia venis quibusdam radicalibus sugunt et in hoc iterum cum plantis conveniunt.

Amplius, cum per poros non ingrediatur impurum reiciendum, sed potius purum incorporabile, sequitur, quod hoc quod sic trahunt huiusmodi animalia, totum sit incorporabile, et non habent vias egestionum animalia huiusmodi sicut neque plantae.

Haec igitur sunt quae cum plantis habent communia. Cum animalibus autem communicant sensu motum causante et in appetitu

---

[a] Vgl. Albertus Magnus, *De animalibus* l. 4 tr. 1 c. 1 n. 3, ed. H. Stadler, Münster 1916, p. 358 v. 10–14; c. 3 n. 35–48, p. 373–379.

bei dem [einfachen] Sinnenwesen keine Bewegung von einem Ort zum anderen stattfinden, das nur Erfreuliches und Schmerzliches erfasst, was ihm an eben seinem Standort verbunden ist. Aber es wird an seinem Standort zu dem ihm verbundenen Erfreulichen hin ausgedehnt und von dem ihm verbundenen Schmerzlichen durch Zusammenziehen zurückgezogen. Derartige Sinnenwesen hängen unbeweglich an ihren Orten, es sind gewisse Austern und Muscheln. Weil sie sich nicht von ihrem Ort wegbewegen können, gleichen sie den Pflanzen, und weil sie sich am Ort bewegen können – aber nicht zu einem Ort hin –, gleichen sie den Sinnenwesen. Deswegen sagt man, sie seien in der Mitte zwischen Pflanze und [höherem] Sinnenwesen, welches sich von einem Ort zum andern Ort bewegt.

Außerdem ist es nötig, dass diese Sinnenwesen eine unten befindliche Mundöffnung haben. Und das, was bei den anderen Sinnenwesen weiter unten ist, muss bei demselben höher liegen. Weil nämlich jedes Sinnenwesen Nahrung aufnehmen muss, ist es nötig, dass es irgendeine Mundöffnung gibt, durch welche es die Nahrung aufnimmt. Da dieses Sinnenwesen nur von dem Ort aufnimmt, an dem es sich befindet, ist es nötig, dass es eine Mundöffnung hat, die diesem Ort zugewandt ist. Und diese liegt deswegen weiter unten am Körper.

Außerdem: Weil die vom Ort eingesogene Nahrung unrein und mit groben, erdigen Bestandteilen vermischt ist, welche nicht nähren und auch nicht zu dem Körper dessen, der ernährt wird, passen, darf dieses Wesen keinen schlundartigen Mund haben wie die [höheren] Sinnenwesen, sondern vielmehr einen durch winzige Öffnungen saugenden, wie dies bei den Wurzeln der Pflanzen der Fall ist. Und deswegen saugen derartige Sinnenwesen mit etlichen wurzelartigen Adern und stimmen darin wiederum mit den Pflanzen überein.

Außerdem: Weil durch die kleinen Öffnungen nichts Unreines, was auszuscheiden ist, aufgenommen wird, sondern vielmehr vollständig Aufnehmbares, folgt, dass das, was diese Sinnenwesen einsaugen, ganz und gar aufnehmbar ist. Auch haben derartige Sinnenwesen keine Verdauungswege, genau wie dies bei den Pflanzen der Fall ist.

Diese Eigenschaften sind es also, die sie mit den Pflanzen gemeinsam haben. Mit den Sinnenwesen aber haben sie die Sinneswahrnehmung, welche die Bewegung verursacht, das Streben und die Bewegung sowie eine irgendwie geartete Beweglichkeit des Körpers gemeinsam. Die Sinneswahrnehmung dieser Art von Sinnenwesen

et in motu et in aliqua corporis mollitie. Sensus autem huiusmodi animalium est sicut sensus dormientis, qui non agit, nisi quando evocatur aliquo tangente ipsum extrinsecus et evocante ipsum, sicut quando excitatur animal a somno. Et hoc est, quando tangitur a delectabili convenienti vel tristabili inconvenienti et quia vigilia est expansio animae et spiritus et caloris et humoris ad exteriora, sicut diximus in libro *De somno et vigilia*,[a] ideo tunc movetur motu dilatationis. In contristantibus autem propter motum animae et spiritus et caloris et humoris ad interiora propter fugam rei contristantis movetur motu constrictionis. Sic igitur et hac de causa moventur ea quae immobilia sunt a locis suis.

Quaedam autem sunt quae a locis moventur, sicut stincus[b] et spongia et animal, cuius substantia est sicut albugo[c] ovi, quae de loco ad locum moventur motu constrictionis et dilatationis et moventur velociter nec videntur habere sensum nisi tactum, et si habent gustum, non habent eum nisi per modum cuiusdam tactus. Et non habent os ad figuram oris animalis comedentis, sed potius porosa sunt in una parte sui et per poros sugunt humorem nec habent vias apertas, per quas emittatur superfluitas egestionis, sed ad modum plantarum trahunt nutrimentum prima digestione ab impuro separatum. Causa autem motus de loco ad locum esse videtur perceptio aliqua vel inquisitio nutrimenti in loco remoto. Et videtur, quod haec perceptio fiat per extensionem aliquam sensibilis per medium extrinsecum, et hoc non puto fieri nisi per aliquem confusum cum gustu odoratum. Et quia olfactus eorum cum gustu confusus est, ideo organum odoratus in corpore suo determinatum in figura non habent.

---

[a] Albertus Magnus, *De somno et vigilia* l. 1 tr. 1 c. 8, Ed. Paris. IX, p. 133 sq.
[b] stinctus: Vgl. Albertus Magnus, *De animalibus* l. 24 c. un. n. 55 (122), ed. H. Stadler, Münster 1920, p. 1546. [c] albugo: Vgl. Albertus Magnus, *De animalibus* l. 4 tr. 1 c. 8 n. 74, ed. cit., p. 391.

ist aber wie die Sinneswahrnehmung eines Schlafenden, der nicht handelt, wenn er nicht durch irgendjemanden geweckt wird, der diesen von außen berührt und erweckt, so wie eben ein Sinnenwesen aus dem Schlaf geweckt wird. Und dies geschieht, wenn es von einem harmonischen Erfreulichen oder einem störenden Schmerzlichen berührt wird. Weil das Wachen aber eine Ausdehnung der Seele und des Geistes[1] und der Wärme und des Flüssigen ist, wie wir im Buch *Über Wachen und Schlafen* ausgeführt haben, deswegen wird es dann eben durch die Bewegung der Ausdehnung bewegt. Bei Schmerzlichem aber wird es wegen der Bewegung der Seele, des Geistes, der Wärme und des Flüssigen durch die Bewegung des Zusammenziehens nach innen bewegt, und zwar wegen der Flucht vor dem Schmerzlichen. Auf diese Weise also und aus diesem Grund werden die bewegt, die sich von ihren Aufenthaltsorten nicht bewegen können.

Es gibt aber einige, die von ihren Aufenthaltsorten bewegt werden, wie beispielsweise der fünfarmige Seestern oder der Schwamm und das Sinnenwesen, dessen Körper wie das Weiße des Eies ist, die durch die Bewegung des Zusammenziehens und des Ausdehnens von einem Ort zum anderen bewegt werden; auch werden sie zügig bewegt und sie scheinen keine andere Sinneswahrnehmung außer dem Tastsinn zu haben. Und wenn sie Geschmackssinn haben, dann besteht dieser nur in der Art einer gewissen Berührung. Auch haben sie keine Mundöffnung in der Gestalt wie ein fressendes Sinnenwesen, sondern sie haben vielmehr auf ihrer einen Seite winzige Löcher und durch diese Löcher saugen sie das Flüssige. Und sie haben auch keine deutlichen Kanäle, auf denen das Überflüssige der Verdauung ausgestoßen wird, sondern nach Art der Pflanzen ziehen sie Nahrung, die durch vorgängige Verdauung von Verunreinigung gereinigt ist. Der Grund der Bewegung von einem Ort zum anderen scheint aber irgendein Erfassen zu sein oder das Suchen von Nahrung an einem entfernten Ort. Und es scheint, dass dieses Erfassen von außen her durch ein Vermittelndes geschieht und durch irgendeine Ausdehnung des sinnlich Wahrnehmbaren. Und ich glaube, dass dies nicht geschieht außer durch eine Art Geruchssinn vereinigt mit dem Ge-

---

[1] Der Terminus »Geist« (lat. *spiritus*) wird hier in physiologischer Bedeutung verwendet, in der er einen feinen Körper *(corpus subtile)* bezeichnet; vgl. J. J. Bono, »Medical Spirits and the Medieval Language of Life«, *Traditio* 40 (1984) 91–130.

Ex omnibus autem his patet, quod haec animalia non habent nisi sensum imperfectum et motum imperfectum, et ideo non habent in corporibus suis alas vel pedes. Sensum autem voco imperfectum, quando non habent nisi sensus magis naturales et materiales sicut tactum et gustum, secundum quod est quidam tactus. Hi enim minime habent de ratione sensus et multum de ratione naturae, sicut ostendimus in scientia *De anima* et in scientia *De sensu et sensato.*[a] Imperfectissima autem virtus motiva est, quae non movet nisi ad modum motus primi sensitivi, quod est cor, et non movet ad imitationem motus alicuius caelestium corporum. Cor enim est primum sensitivum,[b] et suus motus est per modum constrictionis et dilatationis. Signum autem imperfectionis sensus est, quod sensibile apprehensum non videtur facere sensum nisi interius in primo sensitivo. Talis enim sensus, sicut iam diximus, esse videtur dormientis, et hic sensus multum habet naturae et parum animae, sicut dicit Ysaac,[c] notans tales sensus esse naturales.

Amplius, talis sensus medium quoddam est animati et non animati, sicut somnus est medium mortis et vitae, et quia motus sequitur sensum, ideo etiam motus non est nisi primi sensitivi, ad cuius contractionem et dilatationem contrahuntur et dilatantur exteriora. Et ideo ad talem motum organa motus natatilium vel gressibilium aut volatilium seu etiam reptilium natura non formavit. In his autem quae perfectiora sunt secundum sensus, sunt exteriora organa sen-

---

[a] Albertus Magnus, *De anima* l. 2 tr. 4 c. 1, ed. cit., p. 149–150; l. 3 tr. 5 c. 1, p. 243–245; *De sensu et sensato* tr. 1 c. 1, Ed. Paris. IX, p. 3; vgl. ibid. c. 15, p. 36–37. [b] Vgl. Albertus Magnus, *De animalibus* l. 12 tr. 3 c. 1 n. 168, ed. cit., p. 864–865. [c] Isaac Israeli, *De elementis* pars 3, in: Omnia opera Ysaac, Lyon 1515 f. X[r].

schmack. Und weil deren Geruchssinn mit dem Geschmack vereinigt ist, deswegen haben sie kein in der Gestalt bestimmtes Organ des Geruchssinns an ihrem Körper.

Aus allem diesem aber ist offensichtlich, dass diese Sinnenwesen nur eine unvollkommene Sinnes- und Bewegungsorganisation haben. Deswegen haben sie an ihren Körpern keine Flügel oder Füße. Eine Sinnesorganisation aber nenne ich unvollkommen, wenn [die Sinnenwesen] keine Sinneswahrnehmung haben, außer den eher natürlichen und materiellen wie der Berührung und dem Geschmack, insofern dieser wie eine Art Berührung ist. Denn diese [beiden] haben sehr wenig vom Charakter der Sinneswahrnehmung und viel vom Charakter des rein Natürlichen, wie wir in den Schriften *Über die Seele* und *Über die Sinneswahrnehmung und das Wahrgenommene* gezeigt haben. Die am wenigsten vollkommene bewegende Kraft ist die, die nur so wie das erste Wahrnehmende, welches das Herz ist, bewegt. Dieses bewegt nicht in Nachahmung der Bewegung irgendeines Himmelskörpers. Denn das Herz ist das erste Wahrnehmende und seine Bewegung besteht aus Zusammenziehen und Ausdehnen. Das Kennzeichen einer unvollkommenen Wahrnehmungsorganisation aber ist, dass ein erfasstes Wahrnehmbares keine andere Sinneswahrnehmung zu bewirken scheint außer einer im Innern befindlichen im ersten Wahrnehmenden. Eine derartige Wahrnehmungsorganisation scheint, wie wir bereits ausführten, Kennzeichen eines Schlafenden zu sein und sie scheint fast rein natürlichen und wenig seelischen Charakter zu haben, wie Isaak sagt, der bemerkt, dass diese Sinneswahrnehmung »natürlich« sei.

Außerdem ist eine solche Wahrnehmungsorganisation gewissermaßen die Mitte zwischen beseelt und unbeseelt, so wie der Schlaf die Mitte zwischen Tod und Leben ist. Und weil die Bewegung und die Sinneswahrnehmung ursächlich zusammengehören, deswegen ist auch keine Bewegung außer der des ersten Wahrnehmenden vorhanden, in Verbindung mit dessen Zusammenziehen und Ausdehnen das Äußere zusammengezogen und ausgedehnt wird. Und deswegen hat die Natur zu einer derartigen Bewegung keine Organe des Schwimmens, Gehens, Fliegens oder auch Kriechens geformt. In den Sinnenwesen aber, die hinsichtlich ihrer Wahrnehmungsorganisation vollkommener sind, befinden sich weiter außen liegende Organe der Sinneswahrnehmung. Denn das vollkommene Organ der Berührung ist, wie wir im Buch *Über die Sinneswahrnehmung und das Wahr-*

suum. Tactus enim organum perfectum, sicut in libro *De sensu et sensato* ostendimus,[a] est intraneum, et est cor principaliter. Alii autem sensus in exterioribus fiunt organis, et quia perfectam habent sensibilium perceptionem, oportuit, quod perfectionem haberent motus processivi, per quem moventur ad sensibilia apprehensa, eo quod sensibile salvat animal sentiens, et esset imperfectum animal, nisi per motum coniungi posset sensibili apprehenso, sicut in libro tertio *De anima* determinavimus.[b]

Ex dictis igitur manifestum est, quod perfectio motus est a corde, procedente virtute motiva in membra exteriora, quae formata sunt ad motum ambulationis vel volatus vel reptionis vel natationis. De modo ergo huius motus, licet iam in libro *De motibus animalium* hoc quod nos sensimus, tradiderimus,[c] tamen quia postea in Campania iuxta Graeciam nobis agentibus pervenit ad manus nostras libellus Aristotelis de motibus animalium, etiam hic ea quae tradidit, interponere curavimus, ut sciatur, si in aliquo ea quae ex ingenio proprio diximus, deviant a Peripateticorum principis subtilitate.

Cap. 2. In quo probatur, qualiter in omni motu animalium aliquid oportet esse immobile circa quod est motus

Dicamus igitur secundum Aristotelem, quod de motu appetitivo, quo animalia a seipsis moventur, iam alias praevisum est a nobis et praedeterminatum, quot genera habeat, ubi in libris animalium volantia et gressibilia et natatilia et reptilia et contrahentia et extendentia se distinximus, et in eisdem libris distinximus, quae sunt causae eorum quae naturaliter accidunt singulis generibus motuum. Nunc

---

[a] Albertus Magnus, *De sensu et sensato* tr. 1 c. 15, ed. cit., p. 36–37; vgl. *De anima* l. 2 tr. 3 c. 30, ed. cit., p. 141–142. [b] Albertus Magnus, *De anima* l. 3 tr. 5 c. 3, ed. cit., p. 246–247. [c] Albertus Magnus, *De motibus animalium* l. 2 tr. 2 c. 1–4, Ed. Paris. IX, p. 293–298.

genommene gezeigt haben, inwendig und ist ursprünglich das Herz. Die anderen Sinneswahrnehmungen aber finden in äußeren Organen statt: Und weil sie eine vollkommene Wahrnehmung des Sinnenhaften haben, war es notwendig, dass sie eine vollkommene räumliche Bewegung haben, durch welche sie zu dem sinnlich Wahrnehmbaren, das erfasst wurde, bewegt werden. Denn das sinnlich Wahrnehmbare erhält das fühlende Sinnenwesen, und es wäre ein unvollkommenes Sinnenwesen, wenn es nicht durch die Bewegung mit dem sinnlich Wahrgenommenen verbunden werden könnte, wie wir bereits im dritten Buch *Über die Seele* ausgeführt haben.

Aus dem Gesagten ist daher erwiesen, dass die Ausführung der Bewegung vom Herzen ausgeht und die bewegende Kraft dann in die äußeren Glieder vorrückt, die zum Gehen, Fliegen, Kriechen oder zum Schwimmen geformt sind. Wir wollten nun hier, auch wenn wir schon im Buch *Über die Bewegungen der Sinnenwesen* das, was wir meinen, veröffentlicht haben, dennoch – weil uns nachher in Campanien in der Nähe von Griechenland, wo wir zu tun hatten, Aristoteles' Buch über die Bewegungen der Sinnenwesen in die Hände fiel – auch das, was dieser über diese Art der Bewegung geäußert hat, einschieben, damit man erkennt, wenn in irgendeinem Punkt das, was wir aus eigenem Können geäußert haben, von der Genauigkeit des führenden Kopfes der Peripatetiker abweicht.

Kapitel 2: Der Aufweis, wie das Unbewegliche in jeder Bewegung der Sinnenwesen beschaffen sein muss, bezüglich dem die Bewegung stattfindet

Wollen wir also in Anlehnung an Aristoteles sagen, dass wir das Streben – durch dieses werden die Sinnenwesen durch sich selbst bewegt – schon anderswo vorher bedacht und bestimmt haben. Nämlich, wie viele Arten der Bewegung es gibt, wo wir in den Büchern über die Sinnenwesen die fliegenden, gehenden, schwimmenden, kriechenden und die sich zusammenziehenden und ausdehnenden Sinnenwesen unterschieden haben. In denselben Büchern haben wir unterschieden, was die Ursachen der Eigenschaften sind, die natürlicherweise allen Arten der Bewegung zukommen. Wir müssen nun für diejenigen sorgen, die in dieser Wissenschaft über die allgemeine Ursache, welche die Ursache des Bewegens in jeder der vorgenannten

autem providendum est ignorantibus in hac scientia de universali causa, quae causa est movendi in qualicumque motuum praedictorum. Quia igitur omnium motuum principium est movens aliquod quod ›seipsum‹ movet, et quia idem movens praecipue in motu animali ipsum sibi principium est movendi in hoc quod a seipsis moventur animalia, et quia primum movens, quod est primo primum, est immobile, iam longe ante a nobis est determinatum in octavo *Physicorum.*[a] Ubi etiam a nobis determinatum est de motu, utrum sit aeternus aut non, et si est aliquis aeternus in omni tempore, determinatum est ibidem, quis est ille.[b] Et ille habet conformitatem cum motu animalium, eo quod caelum sicut animalia movetur a seipso. Sed quae ibi dicta sunt de movente, universaliter dicta sunt. In physicis autem oportet non solum accipere universale movens secundum rationem communem, sed oportet descendere, ut videatur movens primum in singulis et praecipue in his quae sensibilia sunt animalia, quia in physicis per singularia inquirimus rationes universales, eo quod in physicis particularia digniora sunt universalibus, quia per singularia opinamur [esse] convenientes et necessarias esse rationes universalium et universales, quia eas quae conveniunt particularibus, acceptamus et eas quae non conveniunt particularibus, abicimus. In his autem quae de universalibus moventibus in *Physicis* diximus,[c] manifestum est, quod impossibile est moveri ea quae a se moventur, si nullum primorum moventium sit stabile et immobile. Igitur et in ipsis animalibus quae a se moventur, si debeant a se moveri, oportet aliquam partium stabilem et immobilem esse. Propter quod etiam membra motiva in animalibus sunt inflexa et gyrativa, eo quod illo circa quod fit huiusmodi inflexio et gyratio, utimur in hoc animalis motu sicut centro, circa quod fit motus circularis, eo quod gyratio membri moti fit circa illud. Et ideo totum membrum sive tota pars, quae composita est ex immobili movente et eo quod movetur, sicut si dicamus totum crus aut totum brachium, fit et unum secundum aliquem modum et duo secundum alium modum et fit rectum secundum unum modum et curvum sive curvatum secundum alium modum, eo quod in ipso commutatur potentia sive virtus movendi et accidens mobilitatis et immobilitatis propter

---

[a] Albertus Magnus, *Physica* l. 8 tr. 2 c. 6, Ed. Colon. IV/2, p. 598–602; c. 11, p. 614–618. [b] Ibid. tr. 1 c. 2–4, ed. cit., p. 551–558; tr. 3 c. 1, p. 618–622; c. 10, p. 641–642. [c] Ibid. tr. 2 c. 6, p. 598–602; c. 11, p. 614–618.

Bewegungen ist, unkundig sind. Dass also das Prinzip aller Bewegungen irgendein Bewegendes ist, das sich selbst bewegt, und dass dasselbe Bewegende besonders in der Bewegung der Sinnenwesen sich selbst das Prinzip des Bewegens ist – das äußert sich darin, dass die Sinnenwesen sich selbst bewegen – und dass das erste Bewegende, das das Allererste ist, unbeweglich ist, haben wir schon vor langer Zeit im achten Buch der *Physik* dargelegt. Dort haben wir auch bestimmt, ob die Bewegung ewig ist oder nicht; und wenn irgendeine in aller Zeit unvergänglich ist, an ebendieser Stelle haben wir bestimmt, was diese ist. Und diese [Bewegung] hat eine Gleichförmigkeit mit der Bewegung der Sinnenwesen, denn der Himmel wird so wie die Sinnenwesen von sich selbst bewegt. Aber, was dort über den Bewegenden gesagt wurde, wurde allgemein ausgesagt. In der Naturlehre ist es aber nötig, nicht nur ein allgemeines Bewegendes gemäß einer allgemeinen Gesetzmäßigkeit anzunehmen, sondern man muss sich auf Einzeltatsachen einlassen, damit man das erste Bewegende im Einzelnen erkennt und natürlich besonders in denen, die zu den wahrnehmenden Sinnenwesen zählen. Denn in der Naturlehre suchen wir durch das Einzelne die allgemeinen Gesetzmäßigkeiten, weil hier das Einzelne eine größere Dignität hat als das Allgemeine. Durch die Einzeltatsachen glauben wir, dass die Gesetzmäßigkeiten der allgemeinen Ideen und die allgemeinen Ideen selbst stimmig und notwendig sind: Das, was mit den Einzeltatsachen übereinstimmt, nehmen wir an und das, was nicht übereinstimmt, lehnen wir ab. In dem aber, was wir in der *Physik* über das allgemeine Bewegende gesagt haben, ist erwiesen, dass unmöglich dasjenige, das sich selbst bewegt, bewegt wird, wenn kein erster feststehender und unbeweglicher Beweger vorhanden ist. Deshalb muss auch in den Sinnenwesen selbst, die von sich bewegt werden – wenn sie von sich bewegt werden müssen –, irgendein Teil feststehend und unbeweglich sein. Deshalb haben auch die beweglichen Glieder der Sinnenwesen einen beugenden und drehenden Charakter. Denn dasjenige in der Bewegung des Sinnenwesens, um welches ein solches Beugen und Drehen stattfindet, ist wie ein Mittelpunkt anzusehen, um den eine Kreisbewegung stattfindet, weil die Drehung des bewegten Gliedes um jenen Punkt stattfindet. Und deshalb entsteht das ganze Glied – oder auch der ganze Teil –, welches aus einem unbeweglichen Bewegenden und dem, was bewegt wird, zusammengesetzt ist, wie zum Beispiel das ganze Bein oder der ganze Arm, gemäß einer ersten und einer zweiten Gesetz-

curvaturas laxarum iuncturarum, quae sunt in ipso. Cum enim flectitur et movetur, oportet, quod aliquid eius moveatur sicut id quod gyratur, et aliud stat sicut id quod est sicut signum sive centrum. Verbi gratia, per motum curvaturae sive gyrationis inflectatur tota diametrus a d, in hoc motu d stabit, et a mota describit motum a c, quae est portio circuli circa centrum.

Quod ut melius intelligatur, sit diametrus a d brachium, quod movetur circa vertebrum armi sive scapulae, et punctum a sit pars adiutorii, quae volvitur in pyxide armi, et sit punctum a initium motus superius et descendat usque ad c; tunc enim moto brachio in pyxide describitur motus a c, et quanta est portio a c circuli circa pyxidem sive in pyxide, tantus est motus brachii totius.

Sed hoc interest in diametro mota super centrum aliquod et brachio moto in pyxide armi, quod punctum, super quod dicitur diametrus moveri, secundum omnem modum est indivisibile, eo quod, sicut dicit Euclides, punctus est, cui pars non est.[a] Et in eodem omnino immobili secundum dici solum et explanationem quantitatis motus solum dicitur moveri diametrus, quae est linea indivisibilis, secundum veritatem autem nihil eorum movetur quae sunt mathematica, eo quod talia abstracta sunt a motu et materia.[b] Et ideo haec posita sunt secundum imaginationem motus caelestium. Sed immota illa sive immobilia quae sunt in membrorum animalium curvaturis, id quod est immobile virtute et accidente, fit aliquando unum

---

[a] Euclides, *Elementa* l. 1 diff. 1, ed. H. L. L. Busard, *A Thirteenth-Century Adaptation of Robert of Chester's Version of Euclid's Elements*, Bd. I, München 1996, p. 45. Vgl. Albertus Magnus, *Super Euclidem*, ed. P. M. J. E. Tummers, *Albertus (Magnus)' Commentaar op Euclides' Elementen der Geometrie*, Deel II: *Uitgave van boek I van Albertus (Magnus) en van Anaritius*, Nijmegen 1984, p. 4. [b] mathematica: Vgl. Albertus Magnus, *Physica* l. 1 tr. 1 c. 1, ed. cit., p. 1 v. 56–58.

mäßigkeit. Die erste Gesetzmäßigkeit ist die »Geradlinigkeit«, während die zweite Gesetzmäßigkeit die »Gekrümmtheit« ist. Das ist so, weil in demselben das Vermögen oder die bewegende Kraft und das Akzidens der Beweglichkeit und Unbeweglichkeit wegen der Krümmung der beweglichen Gelenke, die sich an ihm selbst befinden, in Beziehung stehen. Wenn es nämlich gebeugt und bewegt wird, ist es notwendig, dass irgendetwas von diesem bewegt wird, so wie das, was gedreht wird, und etwas anderes stillsteht, so wie das, was wie der Mittelpunkt ist. Bei der Kreisbewegung wird beispielsweise der ganze Durchmesser AD verdreht. In dieser Bewegung steht der Punkt D still und der bewegte Punkt A beschreibt die Bewegung AC, was dem Kreisteilbogen um den Mittelpunkt entspricht.

Damit dies besser verstanden wird, sei der Durchmesser AD der Arm, welcher um das Gelenk an der Schulter bewegt wird, und der Punkt A sei ein Teil des Armes, der in der Gelenkpfanne an der Schulter kreist, und es sei der Punkt A der Beginn der weiter oben einsetzenden Bewegung und bewege sich bis zum Punkt C. Hierauf wird so vom Arm im Gelenk die Bewegung AC beschrieben, und je nachdem, wie groß der Teil AC des Kreises um die Gelenkpfanne ist, so groß ist die Bewegung des ganzen Armes.

Aber der Unterschied besteht zwischen dem bewegten Durchmesser um irgendeinen Mittelpunkt und dem bewegten Arm im Schultergelenk, dass der Punkt, um den sich, wie man sagt, der Durchmesser bewegt, auf jede Weise unteilbar ist, weil, wie Euklid sagt, ein Punkt das ist, was keinen Teil hat. Und in diesem gänzlich Unbeweglichen, sagt man, um die Bewegung zu beschreiben und die geometrische Größe zu erklären, werde der Durchmesser bewegt, der eine unteilbare Linie ist. In Wahrheit aber wird nichts von den Dingen bewegt, die mathematischer Art sind, weil sie von der Bewegung und dem materiellen Sein abstrahiert sind. Und deswegen wurden diese gemäß der Vorstellung von der Himmelsbewegung aufgezeichnet. Aber wie auch immer das Unbewegliche, das in den Krümmungen der Glieder der Sinnenwesen ist, sein mag: Das, was unbeweglich hinsichtlich der Kraft und des Hinzukommenden der Bewegung ist, wird einmal ein Unteilbares, wenn dasjenige, in welchem und um welches die Bewegung stattfindet, unbeweglich angeordnet wird. Wir haben aber den Fall, dass ein geteiltes Glied bewegt wird, weil angelegt ist, dass ebendieses auch an einem anderen oder um ein anderes bewegt wird. Denn wir können nun einmal annehmen, dass

indivisibile, quando ponitur fixum, in quo et circa quod sit motus. Quandoque autem dividitur et movetur, quando ponitur et ipsum in alio vel circa aliud aliquid moveri. Et quandoque accipitur ut unum habens vicem puncti continuantis media flexura sicut cubitus, quando totum brachium movetur in iunctura armi, quandoque autem accipitur ut duo divisa, quando in media iunctura movetur inferior pars, sicut asseyd[a] movetur in cubito; tunc enim extremitas adiutorii, quae est in cubito, accipitur in ratione immobilis, et inferior extremitas asseyd accipitur ut mota circa ipsam, et sic cubitus dividitur in duo. Et similiter est de aliis membris.[b] Sic ergo in prius inducto exemplo principium motus designatum per a stat immobile, inferior autem pars diametri movetur, sicut in motu brachii inferioris, in quo sunt asseyd, stabilis est cubitus, in motu autem totius brachii cum adiutorio superiori stat armus sive humerus. Similiter autem in motu tibiae stat immobile genu, in motu vero totius cruris cum coxa superiori stat immobile chyon, quod est scia sive pyxis coxae. Oportet enim et in ipsis membris totis habere principium aliquod iuncturae stabile, unde erit principium virtutis moventis, quando movetur pars membri, et in illo stante est id quod est firmans motum et reducens gyrative circa idem per ligamenta et cordas et nervos et musculos, sicut diximus in libro *De motibus animalium*.[c] Omnino enim sub tali immobili movetur omne quod movetur secundum aliquam animalis partem, et hoc palam est per antedicta.

Cap. 3. Qualiter in omnibus immobile, quod est firmans et portans id quod movetur, oportet esse extra ipsum quod movetur

Omnis autem statio et immobilitas quae est in membris animalium, numquam erit firma et immobilis et movens, nisi aliquid extrinsecus existens extra totum animal generaliter et omnino stet immobile,

---

[a] asseyd: Vgl. Albertus Magnus, *De animalibus* l. 1 tr. 2 c. 12 n. 284, ed. cit., p. 100–101. [b] Vgl. Albertus Magnus, *Physica* l. 4 tr. 1 c. 13, Ed. Colon. IV/1, p. 226 v. 55–67. [c] Albertus Magnus, *De motibus animalium* l. 2 tr. 1 c. 1–3, ed. cit., p. 283–289.

ein Glied wegen der Aneinanderreihung von Punkten eine Beugemöglichkeit in der Mitte hat wie den Ellenbogen, wobei ja der ganze Arm im Gelenk des Oberarmes bewegt wird; und außerdem können wir annehmen, dass zwei Geteilte vorhanden sind, wenn im mittleren Gelenk der untere Teil bewegt wird, wie zum Beispiel der Unterarm im Ellenbogen bewegt wird: Somit wird nämlich das Ende des Oberarmes, das im Ellenbogen ist, als Unbewegliches verstanden und der Unterarm um dieses bewegt und so wird der Arm bezüglich des Ellenbogens in zwei Teile geteilt. Ähnlich ist es mit den anderen Gliedern. So also steht in unserem zuvor angeführten Beispiel das Prinzip der Bewegung, bezeichnet durch A, still, der untere Teil des Durchmessers aber wird bewegt, so wie in der Bewegung des unteren Armes, was der Unterarm ist, der Ellenbogen stillsteht. In der Bewegung des ganzen Armes aber mit dem Oberarm steht die Schulter still. Ähnlich steht in der Bewegung des Schienbeines das Knie unbeweglich. Bei der Bewegung des ganzen Beines aber in der oben liegenden Hüfte ist das Hüftgelenk unbeweglich. Man muss nämlich auch in den ganzen Gliedern selbst irgendeine stillstehende Grundlage des Gelenkes haben, woher der Ursprung der bewegenden Kraft ist, wenn ein Teil des Gliedes bewegt wird. Und in jenem Stillstehenden liegt das, was die Bewegung trägt und die Kreisbewegung um dasselbe durch Bänder, Sehnen, Nerven und Muskeln lenkt, wie wir im Buch *Über die Bewegung der Sinnenwesen* ausgeführt haben. Denn überhaupt wird alles, was in der Weise eines Teiles der Sinnenwesen bewegt wird, unter einem derartigen Unbeweglichen bewegt, und das ist offenkundig durch das Vorhergehende.

Kapitel 3: Auf welche Art muss das Unbewegliche, das stärkt und trägt, was bewegt wird, außerhalb von dem sein, was bewegt wird

Alles Feststehen aber und alle Unbeweglichkeit, die in den Gliedern der Sinnenwesen ist, wird niemals fest und unbeweglich und bewegend sein, wenn nicht irgendetwas gänzlich außerhalb des Sinnenwesens und völlig unbeweglich besteht, über welchem und in welchem sich das Sinnenwesen bewegt, so wie die Erde unter den Füßen der Umhergehenden. Und deswegen gehört dies auch in die Tätigkeit derer, die die Welt durch Unbewegliche regeln, wobei sie in angemessener Weise für Bewegende und Bewegte sorgen: Das nämlich, was

super quod et in quo movetur animal sicut terra subiecta pedibus ambulantium. Et ideo ordinantes mundum per immobilia, moventia et mota digne providentes tractaverunt de illo. Hoc enim quod dictum est, omnem motum esse ab immobili movente, habet contemplationem, quae non solum extenditur ad animalia et ad membra ipsorum in motu appetitus, sed etiam ad motum totius universi et in omnibus quae moventur tam a natura quam ab arte. Semper enim videtur, quod aliquid sit immobile extra id quod movetur, existens, quod subicitur et firmat id quod movetur. Sicut enim, quando motus est in animalibus, oportet in eodem animali aliquid esse immobile, si debeat moveri, sic multo amplius, si moveatur localiter totum animal, oportet esse extra totum animal aliquid immobile quod firmet motum eius quod movetur. Si enim quis supponat aliquid super quod est motus omnis, sicut muris ambulatio, quae fit in terra vel in arena, non est in his neque erit umquam motus, nisi terra stet et arena. Neque volatus ante erit in aëre nec natatio in mari, si non supponatur stare aër aut mare, si non moveatur per accidens, sed motu proprio hoc quod movetur; de tali enim motu hic loquimur. In omnibus enim neccessarium est esse aliquid subiunctum ei quod movetur, quod sit immobile, in quo vel super quod est motus, et quod sit aliud omnino ab eo quod movetur, sicut terra est a muribus motis in terra. Si autem non sit immobile, super quod est motus, non movebitur id quod ponitur moveri.

Huius autem quaestionis testimonium fide dignum est, quod nauta volens a litore movere navim, egreditur extra navim, et figit pedes in solido terrae in litore, et tunc firmatis antennis ad malum aut ad aliam partem navis impingendo movet navim levius. Si autem in eadem navi quae movenda est, existens aliquis ponendo antennas ad malum aut ad proram temptat hoc operari, nequaquam movebit navim, quantumcumque fortiter impingat; neque enim Boreas aut Zephyrus moverent umquam navim, nisi essent extra navim flantes in navis malum, et ideo si essent venti in navi, sicut pictores a puppi navis pingunt egredi ventos, non moverent. Pictores autem lineis

gesagt wurde, dass jede Bewegung von einem unbeweglichen Bewegenden herrührt, kann nicht nur so angesehen werden, dass es sich nur auf die Sinnenwesen und deren Glieder bei der Bewegung des Strebens bezieht, sondern auch auf die Bewegung des ganzen Alls und [auf die Bewegung] in allem, was sowohl natürlich als auch künstlich bewegt wird. Denn es scheint immer, dass es irgendetwas Unbewegliches außerhalb von dem, was bewegt wird, gibt, welches demjenigen, was bewegt wird, untergeordnet wird und welches dieses trägt. So wie nämlich, wenn innerhalb der Sinnenwesen Bewegung ist, in eben diesem Sinnenwesen ein Unbewegliches sein muss, wenn es bewegt werden muss, so muss umso mehr, wenn das ganze Sinnenwesen räumlich bewegt wird, außerhalb des ganzen Sinnenwesens etwas Unbewegliches sein, welches die Bewegung dessen, was bewegt wird, trägt. Wenn nämlich irgendjemand etwas unterlegen will, auf dem alle Bewegung stattfindet, wie zum Beispiel das Umherlaufen der Maus auf der Erde oder im Sand, so ist das nicht innerhalb dieser und es wird auch niemals eine Bewegung stattfinden, wenn nicht die Erde oder der Sand stillsteht. Und auch das Fliegen in der Luft und das Schwimmen im Meer kann nicht vorher sein, als bis angenommen wird, dass Luft und Meer stillstehen, wenn das, was bewegt wird, nicht durch ein Akzidens bewegt wird, sondern durch eigene Bewegung. Über derartige Bewegung sprechen wir hier nämlich. Bei allem ist es nämlich notwendig, dass irgendetwas Unbewegliches demjenigen, was bewegt wird, verbunden ist, in dem oder auf dem die Bewegung stattfindet, und was völlig verschieden ist von dem, was bewegt wird, so wie die Erde verschieden ist von den Mäusen, die sich auf ihr bewegen. Wenn aber dasjenige, auf dem die Bewegung stattfindet, nicht unbeweglich ist, wird das, von dem angenommen wird, es werde bewegt, nicht bewegt werden.

Der werte, glaubwürdige Aufweis in diesem Sachverhalt ist, dass ein Seemann, der ein Schiff vom Ufer wegbewegen will, aus dem Schiff steigt und mit seinen Füßen auf der festen Erde am Ufer Halt sucht. Und dann, nachdem eine Segelstange am Mast oder einem anderen Teil des Schiffes befestigt ist, bewegt er das Schiff durch Anstoßen leichter. Wenn aber jemand auf dem zu bewegenden Schiff ist, der versucht, die Bewegung allein durch Befestigen der Segelstange am Mast oder am Vordeck zu erreichen, wird er das Schiff keinesfalls bewegen, wie kraftvoll auch immer er es anstoßen würde. Und auch der Nordwind und der Westwind würden das Schiff nicht bewegen,

quibusdam pingunt effigiantes sic, ut magnus ventus faciat flatum suaviter aut vehementer. Si enim aliud a navi aliquid erit ventus flans, tunc oportet, quod aliqua partium venti, quae principium est flatus, sit stabilis et firma, et tunc rursus haec particula sua potentia et virtute impellit navim in aliquo extrinsecorum firmata; aut enim facit impulsum eidem toti navi aut alicui quod est pars navis, per quod tota navis impellitur. Si autem impellens navim idem ipsum sit in navi et firmetur ad ipsam navim, rationabile est, quod non moveat navim. Est enim pernecessarium, quod hoc stet in quo firmatur impellens, navis autem non stat, sed movetur. Si autem oppositum huius dicatur, continget, quod idem est et in eodem est et quod movetur et in quo firmatur foris extra id quod movetur, id quod impellit; et hoc est impossibile, sicut patet ex praedictis.

Cap. 4. An in motu caeli sit aliquid corporeum immobile a quo moveatur caelum

Quaeret autem aliquis de eo quod movet caelum – in motu enim caeli oportet esse movens –, utrum motus eius sit ab immobili corpore primo movente, quia non quaerimus de primo movente simplici, eo quod in animalis motibus videmus, quod id quod movetur, movetur ab immobili parte aliqua quae est extra id quod movetur, et est pars eius cui attribuitur motus. Et ideo cum motus caeli sit voluntarius motus, quaeret aliquis, utrum aliquod tale immobile primo in quo sit virtus movens, sit in motu caeli. Si enim sit tale primum immobile, oportet, quod haec nec pars caeli sit aliqua nec in caelo sit. Si enim aliquo modo sit idem caelo secundum totum aut secundum partes, sequetur, quod ipsum movetur, et sic idem move-

wenn sie nicht von außerhalb des Schiffes an den Schiffsbaum blasen würden. Und deshalb, wenn sich die Winde auf dem Schiff befinden würden, wie es [manche] Maler darstellen, dass die Winde vom Achterdeck des Schiffes ausgehen, könnten sie das Schiff niemals bewegen. Die abbildenden Maler aber malen durch gewisse Striche, als ob der starke Wind ein angenehmes oder heftiges Blasen verursacht. Wenn nämlich irgendetwas anderes der vom Schiff blasende Wind sein wird, dann ist es notwendig, dass irgendein Teil des Windes, der Ursprung des Blasens ist, stillsteht und fest ist. Und darauf treibt wiederum dieser Teil durch seine Kraft das Schiff an, wobei er irgendwie außen gestützt wird; hierbei macht dieser entweder einen Vortrieb auf das ganze Schiff oder auf irgendetwas, das ein Teil des Schiffes ist, wodurch aber wiederum das ganze Schiff angetrieben wird. Wenn aber dasjenige, was das Schiff antreibt, zugleich selbst auf dem Schiff ist und auf diesem Schiff befestigt wird, ist es vernünftig, dass es das Schiff nicht bewegt. Es ist nämlich durchaus notwendig, dass dasjenige stillsteht, auf welches sich das Antreibende abstützt. Das Schiff aber steht nicht still, sondern es bewegt sich. Wenn aber das Gegenteil von diesem behauptet wird, dann müsste es möglich sein, dass sowohl dasjenige, was bewegt wird, als auch dasjenige, woran das, was antreibt, außerhalb befestigt wird, ein und dasselbe und in ein und demselben wäre. Das aber ist unmöglich, wie aus dem Vorigen klar ist.

Kapitel 4: Ob in der Himmelsbewegung irgendein körperliches Unbewegliches ist, von dem der Himmel bewegt wird

Es fragt aber irgendjemand nach dem, was den Himmel bewegt – denn in der Himmelsbewegung muss ein Beweger sein –: ob dessen Bewegung von einem unbeweglichen Körper als erstem Beweger herrührt. Denn wir fragen nicht nach einem einfachen ersten Beweger, weil wir in den Bewegungen der Sinnenwesen sehen, dass [dort] das, was bewegt wird, von irgendeinem unbeweglichen Teil bewegt wird, der außerhalb von dem ist, was bewegt wird, und ein Teil dessen ist, dem die Bewegung zugeschrieben wird. Und deswegen, weil die Bewegung des Himmels [auch] eine willentliche ist, fragt irgendjemand, ob irgendein derartiges erstes Unbewegliches, in dem die bewegende Kraft liegt, in der Himmelsbewegung ist. Wenn es näm-

bit seipsum et erit motum et immobile, quod est impossibile. In omnibus enim motibus supradictis necesse est aliquid immobile esse, quod tangit id quod movetur, quando movet ipsum, sicut adiutorium tangit brachium in cubito, quando movet ipsum. Et oportet, quod huiusmodi movens non sit pars mobilis sive eius quod movetur. Amplius id movens quod est stans immobile, non erit pars mobilis, quod fertur.

Recte enim dicunt hi qui asserunt, quod unum de tribus sequitur, quod videlicet [quod] aut nulla stat particula, cum circulariter fertur sphaera, aut tota stat secundum aliquem modum, quo tota non transmutat locum, aut si stat aliqua particularum ipsius et aliae moventur, necesse est infringi continuum ipsius sphaerae, eo quod particula non mota separatur ab ea quae movetur in ipsa. Tertium autem horum trium est impossibile, et sic videtur, quod non possit esse motus sphaerae ab immobili aliquo, quod sit in ipsa sphaera.

Quidam autem non satis convenienter arbitrantur solvere inductam de motu sphaerae quaestionem dicentes, quia poli sphaerae habent quandam potentiam et virtutem movendi, cum tamen sint puncta sphaerae non habentia magnitudinem aliquam, eo quod sunt extrema puncta sphaerae, per quae transit axis sphaerae, super quem ipsa sphaera volvitur. Hoc autem non bene dictum est. Non enim est possibile moveri aliquam substantiam huiusmodi secundum motum unicum a duobus indivisibilibus. Constat autem, quod afferentes istam solutionem duos polos indivisibiles et immobiles ponunt esse in sphaera. Propter quod etiam quidam alii dicunt, quod aliquid immobile se habet ad motum omnis sive motum mundi, qui est motus caeli, et hoc dicunt esse terram, quae sic se habet ad motum omnis mundi, sicut immobile in animali se habet ad animalia, quae moventur per seipsa. Hoc enim quidam iam sub dubitatione intro-

lich ein derartiges erstes Unbewegliches wäre, dann wäre es nötig, dass es weder irgendein Teil des Himmels ist noch im Himmel ist. Wenn dieses nämlich auf irgendeine Weise mit dem Himmel dasselbe wäre, entweder ganz oder teilweise, so würde folgen, dass dieses selbst bewegt wird. Und so wird dasselbe sich selbst bewegen und wird bewegt und unbeweglich sein, was unmöglich ist. Denn in allen oben erwähnten Bewegungen ist es nötig, dass es irgendein Unbewegliches gibt, das dasjenige berührt, das bewegt wird, wenn es dieses bewegt, so wie beispielsweise der Oberarm den Unterarm im Ellenbogen berührt, wenn er diesen bewegt. Und es ist notwendig, dass das derartige Bewegende kein Teil des Beweglichen ist oder dessen, was bewegt wird. Außerdem wird das Bewegende, das unbeweglich steht, kein beweglicher Teil sein, der in Bewegung gesetzt wird.

Diejenigen haben nämlich Recht, die behaupten, dass eine von den drei Möglichkeiten folgt: entweder [erstens], dass kein Teil stillsteht, wenn die Himmelssphäre kreisförmig bewegt wird; oder [zweitens], dass die ganze Himmelssphäre unter gewisser Hinsicht stillsteht, unter der der ganze Himmel den Ort nicht wechselt; oder [drittens], dass es notwendig ist, wenn irgendeiner der Teile derselben stillsteht und andere bewegt werden, dass die Einheitlichkeit der Himmelssphäre selbst zerbrochen wird, weil der unbewegte Teil von dem Teil getrennt wird, der in derselben bewegt wird. Das dritte dieser drei aber ist unmöglich, und so scheint es, dass die Bewegung der Himmelssphäre nicht von irgendeinem Unbeweglichen herrühren kann, das in der Himmelssphäre selbst ist.

Einige aber glauben – nicht genug zutreffend –, die angeführte Frage über die Bewegung der Himmelssphäre zu lösen, indem sie sagen, dass die Pole der Himmelssphäre sozusagen das Vermögen und die Kraft haben zu bewegen, obwohl dies Punkte der Himmelssphäre sind, die keine Ausdehnung haben, weil sie die äußersten Punkte der Himmelssphäre sind, durch welche die Achse der Himmelssphäre geht, um die sich diese Himmelssphäre selbst dreht. Dies ist aber keine zutreffende Aussage. Denn es ist nicht möglich, dass irgendeine Wesenheit dieser Art in einer einheitlichen Bewegung durch zwei Unteilbare bewegt wird. Es steht aber fest, dass diejenigen, die diese Lösung anführen, zwei unteilbare und unbewegliche Pole in der Himmelssphäre annehmen. Deswegen sagen auch gewisse andere, dass irgendetwas Unbewegliches in Beziehung zur Bewegung der Welt, welche die Himmelsbewegung ist, steht. Und dies, so sagen sie,

duxerunt et quaestionem de hoc fecerunt, quam ob causam terra staret, si non stat propter causam, quae dicta est, quod det movere universo. Hi enim qui fabulam de Athlante texuerunt, dixerunt Athlantem pedes habere stabiles et firmiter immobiles super terram, et non dicunt fabulosum mendacium, sed potius in tegumentis fabularum ab intelligentia quadam volunt dicere, unde sine aliquo immobili sit motus caeli. Dicunt enim Athlantem esse sicut diametrum extensam de polo ad polum, quae convertit et regyrat caelum secundum conversiones circa polos.

Et ideo fingunt esse hominem maximum, pedes in polo uno et caput in alio habentem, et brachiis et manibus caelum circumvolvere. Et est haec fabula Pythagoricorum, sicut diximus in secundo *De caelo et mundo*.[a] Et intendunt dicere, quod mundus totus est unum animal, cuius immobile est terra, a qua diametri sicut cordae et nervi et venae procedunt ad circumferentiam et circumvolvunt eam, sicut membra animalis moventur ab uno immobili. Secundum enim supra inducta contingit et sequitur tunc, quod convertens caelum stat immobile propter terram stantem, cui innititur; et sic inductam de motu omnis volunt solvere quaestionem. Sed dicentibus hoc necesse est dicere cum hoc, quod ipsa terra quae est immobilis, non sit pars eius quod fertur in motu totius, debebat autem pars quaedam esse eius cui attribuitur motus, sicut patet ex praedictis.

Amplius nos oportet dicere, quod aequae sint fortitudines et vigores moventis, quod stat, cum eo quod movetur. Est enim quaedam multitudo et vigor virtutis, secundum quam potest id quod stat, movere, cum hoc supponatur esse movens, quia nisi virtus eius excellat id quod movetur, nullo modo movebit ipsum. Necessarium enim est

[a] Albertus Magnus, *De caelo et mundo* l. 2 tr. 1 c. 3–4, Ed. Colon. V/1, p. 107–113.

sei die Erde, die sich so zur Bewegung des ganzen Weltalls verhält, wie sich das Unbewegliche im Sinnenwesen zu den Sinnenwesen verhält, die sich selbst bewegen. Denn dies haben schon gewisse Leute – mit Zweifeln behaftet – behauptet und eine Untersuchung darüber angestellt, aus welchem Grund die Erde stillsteht, wenn sie nicht aus dem Grund stillsteht, der genannt wurde, was dem Weltall Bewegung verleiht. Denn diejenigen, die die Erzählung über den Atlas abgefasst haben, sagten, dass der Atlas feststehende und sicher unbewegliche Füße auf der Erde habe; und sie erzählen keine sagenreiche Lüge, sondern wollen vielmehr unter dem Deckmantel der Erzählungen sagen, jenseits von jeder Vernünftigkeit, woher die Bewegung des Himmels ohne irgendein Unbewegliches stammt. Sie sagen nämlich, der Atlas sei wie ein ausgedehnter Durchmesser von einem Himmelspol zum anderen, der den Himmel um die Himmelspole dreht.

Und deswegen erdichten sie, es gebe einen sehr großen Mann, der die Füße an einem Pol und den Kopf am anderen Pol hat und mit den Armen und Händen den Himmel drehe. Das ist die Erzählung der Pythagoreer, wie wir im zweiten Buch *Über den Himmel und die Welt* gesagt haben. Sie beabsichtigen zu sagen, dass die ganze Welt ein Sinnenwesen ist, dessen Unbewegliches die Erde ist, von der radiale Verbindungen, ähnlich wie Sehnen, Nerven und Adern, zur Umgebung ausgehen und diese drehend bewegen, so wie die Glieder des Sinnenwesens von einem Unbeweglichen bewegt werden. Nach dem oben Angeführten ist es möglich und es folgt darauf, dass derjenige, der den Himmel dreht, wegen der stillstehenden Erde stillsteht, auf die er sich abstützt. So wollen sie die angeführte Frage über die Bewegung von allem lösen. Aber diejenigen, die das sagen, müssen mit diesem auch sagen, dass die Erde selbst, die unbeweglich ist, kein Teil dessen ist, was in der Bewegung des Ganzen getragen wird, aber ein bestimmter Teil dessen, dem die Bewegung zugeschrieben wird, sein müsste, wie aus dem vorher Gesagten hervorgeht.

Weiterhin müssen wir sagen, dass die Stärke und die Kraft des Bewegenden, das steht, gleich sind mit dem, was bewegt wird. Denn es gibt ein bestimmtes Maß an Kraft, mit dem dasjenige, was steht, bewegen kann, wenn unterstellt wird, dass es ein Bewegendes ist. Denn wenn dessen Kraft nicht die Kraft dessen übertrifft, was bewegt wird, bewegt es dasselbe in keiner Weise. Denn es ist eine bestimmte Entsprechung der Kräfte zwischen dem Bewegenden und dem, was bewegt wird, notwendig so wie auch bei entgegengesetzten Bewegun-

esse quandam analogiam virtutum inter movens et id quod movetur, sicut et in contrariis motibus. Si enim unum contrariorum debeat movere reliquum, oportet, quod in aliqua analogia excellat ipsum; pares enim virtutes impassibiles sunt ad invicem, eo quod neutra excellit aliam, et ideo licet se alterent, neutra tamen transmovebit alteram. Et similiter est in virtutibus stantis, quod movet, et virtute eius quod movetur ab ipso, sed sub invicem continebuntur secundum plus habere virtutis; tunc enim id quod fortius est, subiciet alterum et continebit ipsum et movebit.

Sive ergo Athlas movere caelum dicatur sive aliud aliquid huiusmodi quod sit movens contentum ab intrinseco sphaerae totius, non magis, hoc est maiori virtute, firmatur in medio centro sphaerae, quam tota sphaera virtutis habeat. Et ideo si terra dicatur esse stans, virtute maiori sphaerae movebitur terra a medio, hoc est a loco suo, sicut si asseyd maioris sit virtutis in movendo quam adiutorium, movebit adiutorium a loco suo per motum cubiti, et non poterit immobiliter stare cubitus. Sicut enim movens movet quadam excellentia suae virtutis, sic etiam mobile, quod movetur, movebit id quod stat, si excellat virtus eius in motu. Si enim sit similis fortitudo eius aut etiam plus vel maior quiescenti et moventi, similem etiam huius virtutem esse constat, quod in motu caeli est mobile motum et non movens. Si igitur sic a terra immobili firmetur Athlas movens totum caelum, tantam oportebit esse fortitudinem terrae ad standum immobiliter, quantam habet totum caelum, quod movetur, et quantum habet Athlas movens totum caelum; aut terra nutabit et cedet sub pedibus Athlantis. Si autem hoc est impossibile, impossibile erit caelum moveri ab aliquo huiusmodi intrinsecorum quod infra sphaeram caeli contineatur.

Quaedam autem quaestio ex praeinductis orta est circa motum partium caeli sive universi. Partes autem vocamus omnia quae infra sphaeram continentur, secundum quod etiam terra, quae centrum est, pars est caeli et similiter ignis, cuius circulus et sphaera est intra

gen. Wenn nämlich eine der beiden entgegengesetzten die andere bewegen muss, so ist es notwendig, dass sie dieselbe in irgendeiner Entsprechung übertrifft. Denn gleiche Kräfte sind gegenseitig wirkungslos, weil keine die andere übertrifft. Auch angenommen, dass sie sich [beide] ändern, so wird doch keine von beiden die andere bewegen. Ähnlich ist es auch mit den Kräften des stehenden Bewegers und der Kraft des von demselben Bewegten: Sie werden wechselseitig hinsichtlich des Gesichtspunktes »kräftemäßiges Übertreffen« zusammengehalten werden; somit wird nämlich das Stärkere das andere unterwerfen und dasselbe innehaben und bewegen.

Sei es also, dass man sagt, der Atlas bewege den Himmel oder etwas anderes dieser Art, das bewegt, wobei es im Inneren der gesamten Himmelssphäre enthalten ist, keinesfalls wird dieses durch eine größere Kraft in der Mitte der Himmelssphäre getragen, als die gesamte Himmelssphäre an Kraft zur Verfügung hat. Und deswegen wird, wenn man sagt, die Erde stehe still, die Erde durch die größere Kraft der Himmelssphäre vom Mittelpunkt, das heißt von ihrem Ort, bewegt werden, so wie wenn zum Beispiel der Unterarm mehr bewegende Kraft hat als der Oberarm: Der Letztere wird durch die Bewegung des Ellenbogens von seinem Ort bewegt werden und der Ellenbogen wird nicht unbeweglich stehen können. So wie nämlich der Beweger durch ein gewisses kräftemäßiges Übertreffen bewegt, so wird auch das, was bewegt wird, das bewegen, was steht, wenn es dessen bewegende Kraft übertrifft. Wenn nämlich dessen Stärke [des Unterarmes] ähnlich der ruhenden und bewegenden Kraft ist oder auch größer, dann steht auch fest, dass die Kraft dessen, der in der Himmelsbewegung beweglich und bewegt – und nicht bewegend – ist, ähnlich ist. Wenn also so der den ganzen Himmel bewegende Atlas von der unbeweglichen Erde getragen wird, muss die Stärke der Erde zum Stillstehen so groß sein wie die des ganzen Himmels, der bewegt wird, und wie die des Atlas, der den ganzen Himmel bewegt. Oder die Erde wird schwanken und unter den Füßen des Atlas nachgeben. Wenn das aber unmöglich ist, ist es unmöglich, dass der Himmel von irgendetwas dieser Art im Inneren bewegt wird, was in der Himmelssphäre enthalten ist.

Es ist aber eine bestimmte Frage aus dem Vorigen entstanden, und zwar nach der Bewegung von Teilen des Himmels oder des Alls. Einen Teil aber nennen wir alles, was in der Himmelssphäre enthalten ist; demnach zählt dazu auch die Erde, die in der Mitte steht, und in

sphaeram orbis.[a] Omnia enim haec referuntur ad motum secundum eos qui Athlantem movere dicunt, et omnibus his a Pythagoricis motus caeli et universi attribuitur.

Quaestio igitur quaedam oritur de istis propria, quam oportet praevidere, antequam alia huius motus accidentia determinentur. Si enim nos stationem et firmitatem immobilitatis et stationis terrae superponamus potentiae caeli in mobilitate ita, ut dicamus terram fortiorem esse in stando, quam caelum possit moveri, cum manifestum sit secundum Pythagoricos, quod terra movet caelum a medio centro, in quo stat, constat autem, quod fortitudo terrae quiescentis, a qua est haec potentia movendi, non est infinita, eo quod terra ipsa finita est, et probatum est a nobis in octavo et septimo *Physicorum*, quod corporis finiti non est potentia infinita.[b] Propter quod etiam pondus terrae, quod est virtus sua, qua quiescit in medio, non est infinitum.

Amplius, impossibile dicitur multis modis. Uno enim modo dicitur impossibile, quod nullo modo fieri potest. Et impossibile dicitur, quod natum est fieri, licet elevatum sit supra possibilitatem operantis aut patientis. Non enim eodem modo dicimus vocem impossibilem videri et solem; quamvis enim lumen videatur a nobis, tamen excellit lumen in rota solis visum nostrum. Vox enim ex necessitate non videtur, eo quod non est de his quae innata sunt videri; lumen autem, cum sit innatum videri, non videtur propter excellentiam. Cum igitur caelum dicitur incorruptibile et indissolubile, opinamur ex necessitate esse indissolubile, ita quod impossibile sit dissolvi primo modo impossibilitatis. Secundum autem superius inductam rationem, quod caelum ab Athlante stante in terra moveatur, contingit caelum non ex necessitate esse, quod indissolubile innatum sit. Et huius ratio est, quia contingit caelum moveri maiore et excellenti virtute motoris, quam ipsum sit mobile per naturam suae mobilita-

---

[a] circulus et sphaera ignis: Vgl. Albertus Magnus, *Metaphysica* l. 2 c. 6, Ed. Colon. XVI/1, p. 97 v. 36–38. [b] Albertus Magnus, *Physica* l. 7 tr. 2 c. 6, ed. cit., p. 544–547; l. 8 tr. 4 c. 2, p. 644.

ähnlicher Weise das Feuer der Gestirne, dessen Bahn innerhalb des Himmelskreises liegt. Denn all dies bezieht sich nach denen, die sagen, der Atlas sei der Beweger, auf die [Himmels-] Bewegung: Und all diesem wird von den Pythagoreern die Bewegung des Himmels und des Weltalls zugeschrieben.

Es entsteht also eine bestimmte, charakteristische Frage über diese [Pythagoreer], die zuvor angesehen werden muss, bevor andere Akzidentien dieser Bewegung bestimmt werden. Denn [einerseits] setzen wir die Kraft der Erde zum unbeweglichen Stillstehen stärker an als die Kraft des Himmels hinsichtlich Beweglichkeit, sodass wir sagen, die Erde sei kräftiger im Stillstehen als der Himmel hinsichtlich des Bewegt-Werdens, weil gemäß den Pyhagoreern erwiesen ist, dass die Erde den Himmel von der Mitte aus bewegt, in der sie steht. [Andererseits] steht aber fest, dass die Kraft der stillstehenden Erde, von der diese bewegende Kraft ausgeht, nicht unbegrenzt ist, weil die Erde selbst endlich ist; dies haben wir im achten und siebten Buch der *Physik* bewiesen, dass unbegrenzte Kraft nicht das Kennzeichen eines begrenzten Körpers ist. Deswegen ist auch das Gewicht der Erde, welches ihre Kraft darstellt, mit der sie in der Mitte stillsteht, nicht unbegrenzt.

Ferner wird auf vielerlei Weise erklärt, was »unmöglich« heißt. Zum einen, was einfach unmöglich geschehen kann. Und unmöglich heißt, was dazu geschaffen ist zu geschehen, obwohl es über die Möglichkeit des Wirkenden und Erleidenden hinausgeht. Denn wir sprechen nicht in der gleichen Weise davon, dass es unmöglich ist, dass die Sonne und die Stimme gesehen werden. Denn obwohl wir auch das Licht sehen, dennoch übertrifft das Licht in der Sonne unser Sehvermögen. Denn die Stimme wird wegen der Notwendigkeit nicht gesehen, weil sie nicht zu den Dingen gehört, die naturgemäß dazu bestimmt sind, gesehen zu werden. Das Leuchten [der Sonne] aber, obwohl es naturgemäß dazu bestimmt ist, gesehen zu werden, wird wegen der zu großen Helligkeit nicht gesehen. Da man sagt, der Himmel sei unzerstörbar und unauflöslich, vermuten wir, dass er notwendigerweise unauflöslich ist, sodass diese Unauflöslichkeit unter die erste Kategorie der Unmöglichkeit fällt. Gemäß der oben angeführten Gesetzmäßigkeit, dass nämlich der Himmel durch Atlas, der auf der Erde steht, bewegt wird, gelingt es, dass der Himmel nicht aus der Notwendigkeit [unzerstörbar] ist, weil er naturgemäß dazu bestimmt ist, unzerstörbar zu sein. Und der Grund dafür ist, dass es

tis. Contingit enim ipsum moveri ex virtute, quae fundat terram in stando et quae simul movet ignem totum et supernum corpus totum cum omni caelorum congregatione in circuitu per circularem motum et insuper Athlantem super se stantem et gyrantem, per quem universitatis materia et machina designatur in fabula Pythagorica. Excellit ergo virtus moventis virtutem mobilis. Quotiescumque autem superhabet motus de virtute moventis super virtutem mobilis, dissolvitur mobile et motus et solvitur proportio moventis et mobilis, ita quod separantur ab invicem. Ergo solvetur harmonia motus caeli, quae est inter movens et mobile, et ipse motus deficiet. Si autem dicatur, quod non est in motore superhabens sive excellens virtus, hoc non impedit, quia licet non sit, tamen contingit in ipso virtutem esse excellentem. Ostendimus enim in septimo et octavo *Physicorum*, quod virtutes corporeae, quae sunt in maiori maiores et in minori minores, recipiunt additionem et diminutionem, addita vel diminuta quantitate.[a] Cum igitur terra finita sit, erit pondus eius finitum et additionem recipiens et sic excellet et corrumpet et mobile et motum. Non enim potest dici, quod pondus terrae infinitum sit et ideo additionem non recipiat; non enim contingit esse huiusmodi virtutem infinitam nisi per corpus infinitum; corpus autem nullum contingit esse infinitum, sicut ostendimus in primo *De caelo et mundo*.[b] Constat autem, quod non contingit umquam dissolvi caelum et motum eius per aliquam naturae potentiam. Igitur motor eius non est ille qui est inductus, et propter hoc ostendimus in fine octavi *Physicorum*, quod motor eius est indivisibilis et impartibilis non habens magnitudinem penitus.[c] Si enim diceretur possibile caelum dissolvi, quid prohiberet ipsum contingere dissolvi? Nisi esset enim impossibile dissolvi, ita quod oppositum est necessarium – necesse est enim caelum non dissolvi – absque dubio dissolvi contingeret ipsum. Sed de hac quaestione alia ratio est quam in primo *De caelo et mundo* determinavimus.[d]

---

[a] Albertus Magnus, *Physica* l. 7 tr. 2 c. 6, ed. cit., p. 544–547; l. 8 tr. 4 c. 1, p. 642–644. [b] Albertus Magnus, *De caelo et mundo* l. 1 tr. 2, ed. cit., p. 31–55. [c] Albertus Magnus, *Physica* l. 8 tr. 4 c. 7, ed. cit., p. 650–651. [d] Albertus Magnus, *De caelo et mundo* l. 1 tr. 4 c. 4, ed. cit., p. 83–87.

möglich ist, dass der Himmel durch die Kraft des Bewegers, die größer und vorzüglicher ist als der Himmel selbst hinsichtlich seiner Beweglichkeit, bewegt wird. Denn es gelingt, dass derselbe infolge einer Kraft bewegt wird, die die Erde im Stillstehen gründet und die gleichzeitig das gesamte Feuer und die gesamten Himmelskörper mit der ganzen himmlischen Gesamtheit im Kreis auf einer Umlaufbahn bewegt und obendrein den Atlas bewegt, der auf ihr steht und kreisförmig dreht und durch den das materielle Sein und das Getriebe des Weltalls in der Erzählung der Pythagoreer bezeichnet wird. Die Kraft des Bewegenden übertrifft also die Kraft des Beweglichen. Aber wie oft auch immer die bewegende Kraft die Kraft des Beweglichen übertrifft: Das Bewegliche und die Bewegung werden aufgelöst und ebenso das Verhältnis des Bewegenden und des Beweglichen, sodass sie wechselseitig getrennt werden. Also wird die Harmonie der Himmelsbewegung, die zwischen Beweger und Beweglichem ist, aufgelöst und es wird keine Bewegung mehr stattfinden. Wenn aber angeführt wird, im Beweger liege keine übertreffende Kraft, so ist dies kein Hindernis. Denn angenommen, dies ist [zunächst] nicht der Fall, so kann dennoch in demselben eine übertreffende Kraft sein. Denn wir haben im siebten und achten Buch der *Physik* gezeigt, dass körperliche Kräfte, die je nach Größe [des Zugrundeliegenden] kleiner oder größer sind, eine Vermehrung oder Verminderung erfahren, wenn etwas von der Größe hinzugefügt oder weggenommen wird. Weil also die Erde endlich ist, ist ihr Gewicht endlich, und indem sie eine Vermehrung aufnimmt, wird sie so [das Bewegliche] übertreffen und so das Bewegliche und die Bewegung zugrunde richten. Denn man kann nicht sagen, dass das Gewicht der Erde unendlich ist und sie deswegen keine Vermehrung erfahren kann. Denn es ist unmöglich, dass eine derartige Kraft unendlich ist, wenn der Körper nicht unendlich ist. Es ist aber für keinen Körper möglich, unendlich zu sein, wie wir im ersten Buch von *Über Himmel und Welt* gezeigt haben. Es steht aber fest, dass der Himmel und dessen Bewegung niemals durch irgendeine Kraft der Natur zerstört werden kann. Deswegen ist dessen Beweger nicht derjenige, welcher eingeführt wurde, und deswegen haben wir am Ende des achten Buches der *Physik* gezeigt, dass dessen Beweger unteilbar ist und völlig ohne räumliche Ausdehnung. Wenn man nämlich sagen würde, es sei möglich, den Himmel aufzulösen, was würde verhindern, dass es gelingt, denselben aufzulösen? Wenn es nämlich nicht unmöglich wäre, ihn aufzulösen, sodass

Sed ad quaestionem redeamus quaerentes, utrum oporteat in motu quiddam esse immobile et stabile, quod sit extra id quod movetur, ita quod non sit pars ipsius, aut non, et utrum hoc sic sit necessarium esse in universo et motu ipsius. Videtur enim fortasse inconveniens alicui esse, si principium motus, quod est immobile, sit interius intrinsecum ei quod movetur. His enim qui sic opinantur, videtur bene dicere Homerus, quando dicit:[a]

›Sed non retrahetis a caelo ad terram Iovem, magistrum omnium, neque si multum fatigabimini, omnes autem trahentes et dii et deae.‹

Homerus videtur velle principium motus non esse intrinsecum, quod est principium sicut pars immobilis, a qua est motus, caelum autem non esse mobile ab huiusmodi extrinseco principio, quod sit stans, sed potius ab intrinseco principio divino et impartibili non habente magnitudinem penitus. Et ideo dixit, quod Iuppiter, quem dicit primum motorem esse caeli, non potest trahi a caelo, in quo est sicut movens, ad terram, ut ex ipsa tamquam ex immobili parte sphaerae moveat. Et ideo, si omnia convenirent numina deorum et dearum et omnes vires ponerent, non traherent primum motorem, qui magister est omnium, a caelo, quod movet, ad terram, ut ex ipsa tamquam ex immobili sede moveret.

Quod enim omnino immobile est ab aliquo, ita quod natum est immobile esse ab illo, a nullo omnino talium, quantumcumque multiplicetur virtus ipsius, moveri contingit. Et secundum dicta Homeri

---

[a] Aristoteles, *De motu animalium* c. 4 (699b35–700a2). Vgl. Homer, *Ilias* VIII, 20–22.

das Gegenteil notwendig ist – es ist nämlich notwendig, dass der Himmel nicht aufgelöst wird –, könnte dieser ohne jeden Zweifel aufgelöst werden. Aber darüber besteht eine andere Meinung, die wir im ersten Buch von *Über Himmel und Welt* dargelegt haben.

Aber wir wollen zur Frage zurückkehren und fragen, ob es nötig ist, dass in der Bewegung ein bestimmtes Unbewegliches und Feststehendes ist, das außerhalb von dem ist, was bewegt wird, sodass es nicht ein Teil desselben ist, oder nicht und ob dies im Weltall und der Bewegung desselben notwendig ist. Es scheint nämlich vielleicht jemandem unpassend zu sein, wenn der Ursprung der Bewegung, welcher unbeweglich ist, im Innern von dem liegt, was bewegt wird. Denn denen, die so vermuten, scheint Homer etwas Vernünftiges auszusprechen, wenn er sagt:

> »Ihr aber werdet Vater Jupiter, den Allherren, nicht vom Himmel auf die Erde herzerren, auch nicht, wenn ihr euch viele Mühen auferlegt; und alle Götter und Göttinnen ziehen.«

Homer scheint zu wollen, dass der Ursprung der Bewegung nicht im Innenliegenden sei, was einer Ursache von der Art eines unbeweglichen Teiles, von dem die Bewegung ausgeht, entspricht, und dass der Himmel andererseits nicht von einer derartigen äußerlichen Ursache, die stillsteht, beweglich ist, sondern eher von einem innerlichen Prinzip göttlicher und unteilbarer Natur, das überhaupt keine räumliche Ausdehnung hat. Und deswegen sagte er, dass Jupiter, den er den ersten Beweger des Himmels nennt, nicht vom Himmel, in dem er wie der Beweger existiert, auf die Erde herabgezerrt werden kann, damit er von derselben aus geradeso wie von einem unbeweglichen Teil der Himmelssphäre aus bewegt. Und deswegen, wenn alles göttliche Walten der Götter und Göttinnen zusammenkäme und sie alle Kräfte einsetzen würden, so würden sie doch den ersten Beweger, der der Lehrer aller ist, nicht vom Himmel, den er bewegt, auf die Erde herabziehen, damit er von derselben aus wie von einem unbeweglichen Sitz aus bewegte.

Was nämlich von überhaupt niemandem bewegt werden kann, sodass es naturgemäß jenem gegenüber unbeweglich ist, kann von überhaupt keinem der Vorgenannten, wie sehr man auch seine Kraft vermehren würde, bewegt werden. Und gemäß dieser Aussage des Homer wird die schon längst gestellte Frage gelöst, in welcher gefragt wird, ob es möglich ist, dass die Zusammenhänge und Verhältnisse

solvitur quaestio iam pridem introducta, qua quaeritur, si contingit solvi congregationes et proportiones caeli, si motus eius pendet ab immobili principio, quoniam in veritate, si pendet ab immobili virtute corporea divisibili, solventur caeli proportiones, sicut obiectum est. Si autem pendet ab immobili intrinseco impartibili, non solventur caeli congregationes et proportiones, sicut ostensum est in octavo *Physicorum*,[a] et dicemus tunc, quod in solis animalibus mobilibus secundum locum oportet esse huiusmodi immobile movens, quod sit extra id quod movetur.

Cap. 5. Utrum in omni motu sit movens et mobile ita, quod in eodem sint movens et motum, sicut in eodem sunt movens et motum in motu locali animalium

Sed tunc quaeremus, quot sint moventia in ipsis quae moventur secundum locum. Oportet enim statum esse in huiusmodi moventibus, non enim vadit hoc in infinitum. Illud igitur in quo est status, erit primum. In omnibus autem talibus oportet hoc stare, hoc autem moveri. Oportet enim aliquid stare in quo sicut in movente firmatum mobile moveatur, quemadmodum si dicamus, quod aliquid de partibus mobilibus firmet alteram, dicemus illud firmans esse tamquam stans, sicut diximus superius, quod partium animalis una se habet ad alteram.

Sed quaeret aliquis, sicut diximus, de inanimatis, in quibus non est adeo perspicuum, si aliquid est immobile firmatum quod movet alia. Et ideo quaeritur, utrum omnia talia habent in ipsis quiddam stans et movens primum, quod videlicet est primum movens, secundum quod primum movens proximum movens appellamus, et quod tale sit stans; a quibus stantibus firmari est necesse ea quae moventur,

[a] Albertus Magnus, *Physica* l. 8 tr. 4 c. 5, ed. cit., p. 648–649.

des Himmels aufgelöst werden, wenn dessen Bewegung von einem unbeweglichen Prinzip abhängt. Wir haben entgegengehalten, dass in Wahrheit die himmlischen Proportionen aufgelöst werden, wenn die Bewegung des Himmels von einer unbeweglichen, körperlichen und teilbaren Kraft abhängt. Wenn sie aber von einer unbeweglichen, inneren und unteilbaren Kraft abhängt, werden die himmlischen Zusammenhänge und Proportionen, wie im achten Buch der *Physik* gezeigt wurde, nicht aufgelöst. Abschließend sagen wir, dass nur in den räumlich beweglichen Sinnenwesen ein derartiges unbewegliches Bewegendes sein muss, das außerhalb von dem liegt, was bewegt wird.

Kapitel 5: Ob in jeder Bewegung ein Bewegendes und Bewegliches in der Weise ist, dass das Bewegende und das Bewegte in ein und demselben sind, wie das bei der räumlichen Bewegung der Sinnenwesen der Fall ist

Aber hierauf fragen wir, wie viele Bewegende in denen sind, die räumlich bewegt werden. Denn es muss ein [ursprüngliches] Feststehen in derartigen Bewegenden sein, denn dieses [Abstützen] lässt sich nicht bis ins Unendliche fortsetzen. Daher wird jenes, in dem das [ursprüngliche] Feststehen liegt, das Erste sein. In allen solchen Dingen aber muss eines stillstehen, das andere bewegt werden. Denn irgendetwas muss stillstehen, in dem das Bewegliche – wie in einem Beweger befestigt – bewegt wird. Wenn wir beispielsweise annehmen, irgendetwas von den beweglichen Teilen stütze einen anderen Teil, so werden wir sagen, dass dies das Stützende und sozusagen Stillstehende sei, so, wie wir oben ausgeführt haben, dass ein Teil des Sinnenwesens mit dem anderen in Beziehung steht.

Aber es fragt jemand, wie wir sagten, nach dem Unbeseelten, wo es nicht so leicht erkennbar ist, wenn etwas in einem Unbeweglichen befestigt ist, welches das andere bewegt. Und deswegen wird gefragt, ob alle Gegenstände dieser Art in sich selbst etwas Stehendes und ursprünglich Bewegendes haben, welches natürlich das erste Bewegende ist, weswegen wir dieses erste Bewegende auch nächstes Bewegendes nennen, und das in der beschriebenen Weise feststeht. Das, was bewegt wird, muss von solchen Feststehenden getragen werden, so wie wir das in den bewegten Gliedern der Sinnenwesen als Erfor-

sicut videmus hoc esse necesse in his quae moventur in animalibus. Si autem hoc detur, quod sit aliquid immobile stans, quod movet ea quae moventur, hoc utique impossibile est esse ignem aut terram aut aliquid inanimatorum, quae moventur, aut aliquam partem ipsius. Sed si est, oportet esse extra ipsum quod movetur, aliquid aliud a quo haec moventur primitus. Omnia enim inanimata ab alio moventur quod est extra ipsa, sicut ostendimus in octavo *Physicorum*,[a] sed sola animata moventur a seipsis et inanimata moventur ab alio extrinseco. Omnium autem eorum quae sic mobilia sunt, ut diximus, quod si moventur ab aliquo immobili quod habent in seipsis principium motus, sunt ipsa eadem quae movent et moventur, quia huiusmodi sunt animalia, quae movent seipsa.

De huiusmodi autem moventibus et motis quod dictum est, de animalibus est dictum, eo quod huiusmodi omnia, quando moventur in seipsis, habent stare, quando volunt, et stans firmum, quod movet primum, habent in seipsis, sicut in *Physicis* dictum est.[b] Si autem in superiorum corporum motu est aliquid stans immobile quod est primitus sive primum movens, ex dictis non est palam, et si est immobile in talibus movens, de ipso alia est ratio quam de immobili movente, de quo hic loquimur, sicut patet per antedicta. Animalia autem quotquot moventur, omnia moventur firmata ab aliquo quod est extrinsecum membro, quod movetur, tam inspirantia quam respirantia. Non enim differt proicere aut movere pondus parvum aut magnum, sicut faciunt spirantes et tussientes, et si spirantes faciunt hoc, tunc facient et respirantes.

Videmus enim, quod in scia virtus proicit coxam, quando est incessus, ipsa immobilis manens, cum tamen tota coxa et crus sit pondus magnum. In inspiratione etiam et respiratione oportet stare et trahere et movere musculos pectoris et pulmonis, ut fiat motus respirationis, licet sit pondus parvum. Idem autem est de musculis, per

---

[a] Albertus Magnus, *Physica* l. 8 tr. 2 c. 3, ed. cit., p. 588–592. [b] Ibid.

dernis sehen. Wenn aber gesagt wird, dass es irgendein unbewegliches Stehendes gibt, welches das, was bewegt wird, bewegt, so ist es jedenfalls unmöglich, dass dies das Feuer oder die Erde ist oder irgendetwas Unbeseeltes, das bewegt wird, oder ein Teil davon. Aber wenn dies so ist, dann muss außerhalb von demselben, was bewegt wird, etwas anderes sein, von dem dieses ursprünglich bewegt wird. Denn alles Unbeseelte wird von etwas anderem bewegt, das außerhalb von demselben liegt, wie wir im achten Buch der *Physik* gezeigt haben. Aber nur die Sinnenwesen bewegen sich selbst und die Unbeseelten werden von etwas anderem von außen bewegt. Aber [Kennzeichen] aller derer, die sich so bewegen, wie wir es beschrieben haben, dass sie also von irgendeinem Unbeweglichen bewegt werden, das sie als Ursprung der Bewegung in sich tragen, [ist]: Es sind ein und dieselben, die bewegen und bewegt werden. Von dieser Art sind die Sinnenwesen, die sich selbst bewegen.

Was aber über Beweger und Bewegte dieser Art gesagt wurde, über die Sinnenwesen wurde es deshalb gesagt, weil sie alle – wenn sie in sich selbst bewegen – stehen können, wenn sie es wollen. Und das Feststehende, das ursprünglich bewegt, tragen sie in sich, wie in der *Physik* gesagt wurde. Ob aber in der Bewegung der Himmelskörper ein unbewegliches Stehendes ist, das der erste Beweger ist, ist im bisher Gesagten nicht klar. Und wenn es in diesen einen unbeweglichen Beweger gibt, so ist über diesen anders zu denken als über den unbeweglichen Beweger, über den wir hier sprechen, wie durch das vorher Gesagte offensichtlich ist. Wie viele Sinnenwesen aber auch immer bewegt werden, alle werden durch irgendetwas, das außerhalb von dem Glied liegt, das bewegt wird, bewegt, sowohl wenn sie einatmen als auch wenn sie ausatmen. Denn es ist kein Unterschied dabei, ein kleines oder großes Gewicht zu werfen oder zu bewegen, so wie es beim Atmen oder Husten geschieht. Wenn es beim Einatmen geschieht, so geschieht es auch beim Ausatmen.

Wir sehen nämlich, dass eine Kraft im Hüftgelenk das Bein beim Gehen vorschiebt, wobei das Gelenk unbeweglich bleibt, obwohl doch der ganze Oberschenkel und der ganze Unterschenkel ein großes Gewicht darstellen. Beim Ein- und Ausatmen müssen die Muskeln des Herzens und der Lunge stillstehen und ziehen und bewegen, damit das Ausatmen geschieht, wenngleich es sich um ein kleines Gewicht handelt. Dasselbe aber ist es mit den Muskeln, durch die das Husten und Gähnen und alle derartigen motorischen Reflexe

quos fit tussis et oscitatio et omnes huiusmodi motus, quia nullus omnium fit nisi ab aliquo immobili trahente et movente cordas et nervos membrorum mobilium.

Quaeramus autem, utrum in omni motu oportet quiddam stare quod movet alia, verbi gratia, utrum in eodem numero quod movetur secundum locum et movet, oporteat quiddam stare firmatum aut etiam in eo quod transmutatur ipsum a seipso secundum aliquam speciem motus ad formam, sicut in eo quod augmentat seipsum; nihil enim augetur, nisi per virtutem augentem, quae est in eo quod augetur. Et similiter quaestio est de alterante seipsum per virtutem, quae est in alterante, sicut in eo quod assimilat et unit sibi cibum. De generatione autem et corruptione, quae sunt a principio secundum ingressum rei in esse, est alia ratio, eo quod nihil generat seipsum et nihil corrumpit seipsum. Si enim generatio est illa quam vocamus primum motum generationis et corruptionis, quae est via ad esse rei, haec erit iam causa motuum aliorum, quia ille motus sive mutatio est de non-subiecto ad subiectum; omnes autem alii motus sunt de subiecto constituto per generationem ad subiectum. Generationem autem dico et corruptionem, eo quod non est sine corruptione generatio. Et sic generatio et corruptio omnium est causa motuum aliorum, quemadmodum in animali et in toto mundo universaliter causa prima motus est haec, quando perficitur in esse et subiecto animal. Et ideo non potest ita quaeri in generatione primum movens, quod sit causa sibi ipsi movendi, sicut in animali, quod seipsum movet. Quaeramus igitur, quid sit augmentationis causa, si aliquando idem sibi ipsi eidem fiet causa augmentationis, et quid sit causa alterationis, si aliquando idem sibi ipsi eidem fit causa alterationis, sicut idem sibi ipsi est causa motus localis. Si autem dicatur, quod non est idem sibi ipsi causa alterationis et augmentationis, tunc non est necesse unum primum esse movens in his, quia tunc primae augmentationes et alterationes fiunt ab alio extra movente, et (si) ab aliis moventibus fiunt generationes et corruptiones, tunc non est necesse, quod omnino sive generaliter idem eidem sibi sit causa movendi secundum omnem speciem motus et mutationis. Secundum hoc enim praeest et prius est movens mobili et generans generato; nihil autem omnino est prius sibi ipsi, et ideo oportet, quod in talibus aliud a generato et moto sit generans et movens.

ausgeführt werden. Denn nichts von all diesem geschieht außer durch irgendeinen unbeweglichen Beweger, der die Bänder und Sehnen der beweglichen Glieder zieht und bewegt.

Wir wollen aber fragen, ob in jeder Bewegung irgendetwas stillstehen muss, das das andere bewegt. Zum Beispiel, ob in einem Glied, das sich räumlich bewegt und bewegt wird, irgendetwas im gleichen Rhythmus feststehen muss. Oder beispielsweise aber auch, ob in dem etwas feststehen muss, das sich selbst – in einer Bewegung anderer Art – zu einer [anderen] Gestalt verändert so wie bei dem, das sich selbst vergrößert. Denn nichts wird vergrößert, wenn nicht durch eine vergrößernde Kraft, die in dem liegt, was vergrößert wird. Und eine ähnliche Frage ist es auch über das, was sich selbst durch eine Kraft, deren Wesen im Verändern besteht, verändert, so wie bei demjenigen, das sich Nahrung einverleibt. Über das Erzeugen und die Vernichtung, die am Anfang beim Eintritt eines Dinges in das Sein sind, ist anders zu denken, weil nichts sich selbst erzeugt und vernichtet. Wenn nämlich das Erzeugen dasjenige ist, was wir die erste Bewegung der Erzeugung und Vernichtung nennen, was der Weg des Dinges zum Sein ist, wird dies schon die Ursache der anderen Bewegungen sein. Denn jene Bewegung oder Veränderung ist vom Nicht-Zugrundeliegenden zum Zugrundeliegenden. Alle anderen Bewegungen aber sind durch Veränderung von einem durch Erzeugen bestehenden Zugrundeliegenden zum [nächsten] Zugrundeliegenden. Ich nenne aber das Erzeugen und die Vernichtung, weil kein Erzeugen ohne Vernichtung ist. Und so ist das Erzeugen und die Vernichtung aller Dinge die Ursache aller anderen Bewegungen, so wie im Sinnenwesen und in der ganzen Welt allgemein die erste Ursache der Bewegung die ist, dass das Sinnenwesen in seinem Sein und Zugrundeliegendem vervollkommnet wird. Und deswegen kann in der Erzeugung nicht ein solches erstes Bewegendes gesucht werden, das Ursache für seine autonome Bewegung ist, wie im Sinnenwesen, das sich selbst bewegt. Fragen wir also, was die Ursache der Vergrößerung ist, wenn irgendwann jemand für sich selbst Ursache der Vergrößerung ist, und was die Ursache der Veränderung ist, wenn irgendwann jemand sich selbst Ursache der Veränderung ist: genau so wie bei jemand, der für sich selbst die Ursache der räumlichen Bewegung ist. Wenn angenommen würde, dass jemand nicht für sich selbst die Ursache der Veränderung und der Vergrößerung wäre, dann wäre es auch nicht notwendig, dass in diesen ein erster Beweger

De anima autem, si movetur a seipsa aut non, et si movetur, quomodo movetur, dictum est a nobis in his quae *De anima* determinata.[a] Quoniam autem inanimata moventur omnia ab alio movente et nullum a seipso, dictum est a nobis in *Physicis*.[b] De primo autem mobili, quod est semper motum, secundum quem modum movetur et quomodo movet primum movens, diffinite dici habet in his quae sunt de *Prima philosophia*,[c] et partim hoc determinatum est in octavo *Physicorum*.[d] De omnibus his certum est, quod a quodam moventur immobili secundum illum modum motus quo moventur, sicut diximus in quinto *Physicorum*,[e] quia aliter iretur in infinitum. Sed non moventur a quodam immobili secundum locum firmato, quod est quaedam pars eius quod movetur, sicut cubitus pars est brachii, in quo immobili movetur asseyd sive harundo brachii.

---

[a] Albertus Magnus, *De anima* l. 1 tr. 2 c.7, ed. cit., p. 32–38; c. 9, p. 41–43; l. 3 tr. 4, p. 228–242. [b] Albertus Magnus, *Physica* l. 8 tr. 2 c. 3, ed. cit., p. 588–592. [c] Albertus Magnus, *Metaphysica* l. 11 tr. 2, Ed. Colon. XVI/2, p. 482–533. [d] Albertus Magnus, *Physica* l. 8 tr. 1 c. 5, ed. cit., p. 558–559. [e] Albertus Magnus, *Physica* l. 5 tr. 1 c. 1, ed. cit., p. 401–404.

ist, weil dann die ersten Vergrößerungen und Veränderungen von einem anderen äußeren Beweger stammen würden. Und wenn das Erzeugen und Vernichten von anderen Bewegern stammt, dann ist es nicht notwendig, dass sich dieser überhaupt irgendeine Ursache der Bewegung ist, und zwar hinsichtlich jeder Art der Bewegung und der Veränderung. Denn demgemäß existiert das Bewegende vor dem Beweglichen und das Erzeugende vor dem Erzeugten. Aber überhaupt nichts existiert vor sich selbst, und so ist es notwendig, dass in diesen etwas vom Erzeugten und Bewegten Verschiedenes erzeugt und bewegt.

Über die Seele aber, ob sie von sich selbst bewegt wird oder nicht, und wenn ja, wie, wurde von uns im Buch *Über die Seele* bestimmt. Dass aber die unbelebten Dinge alle von einem außerhalb liegenden Beweger bewegt werden und keines von sich selbst, haben wir in der *Physik* gesagt. Auf welche Art das stets bewegte erste Bewegliche bewegt wird und wie das erste Bewegende bewegt, muss abschließend in der *Ersten Philosophie* behandelt werden; teilweise wurde es auch im achten Buch der *Physik* bestimmt. Von allen diesen aber ist klar, dass sie von einem Unbeweglichen bewegt werden eben in jener Art der Bewegung, durch die sie bewegt werden, wie wir im fünften Buch der *Physik* gesagt haben: weil sonst die Reihe ins Unendliche fortgesetzt werden müsste. Aber sie werden [ursprünglich] nicht von einem Unbeweglichen bewegt, das räumlich feststeht und das ein bestimmter Teil von dem ist, was bewegt wird, so wie der Ellenbogen Teil des Armes ist; in diesem Unbeweglichen wird der Unterarm bewegt.

Tractatus secundus
qui est de principiis moventibus in motu processivo

Cap. 1. Quot et quae sint moventia in motu appetitivo et quod sit primum et quae media et quod ultimum

Restat igitur nunc quaerere, quomodo anima localiter movet corpus motu voluntario et quod est principium huius motus. Et oportet nos determinare, quot sunt numero moventia et non mota ab invicem, quia si quodlibet moveretur ab alio, impediret unumquodque alterum et non proficeret motus. Omnes autem motus animalium habent finem aliquem. Omnia enim quae sunt animatorum, sunt propter finem et praecipue omnia animalia movent et moventur causa alicuius sive propter aliquid, et hoc est finis motus omnium ipsorum, cuius causa moventur. Oportet igitur, quod principia huius motus inquirantur.

Dicamus igitur, quod videmus, quod animae vires sive potentiae, quae movent animal, sunt intelligentia et phantasia et prohaeresis et voluntas et desiderium. Omnia tamen haec ad invicem reducta fiunt pauciora, eo quod quaedam movent nuntium facientes de motu et quaedam sicut eligentes et quaedam sicut facientes impetum. Et secundum hoc phantasia et sensus eundem locum habent in moventibus cum mente sive intelligentia; unumquodque enim istorum est indicativum et iudicativum de eo ad quod fit motus, differunt autem haec secundum dictas in libro *De anima* differentias ad invicem.[a] Alia autem movent sicut facientia impetum; voluntas enim et ira et desiderium, hoc est concupiscentia, omnia in movendo habent in communi rationem desiderii sive appetitus, qui facit impetum in motu. Prohaeresis autem sive eligentia et aestimatio sunt communem quandam habentia rationem movendi intelligentiae et appetitus sive desiderii. Non est autem omne intelligibile prohaereticum, sed solum intelligibile prohaereticum est, quod est de numero practicorum et est practicorum finis, propter quod fit opus appetitus in ac-

[a] Albertus Magnus, *De anima* l. 3 tr. 1 c. 7, ed. cit., p. 172–174.

Der Zweite Traktat, welcher von den bewegenden Prinzipien in der fortschreitenden Bewegung handelt.

Kapitel 1: Wie viele und welche Bewegende in der Bewegung des Strebens sind und was hierbei das Erste, Mittlere und Letzte ist

Deshalb bleibt es nun übrig zu fragen, wie die Seele den Körper in der willentlichen Bewegung räumlich bewegt und was das Prinzip dieser Bewegung ist. Und wir müssen bestimmen, wie viele Bewegende es gibt, die sich nicht wechselseitig bewegen: Denn wenn jeder Beliebige von einem anderen bewegt würde, behinderte jeder Einzelne den anderen und es würde keine Bewegung zustande kommen. Alle Bewegungen der Sinnenwesen aber haben irgendein Ziel. Denn alles aus dem Reich des Beseelten besteht wegen eines Zieles und alle Sinnenwesen bewegen sich besonders und werden besonders bewegt wegen einer bestimmten Veranlassung, und dies ist das Ziel der Bewegung all derer selbst, [die um] dessentwillen bewegt werden. Es ist deshalb notwendig, dass nach den Prinzipien dieser Bewegung gefragt wird.

Wir wollen also ausführen, dass wir dies so betrachten: Die Kräfte und das Vermögen der Seele, die das Sinnenwesen bewegen, sind die Intelligenz, die Einbildungskraft, das Auswählen und der Wille sowie das Verlangen. Die Anzahl der genannten Faktoren wird weniger, wenn sie aufeinander zurückgeführt werden; denn ein gewisser Teil [derer] bewegt, indem er Kenntnis bringt über die Bewegung, und ein gewisser Teil bewegt als auswählende Instanz und ein gewisser Anteil bewegt, indem er den Antrieb bewirkt. Und demgemäß haben die Einbildungskraft und die Sinneswahrnehmung in den Bewegenden denselben Ort mit dem Verstand bzw. der Intelligenz. Denn jedes Einzelne von diesen kennzeichnet und erkennt dasjenige, wohin die Bewegung führt. Aber sie unterscheiden sich gegenseitig hinsichtlich der im Buch *Über die Seele* genannten Merkmale. Andere aber bewegen, indem sie den Antrieb bewirken. Denn der Wille und der Zorn und der Wunsch, das heißt das Begehren haben alle beim Bewegen im Allgemeinen den Charakter des Verlangens bzw. Strebens, welches in der Bewegung den Antrieb bewirkt. Das Auswählen aber und die Wahl und die Beurteilung haben den ihnen gemeinsamen Charakter der Bewegung vonseiten der Intelligenz und des Strebens bzw. des Verlangens. Aber nicht jedes Erkennbare trifft die Auswahl, sondern

quisitione vel fuga; hoc enim quod est de numero huiusmodi practicorum bonorum, est movens primum appetitus animalium. Non tamen omne bonum[a] finis est semper. Sic enim omne vere bonum esset causa huius naturae alicuius, quia nihil est vere finis, nisi quod est bonum naturae et causa. Et ideo sequitur, si finis est secundum naturam, quod est alicuius existentium causa; omnis enim natura bonum habet, cuius causa est, sicut probatum est in primo libro *Ethicorum.*[b] Nos autem non semper ab illo quod est vere finis et bonum, videmus moveri appetitum animalium, sed potius aliquando moventur animalia ab eo quod est causa alicuius alterius, sicut delectationis secundum sensum vel utilitatis aut alicuius talis quae non sunt fines secundum naturam. Propter quod in moventibus oportet ponere, quod visibile sive sensibile bonum, quod est bonum ut nunc, habeat in movendo locum boni. Delectabile autem secundum sensum est visibile bonum, quod vocamus bonum ut nunc. Et in hoc recte dixit Plato in democraticis, quod ›omnis delectatio generatio est in sensibilem animam‹.[c]

---

[a] Vgl. H. Anzulewicz »›Bonum‹ als Schlüsselbegriff bei Albertus Magnus«, in: Walter Senner et al. (Hg.) *Albertus Magnus. Zum Gedenken nach 800 Jahren.* Neue Zugänge, Aspekte und Perspektiven, Berlin 2001, 113–140. [b] Aristoteles, *Ethica Nicomachea* l. 1 c. 1 (1094a sqq.). [c] Dieses Apophthegma schreibt Albertus sowohl Platon als auch Aristoteles zu. Tatsächlich lässt es sich bei Letzterem nachweisen: Aristoteles, *Ethica Nicomachea* l. 7 c. 12 (1152b13); transl. Rob. Grosseteste: Aristoteles Latinus XXVI/1–3, p. 291 v. 14–15: »omnis delectatio generatio est in naturam sensibilis«. Für die Zuschreibung an Aristoteles siehe u. a.: Albertus Magnus, *De bono* tr. 1 q. 1 a. 1, Ed. Colon. XXVIII, p. 3 v. 55–57, p. 6 v. 36–39; tr. 3 q. 5 a. 1, p. 196 v. 69–71; *Quaestio de gula* a. 5, Ed. Colon. XXV/2, p. 178 v. 16–18, mit Nennung weiterer Fundstellen im Quellenapparat. Für die Platon-Zuschreibung vgl.: Albertus Magnus, *Super Dionysium De caelesti hierarchia* c. 10, Ed. Colon. XXXVI/1, p. 166 v. 32–33, mit weiteren Stellenangaben im Quellenapp.; ibid. c. 15, p. 248 v. 58–60; *Super Dionysium De ecclesiastica hierarchia* c. 3, Ed. Colon. XXXVI/2, p. 74 v. 12–14; *Super Ethica* l. 1 lect. 9, Ed. Colon. XIV/1, p. 49 v. 36–37; *Metaphysica* l. 5 tr. 5 c. 3, ed. cit., p. 278 v. 36–37. H. Anzulewicz, »Die platonische Tradition bei Albertus Magnus«, in: S. Gersh, M. J. F. M. Hoenen (Hg.), *The Platonic Tradition in the Middle Ages*, Berlin – New York 2002, 254–255.

nur ein solches, das einen praktischen Charakter und praktischen Zweck hat, weswegen die Tätigkeit des Strebens im Verlangen oder Fliehen geschieht. Das nämlich, was zu den praktischen Gütern gehört, ist der erste Beweger im Streben der Sinnenwesen. Dennoch ist nicht jedes Gute immer das Ziel. Denn so wäre jedes wirklich Gute die Ursache dieser Natur von irgendetwas, weil nichts wirklich Ziel ist, es sei denn, dass es das naturhaft Gute und die Ursache ist. Und deshalb folgt, wenn es ein Ziel der Natur nach ist, dass es die Ursache von irgendetwas Bestehendem ist. Denn jede Natur hat das Gute, dessen Ursache sie ist, wie im ersten Buch der *Ethik* nachgewiesen wurde. Wir sehen aber, dass das Streben der Sinnenwesen nicht immer von jenem, was wirklich das Ziel und das Gute ist, bewegt wird, sondern vielmehr werden die Sinnenwesen bisweilen von dem bewegt, was die Ursache von irgendetwas anderem ist wie dem Erfreuen der Sinne oder der Nützlichkeit – oder irgendetwas anderem in der Art –, welche keine Ziele der Natur nach sind. Deswegen muss man bei den sich Bewegenden annehmen, dass so ein sichtbares oder sinnlich wahrnehmbares Gutes, das das »jetzige Gute« heißen soll, bei der Bewegung den Rang des Guten hat. Ein sinnlich Erfreuliches aber ist ein sichtbares Gutes, das wir das »jetzige Gute« nennen. Und diesbezüglich sagte Plato zu Recht in der Demokratie, dass »alles Erfreuliche einer Erzeugung in der sinnenhaften Seele entspricht«.[2]

---

[2] Vgl. Thomas de Aquino, I *Sent.* d. 1 q. 4 a. 1, ed. P. Mandonnet, Paris 1929, p. 43: »Delectatio autem non potest esse nisi in cognoscente« (»Erfreuen kann aber nicht sein, außer in einem Erkennenden«).

Et ideo manifestum est, quod in bono ut nunc est eadem ratio communis movendi quae est in bono simpliciter; simile enim quid est, sicut quando moventur animalia, quae movet appetitus motus ab huiusmodi bono quod similem habet movendi rationem. Omnia enim haec movent appetitum in ratione convenientis in communi; ab hoc enim omne animal semper movetur in communi et singulum animalium non movetur nisi per idem conveniens simpliciter aut ut nunc.

Licet autem in communi appetitus animalium sic moveatur a bono convenienti in communi sumpto, tamen est aliter movens bonum simpliciter et aliter bonum ut nunc in speciali ratione. Bonum enim simpliciter semper movet, et motus animalium habet finem, qui vere finis est, bonum aeternum et verax et primum bonum. Aeternum autem dico, quod incommutabiliter bonum est secundum naturam natura manente. Verax autem, quod veritati naturae proportionatur secundum differentiam constituentem speciem, quod non convenit ex genere aut aegritudine, sed quod est proprium et connaturale speciei. Primum autem voco proximum, quod ipsi naturae est convertibile. Omnis enim natura habet tale sibi proprium bonum, ut probatum est in *Ethicis*.[a] Et hoc non est aliquando bonum et alicubi bonum, et aliquando et alicubi non bonum, sed semper et ubique est secundum naturam bonum. Et ideo hoc bonum omnibus aliis hic et nunc bonis est divinius et honorabilius; et ideo oportet hoc bonum esse primum bonum, quod in propria ratione manet, ita quod ante ipsum non est aliud bonum in cuius ratione moveat, et omnia quaecumque alia bona movent, movebunt per analogiam ad ipsum. Et tale bonum aliquod quaelibet habet natura et praecipue animatorum, et quia sic primum movens est illud, omne autem primum movens movet immobile, oportet, quod istud bonum moveat, cum sit immobile. Visus autem et desiderabile sive desiderium movens se movet. Et dico ›movens se‹ per formam boni primi moventis; et hoc modo primum movens intra animal est compositum ex forma primi moventis et potentia animae movente. Et sic primum movens est duplex, simplex et compositum sicut in caelo, sicut determinatum

[a] Aristoteles, *Ethica Nicomachea* l. 10 c. 2 (1173a5).

Und deswegen ist es erwiesen, dass im »jetzigen Guten« die gleiche Gesetzmäßigkeit der Bewegung liegt wie im schlechthin Guten. Denn es ist etwas Vergleichbares, wie wenn die Sinnenwesen von einem Streben bewegt werden, das von einem derartigen Guten ausgeht, das eine ähnliche Gesetzmäßigkeit der Bewegung hat. Denn sie alle bewegen das Streben im Allgemeinen nach der Gesetzmäßigkeit des Übereinstimmens. Von dieser wird nämlich jedes Sinnenwesen im Allgemeinen immer bewegt, und jedes einzelne Sinnenwesen wird nicht bewegt außer durch dasselbe, das entweder schlechthin oder das »als jetzt« übereinstimmt.

Mag aber auch im Allgemeinen das Streben der Sinnenwesen so von einem übereinstimmenden Guten, das allgemein aufgefasst wird, bewegt werden, so ist dennoch ein anderes Bewegendes das Gute schlechthin und ein anderes in einer besonderen Hinsicht das Gute »als jetzt«. Denn das Gute schlechthin bewegt immer und diese Bewegung der Sinnenwesen hat ein Ziel, das wirklich ein Ziel ist, das ewige und wahre Gute und das erste Gute. Ich nenne es aber ewig, weil es unveränderlich das Gute hinsichtlich der Natur ist, durch die es fortdauert. Ich nenne es aber wahr, weil es zur »Wahrheit der Natur« den artbildenden Unterschieden ins Verhältnis gesetzt wird: Denn es passt nicht wegen Gattungszugehörigkeit oder Mangel, sondern weil es der Art eigen und naturgemäß ist. Ich nenne das erste Gute auch das nächste Gute, weil es mit der Natur selbst in einer Art wechselseitiger Austauschbarkeit steht. Denn jede Natur hat ein derartiges, für sich eigentümliches Gutes, wie in der *Ethik* nachgewiesen wurde. Und dieses Gute ist nicht irgendwann oder irgendwo das Gute und irgendwann oder irgendwo keines, sondern ist hinsichtlich der Natur immer und überall das Gute. Und deswegen ist dieses Gute göttlicher und geachteter als alles andere »hier und jetzt« Gute. Und deswegen ist es nötig, dass dieses Gute erstes Gutes ist, das bei seiner eigentümlichen Gesetzmäßigkeit bleibt, sodass es vor demselben kein anderes Gutes gibt, welches nach dessen Gesetzmäßigkeit bewegt. Und alles andere Gute, welches auch immer bewegt, wird durch eine Entsprechung mit demselben bewegen. Und jede beliebige Natur hat irgendein derartiges Gutes und dies gilt besonders für die Natur der Sinnenwesen. Und weil jenes so der erste Beweger ist, jeder erste Beweger aber, der unbeweglich ist, bewegt, ist es nötig, dass dieses Gute bewegt, weil es unbeweglich ist. Die Gesichtswahrnehmung aber und das Begehrbare bzw. Begehren bewegt, indem es sich bewegt. Ich sage

est a nobis in octavo *Physicorum*.[a] Et ideo primum movens compositum movet se, et isto modo dicimus, quod etiam animal movet se, cum sit compositum ex motore et mobili.

Sic igitur primum movens simplex movet non motum, primum autem compositum movet motum a specie primi moventis, ultimum autem est, in quo perficitur sive, verius dicendo, in quo concluditur motus, ut inferius dicemus. Et de illo non est eadem ratio quae de aliis, quia non est necesse, ut hoc aliquid ulterius moveat, quia illud tantum movetur et non movet ulterius aliquid quod sit motivum. Est tamen de hoc alia ratio quam de aliis ultimo motis. In physicis enim aut artificialibus ultimum motum sic movetur, quod tantum patitur; hic autem ultimo motum est, quod non ulterius aliquod movet organum, sed ipsum per se exsequitur appetitus opus vel actum, sicut dicimus virtutes, quae membris affixae sunt, ultimo esse motas et moventes, eo quod non est aliquid post eas quod organice pars animalis existens moveat.

Manifestum autem est ex his, quia motus ab appetitu perfectus, in quem impetum facit animal, secundum inductam rationem est ultimus in ordine eorum quae sic fiunt a moventibus potentiis. In talibus enim factis movetur et ambulat animal ad appetitum, desiderans secundum sensualitatem aut eligens secundum rationem, dum alteratur passione facta secundum sensum aut secundum phantasiam ab appetibili bono. Hoc igitur modo perficitur motus in animalibus, quae moventur.

---

[a] Albertus Magnus, *Physica* l. 8 tr. 2 c. 9, ed. cit., p. 607–610.

---

[3] Siehe unten Kap. 2.

»sich bewegt« wegen der Form des Guten des ersten Bewegenden. Auf diese Weise ist das erste Bewegende im Sinnenwesen aus der Form des ersten Bewegenden und dem bewegenden Vermögen der Seele zusammengesetzt. Und so ist der erste Beweger doppelt, einfach und zusammengesetzt so wie im Fall des Himmels, wie von uns im achten Buch der *Physik* festgehalten wurde. Und deswegen bewegt sich das zusammengesetzte erste Bewegende und wir sagen, dass sich auch das Sinnenwesen auf die gleiche Art bewegt, weil es aus einem Beweger und einem Beweglichen zusammengesetzt ist.

So also bewegt der einfache unbewegte erste Beweger. Der erste zusammengesetzte und bewegte Beweger aber bewegt nach der Art des ersten Bewegers, das Letzte hingegen ist das, worin die Bewegung ausgeführt, oder genauer gesagt, abgeschlossen wird, wie wir weiter unten[3] ausführen werden. Aber bei diesem gibt es nicht die gleiche Gesetzmäßigkeit wie bei den anderen, weil es nicht nötig ist, dass dieses irgendetwas Weiteres bewegt, weil jenes nur bewegt wird und nichts Weiteres bewegt, das beweglich ist. Dennoch gibt es bei diesen eine andere Gesetzmäßigkeit als bei den anderen, die zuletzt bewegt werden. In den Naturdingen nämlich oder in den künstlich geschaffenen Gegenständen[4] wird das zuletzt Bewegte so bewegt, dass es nur erleidet. Hier aber ist es das zuletzt Bewegte, das kein weiteres Organ bewegt, sondern es selbst führt durch sich die Tätigkeit des Strebens aus, wie wir beispielsweise sagen, dass die Kräfte, die in den Gliedern liegen, die zuletzt Bewegten und Bewegenden sind, weil es nach ihnen nichts gibt, was organisch einen bestehenden Teil des Sinnenwesens bewegt.

Daraus ist aber klar, dass die durch das Streben ausgeführte Bewegung, in der das Sinnenwesen den Antrieb vollbringt, gemäß der beschriebenen Gesetzmäßigkeit das Letzte in der Reihe dessen ist, was so von den bewegenden Kräften geschieht. Denn in solchen Vorgängen bewegt sich das Sinnenwesen zum Erstrebten – wobei es entweder gemäß der sinnlichen Wahrnehmung erstrebt oder gemäß dem Verständnis auswählt –, insofern es nach dem Erfahren einer Sinneswahrnehmung oder gemäß einer Einbildung vom erstrebbaren Guten bewegt wird. Auf diese Weise wird in den Sinnenwesen, die bewegt werden, die Bewegung vollendet.

---

[4] Man denke etwa an mechanische Vorrichtungen oder einfache Mechanismen.

Cap. 2. Et est digressio declarans, quot et quae principia et qualiter sint motus processivi, ut melius declarentur praeinducta

Nos autem ut ea quae dicta sunt, magis intelligibilia fiant, digressionem faciendo dicimus, quod ad omnem motum tria secundum rationem exiguntur in genere moventia composita praeter movens simplex et praeter id quod ultimo movetur. Si enim debeat fieri motus, oportet quiddam esse ex iudicio decernens et electionem et motum debere fieri, et oportet esse electionem motus, et tertio oportet esse appetitum completum ad opus. Non enim fit motus nisi ad bonum simpliciter vel ut nunc. Non igitur fiet umquam motus, nisi sit iudicatum de bono simpliciter vel ut nunc et sit decretum motum debere fieri. Facto autem decreto non necessario fit motus, quia forte non eligit, quod ex iudicio decretum est. In hoc enim anima differt a natura, quia natura secundum formam, qua informata est, necessario movetur, ut calido informatum necessario calefacit, et gravitate informatum ex necessitate descendit. Sed anima etiam postquam concepit formam boni simpliciter vel ut nunc, non necessario eligit eam, sed libertatem habet, secundum quod voluerit, eligendi. Propter quod ad motum exigitur electio post iudicium, et iudicium quidem fieri potest praeter electionem, electio autem numquam fit praeter conceptum et iudicatum de bono simpliciter vel ut nunc. Electio enim est duobus propositis unum alteri praeoptare.[a] Iudicium autem hoc de quo loquimur, est per modum arbitrii potius quam per modum probationum et sententiae, quia anima cognitiva in talibus potius arbitrium proprium sequitur quam naturam rei, de qua iudicat. Sciens enim et prudens aliquando arbitratur de faciendo contrario modo, quam secundum rem esset arbitrandum, si rationem rei sequeretur. Similiter etiam, quando eligit, potius ad libertatem et arbitrium proprium eligit, quam attendat eligibilis naturam et rationem. Videmus enim scientes et prudentes eligere aut non eligenda aut mi-

---

[a] Iohannes Damascenus, *De fide orthodoxa* l. 2 c. 22, ed. B. Kotter, Berlin – New York 1973, p. 91 v. 81–82; transl. Burgundionis c. 36, ed. E. M. Buytaert, St. Bonaventure – Louvain – Paderborn 1955, p. 137 v. 97–98: »electio autem est duobus praeiacentibus eligere, et optare hoc prae altero«. Vgl. Albertus Magnus, *De homine*, Ed. Colon. XXVII/2, p. 505 v. 15–16, p. 512 v. 20–22; *Super Ethica* l. 3 lect. 4, ed. cit., p. 154 v. 18–20.

Kapitel 2: Es ist ein erläuternder Exkurs notwendig, welche und wie viele Prinzipien der fortschreitenden Bewegung es gibt und wie diese beschaffen sind, damit das Vorige besser erklärt wird

Damit aber das, was gesagt wurde, besser verständlich wird, erläutern wir durch einen Exkurs, dass für jede Bewegung gemäß der Gesetzmäßigkeit drei in einer Gattung zusammengesetzte Beweger – neben dem einfachen Beweger und dem, was zuletzt bewegt wird – gefordert werden. Wenn nämlich eine Bewegung geschehen muss, dann muss es etwas geben, das beurteilt, dass eine Entscheidung und die Bewegung geschehen müssen; und es ist notwendig, dass eine Wahl der Bewegung geschieht; und drittens ist ein gänzlich vorhandenes Verlangen zur Tätigkeit notwendig. Denn die Bewegung findet nicht statt außer zum schlechthin Guten oder zum »jetzigen Guten«. Also wird nie eine Bewegung stattfinden, wenn nicht das schlechthin Gute oder das »jetzige Gute« beurteilt wurde und wenn nicht beschlossen wurde, dass die Bewegung geschehen muss. Nach dem Beschluss aber geschieht die Bewegung nicht notwendigerweise, weil es vielleicht nicht wählt, was infolge des Urteils beschlossen wurde. Denn darin unterscheidet sich die Seele von der Natur, dass die Natur gemäß der sie bildenden Form notwendigerweise bewegt wird, wie das mit der Form der Wärme Versehene notwendigerweise wärmt und das mit der Schwere Versehene sich notwendigerweise abwärts bewegt. Aber die Seele wählt auch, nachdem sie die Form des schlechthin Guten oder des »jetzigen Guten« wahrgenommen hat, diese nicht notwendigerweise aus, sondern hat die Freiheit, das zu wählen, was sie will. Deswegen wird die Wahl zur Bewegung nach der Beurteilung gefällt und die Beurteilung kann freilich ohne [nachfolgende] Wahl geschehen. Die Wahl aber geschieht niemals, außer nach voriger Aufnahme und Beurteilung des schlechthin Guten oder des »jetzigen Guten«. Denn »Wahl« heißt, von zwei Dingen eines lieber zu wollen. Die Beurteilung aber, das, über was wir hier sprechen, besteht eher im willkürlichen Urteilen als im Prüfen oder sachlichen Urteilen. Denn die erkennende Seele folgt in derartigen Dingen eher dem eigenen, willkürlichen Urteil als der Natur der Sache, über welche sie urteilt; denn wissend und mit Vorbedacht wird sie einmal über das, was zu tun ist, in entgegengesetzter Weise urteilen, als man gemäß der Sachlage urteilen müsste, wenn man der Natur der Sache folgte. Und ähnlich wählt die Seele auch eher nach der Freiheit und dem eigenen will-

nus eligenda secundum naturam rei et rationem. His autem duobus sic perfectis consequitur plenus et completus appetitus sive voluntas de faciendo, et hic appetitus iterum nec rem sequitur nec iudicium neque electionem de necessitate, sed potius libertatem habet etiam electione facta ab electione declinandi et a iudicio, quod praecessit. Propter quod saepe consilio habito et electione dicimus vim facere nobis et aliud volumus et operamur, sed tamen nullo iudicio et nulla electione praehabitis numquam esset completa voluntas de faciendis, eo quod sine iudicio non esset nuntium de volito et sine praeoptatione huius prae aliis non in hoc compleretur voluntas.

Haec igitur tria sunt moventia composita, quorum quodlibet componitur ex forma boni primo moventis et potentia animae, quae concipit bonum illud; sed iudicans primum non componitur nisi ex forma boni moventis et potentia iudicante. Similiter autem ultimum volens vel appetens non componitur nisi ex appetente et forma boni, quam appetit, sed medium, quod est eligentia, ex tribus componitur elementis. Habet enim formam primi boni moventis et habet aliquid cognitionis, eo quod collatio unius eligibilis ad aliud non fit sine cognitione, et habet aliquid appetitus, per quem unum praeoptat alteri. Haec autem tria moventia sic secundum formam moventis in genere dicta sunt.

Haec autem secundum subiecta dividuntur rursus in tria, quoniam in rationabilibus intellectus practicus ex iudicio movens est per suam scientiam, liberum autem arbitrium est habens formam moventis compositam ex iudicio et voluntate, voluntas autem movet secundum rationem appetitus solum. In his autem in quibus est anima sensibilis ut perfectio ultima, movet phantasia per modum iudicii, et est in ipsis aestimativa, quae habet aestimare per modum electionis, et est in ipsis appetitus secundum concupiscibilem et

kürlichen Urteil, als dass sie die Natur und Gesetzmäßigkeit des Wählbaren beachtet. Wir sehen nämlich, dass Wissende und Verständige Dinge auswählen, die gemäß der Natur und Gesetzmäßigkeit der Sache entweder nicht oder weniger zu wählen sind. Nachdem diese beiden so ausgeführt sind, folgt das vorhandene und vervollständigte Streben oder der Wille über das, was zu tun ist. Und hier wird dieses Streben wiederum weder der Sache noch dem Urteil noch der Wahl aus Notwendigkeit folgen, sondern es hat vielmehr die Freiheit, nach der Wahl von dieser abzuweichen und auch vom Urteil, das vorangegangen ist. Deswegen, nachdem wir oft beratschlagt und die Wahl bedacht haben, entschließen wir uns, Gewalt anzuwenden, und wir wollen und tun etwas anderes. Aber dennoch wäre ohne vorheriges Urteil und Wahl niemals der Wille über das, was zu tun ist, vorhanden, weil ohne Urteil das Gewollte nicht bekannt wäre und ohne ein »lieber Wollen« desselben vor anderem der Wille in diesem nicht vorhanden wäre.

Dies sind also die drei zusammengesetzten Bewegenden, von denen jedes Einzelne aus der Form des ersten bewegenden Guten und dem Vermögen der Seele, welches jenes Gute wahrnimmt, zusammengesetzt ist; aber die erste beurteilende Instanz ist nur aus der Form des bewegenden Guten und dem beurteilenden Vermögen zusammengesetzt. Aber ähnlich wird das zuletzt Wollende oder Erstrebende nur aus dem Erstrebenden und der Form des Guten, welches es erstrebt, zusammengesetzt. Das Mittlere hingegen, also die Wahl, setzt sich aus drei Elementen zusammen. Denn es hat die Form des ersten bewegenden Guten und es hat etwas Erkennendes, weil das Vergleichen eines wählbaren Dinges mit einem anderen nicht ohne Erkennen geschieht. Und das Mittlere enthält etwas vom Streben, durch welches es das eine dem anderen vorzieht. Diese drei Bewegenden wurden aber so hinsichtlich der Form des Bewegenden in einer Gattung beschrieben.

Sie werden aber hinsichtlich ihres Zugrundeliegenden wiederum dreifach unterteilt. Denn im Bereich des Vernunftfähigen bewegt die praktische Vernunft infolge des Urteils aus ihrer Kenntnis. Das freie Urteilsvermögen indes hat die Form eines Bewegenden, das aus dem Urteil und dem Willen zusammengesetzt ist. Der Wille aber bewegt nur nach der Gesetzmäßigkeit des Strebens. Bei denen aber, welche die sinnenhafte Seele als höchste Stufe der Vollendung haben, bewegt das Einbildungsvermögen nach der Art des Urteils; auch ist in diesen

irascibilem, qui impetum facit in opera per virtutes, quae sunt in membris. In his autem in quibus sensibilis non est perfectio ultima, sed est in eis secundum esse sensibilis, in his phantasia et aestimativa et appetitus secundum utramque partem sui participant aliquid rationis et suasibilia sunt a ratione et secundum hoc movent. Et de omnibus his dictum est in tertio libro *De anima*,[a] et iterum dicturi sumus in scientia *Ethicorum monasticorum*.[b] Patet igitur secundum subiecta moventia dividendo moventia, quod dividuntur in tres terminos.

Praeter omnia autem haec est movens primum, et hoc est duplex, simpliciter bonum et ut nunc et hic bonum, et hoc est ita movens, quod est immobile. Bonum autem simpliciter tres habet condiciones, quod videlicet est aeternum et verax et primum. Et quia est aeternum, non quandoque movet et quandoque non, sed semper, et quia est verax, non movet per accidens, sed per seipsum, et quia est primum, movet ita, quod ante ipsum nihil sibi est causa movendi, et ideo est movens immobile. Hoc autem facile est considerare in omni bono cuiuslibet quod est secundum naturam bonum. Non enim est aliqua natura quae non habeat formam essentialem se constituentem, et haec forma essentialem habet aliquam operationem, et haec operatio essentialis finitur ad aliquid, et ideo operatio haec finita ad id ad quod essentialiter est, est bonum naturae illius, sicut probari habet in decimo *Ethicorum*.[c] Sicut essentialis actus hominis est intelligere finitum ad intelligibile necessarium et aeternum, et sic est de omnibus aliis. Ex quo relinquitur, quod habitudo boni ad id cuius est bonum, est necessaria et incommutabilis – statim enim mox posita natura ponitur habitudo eius ad hoc bonum – et ita aeternum erit bonum illud secundum modum dictae habitudinis, licet secundum esse non sit forte aeternum. Et quoad hoc habet hanc condicionem, quod dicitur aeternum eo modo quo aeternum vocamus incommu-

---

[a] Albertus Magnus, *De anima* l. 3 tr. 1 c. 5, ed. cit., p. 170–171. [b] Albertus Magnus, *Ethica* l. 1 tr. 9 c. 5, Ed. Paris. VII, p. 145–146. [c] Albertus Magnus, *Ethica* l. 10 tr. 1 c. 2, ed. cit., p. 603–604.

ein Einschätzungsvermögen, das in der Art des Wählens abschätzt; und in diesen ist ein Streben gemäß der begehrlichen und der zornmütigen Kraft – dies sorgt in der Tätigkeit für den Antrieb durch die Kräfte, die in den Gliedern liegen. Bei denen aber, die die sinnenhafte Seele nicht als höchste Stufe der Vollendung haben – sondern in ihnen ist sie gemäß dem Sein des Sinnenhaften –, bei diesen hat das Einbildungsvermögen, das Einschätzungsvermögen und das Streben gemäß beider seiner Teile einen gewissen verstandhaften Anteil; sie lassen sich durch die Vernunft beeinflussen und sie bewegen dementsprechend. Über all dies wurde im dritten Buch *Über die Seele* gesprochen und wir werden darüber wieder in der *Individualethik* sprechen. Somit ist durch die Einteilung der Bewegenden gemäß deren Zugrundeliegenden klar, dass die Bewegenden sich in drei abgegrenzte Bereiche gliedern.

Außer allem diesem aber gibt es das bewegende Erste. Und dieses ist ein Zweifaches, das schlechthin Gute und das »jetzt und hier Gute«. Und dieses bewegt so, weil es unbeweglich ist. Das schlechthin Gute aber hat eine dreifache Beschaffenheit, weil es freilich ewig und wahrhaftig und ursprünglich ist. Und weil es ewig ist, bewegt es nicht zeitweise und zeitweise nicht, sondern es bewegt immer. Und weil es wahrhaftig ist, bewegt es nicht durch ein Akzidens, sondern durch sich selbst. Und weil es ursprünglich ist, bewegt es so, dass vor demselben nichts sich selbst die Ursache der Bewegung ist, und somit ist es ein unbewegliches Bewegendes. Es ist aber leicht, dies an jedem beliebigen Guten zu betrachten, das dem natürlichen Wesen nach das Gute ist. Denn es gibt kein natürliches Wesen, das nicht eine wesenhafte Form hat, welche es gründet; und diese Form hat eine bestimmte, wesenhafte Tätigkeit. Und diese wesenhafte Tätigkeit zielt auf irgendetwas hin, und deswegen ist die Vollendung der Tätigkeit in Bezug auf das, worauf es wesenhaft bezogen ist, das Gute dieses natürlichen Wesens, wie im zehnten Buch der *Ethik* gezeigt werden muss. So wie es für den Menschen eine wesenhafte Tätigkeit ist, das Endliche im Hinblick auf das erkennbar Notwendige und Ewige zu verstehen, und so ist es mit allem anderen. Daraus ergibt sich, dass das Verhältnis[5] des Guten zu dem, dessen Gutes es ist, notwendiger-

---

5 Zum Verständnis des lateinischen Terminus »habitudo« als »Verhältnis« vgl. Raina Kirchhoff, *Die* Syncategoremata *des Wilhelm von Sherwood*, Leiden – Boston 2008, 520.

tabile, non quidem secundum esse semper, sed secundum habitudinem ad id cuius est bonum. Amplius non est aliud bonum secundum veritatem naturae nisi illud, omnia enim alia bona aut secundum accidens aliquod et in aliquo tempore bona sunt et conferentia in relatione ad verum et naturale bonum. Et quoad hoc est verax vocatum, et nulla alia movent animal, nisi quae verax bonum aliquo modo assimilant vel conferentia vel conservantia vel adminiculantia, sicut et sanum non dicitur, nisi quod aliquo modo se habet ad veram sanitatem ut indicans aut faciens aut conservans aut aliqualiter aliter relatum ad veram sanitatem. Bonum ergo verax simpliciter bonum est secundum naturam; et ut nunc bonum est id quod per aliquem modum refertur nunc ad ipsum et non movet, nisi inquantum ad verum refertur bonum, et quia non movet nisi per formam propriam, ideo est primum et immobile bonum. Hoc igitur et sub ista ratione est primum movens.

Ultimum autem motum in animalibus est id quod praecepta omnium prius moventium exsequitur et nulli imperat motum, sicut sunt membra ultimo motum exsequentia ut manus et pedes, quae non ulterius movent aliquid quod sit pars animalis. In membris enim unum movet alterum, sicut superius diximus,[a] ubi ostendimus, quod motus talis semper est ab immobili aliquo. Sed ultimum licet forte moveat aliquid extra animal sicut baculum vel aliquid huiusmodi, tamen dicitur ultimum motum, eo quod nihil ulterius movet motu animato.

---

[a] Supra tr. 1 c. 2.

weise unveränderlich ist. Denn sobald das natürliche Wesen angenommen wird, wird auch dessen Verhältnis zu diesem Guten angenommen und so wird jenes ein ewiges Gutes gemäß der Art des genannten Verhältnisses, mag auch sein, dass es vielleicht hinsichtlich des Seins nicht ewig ist. Und hinsichtlich diesem hat es diese Verfasstheit, dass man es als ewig bezeichnet, in der Art, wie wir »ewig« »unveränderlich« nennen, freilich nicht hinsichtlich des immerwährenden Daseins, aber hinsichtlich des Verhältnisses zu dem, dessen Gutes es ist. Außerdem gibt es kein anderes Gutes gemäß der Wahrheit des natürlichen Wesens außer jenem. Denn alle anderen Guten sind entweder Gutes gemäß irgendeinem Akzidens oder sind zu irgendeiner Zeit das Gute oder sie sind im Verhältnis zum wahren und natürlichen Guten zuträglich. Und hinsichtlich diesem wird es wahr genannt, und kein anderes Gutes bewegt das Sinnenwesen außer solchem, das sich dem wahren Guten irgendwie angleicht, oder Zuträgliches, der Bewahrung Dienliches bzw. Unterstützendes ist. So wie nämlich nichts gesund genannt wird, wenn es nicht in irgendeiner Weise mit wahrer Gesundheit in Beziehung steht, entweder indem es diese anzeigt oder vollbringt oder bewahrt oder sich sonst irgendwie anders auf die wahre Gesundheit bezieht. Das wahre Gute ist also ein schlechthin Gutes hinsichtlich des natürlichen Wesens. Und das »jetzige Gute« ist dasjenige Gute, welches sich auf irgendeine Art nun auf dasselbe bezieht und welches nicht bewegt, außer sofern es sich auf das wahre Gute bezieht. Und weil dieses nicht bewegt, außer durch die eigene Form, deswegen ist es ein erstes und unbewegliches Gutes. Dieses ist also und unter dieser Bedingung ein erstes Bewegendes.

Das zuletzt Bewegte in den Sinnenwesen aber ist das, was die Weisungen aller vorigen Bewegenden ausführt und keinem Bewegung befiehlt, so wie dies die zuletzt die Bewegung ausführenden Glieder sind wie die Hände und die Füße, die nicht irgendetwas Weiteres bewegen, was Teil des Sinnenwesens ist. Denn in den Gliedern bewegt eines das andere, wie wir oben gesagt haben, wo wir gezeigt haben, dass eine derartige Bewegung immer von irgendeinem Unbeweglichen herstammt. Aber, wenn das letzte [Glied] vielleicht auch [zufällig] irgendetwas außerhalb des Sinnenwesens wie einen Stock oder irgendetwas von dieser Art bewegt, so wird es doch das zuletzt Bewegte genannt, weil es nichts Weiteres durch die Bewegung, die den Lebewesen eigentümlich ist, bewegt.

Ex his igitur quae hic diximus, cum his quae in tertio *De anima* de movente a nobis determinata sunt,[a] facile patet intelligentia eorum quae supra dicta sunt.[b] Omnia autem haec hic inducimus, ut primam animae sedem in corpore inveniamus. Hanc enim non ex sensu neque vegetatione, sed ex ipso motu congruentissime inferius demonstrabimus.[c]

Cap. 3. Qualiter praeinducta moventia movent per modum syllogizandi sicut in speculativis

Revertentes igitur ad propositum dicamus, quod si volumus scire modum, secundum quem intelligens practice aliquando quidem intelligit et aliquando non, et aliquando quidem movetur secundum scientiam intellectam practice, aliquando autem non, considerabimus hoc ad similitudinem intelligentis speculative, qui non intelligit aliquid mobilium, hoc est quod moveat, quia non accipit intelligibile, nisi prout est causa scientiae et speculationis, et non prout est causa electionis et motus sive operis. Sicut enim speculativus intelligens syllogizat, sic et practicus. Sed differentia est in hoc quod in speculativo syllogismo finis est visus secundum intellectum, hoc est scientia conclusionis, quae est effectus syllogismi. Quando enim speculativus intellectus duos primo intellectus principiorum intelligit esse secundum ordinem trium terminorum, tunc habitudinem hanc intellexit et concludendo adiunxit conclusionem et illam intellexit. In practicis autem similiter a duobus principiis, quae sunt primitus in iudicio et electione accepta, per modum conclusionis fit opus, quod est finis practicorum. Quemadmodum gratia exempli dicamus, quando aliquis sicut universaliter iudicans intelligendo dicit, quoniam ambulandum est omni homini, et quod ipse est homo, statim secundum praesens nunc ambulat, et si iudicans intelligit, quoniam nulli homini gradiendum est, ipse autem homo, statim stat et non graditur. Et haec ambo sic ex syllogismo operatur, nisi aliquid prohibeat aut vim faciat. Si enim intelligit, quoniam domus est bonum et utile sibi,

---

[a] Albertus Magnus, *De anima* l. 3 tr. 4, ed. cit., p. 228–242. [b] Supra c. 1.
[c] Infra c. 11.

Also ist aus dem, was wir hier gesagt haben, mit dem, was wir im dritten Buch *Über die Seele* über den Beweger bestimmt haben, leicht das Verständnis dessen, was oben gesagt wurde, ersichtlich. All dies aber haben wir hier angeführt, damit wir den ersten Sitz der Seele im Körper ermitteln. Denn wir werden diesen weiter unten nicht aus der Sinneswahrnehmung und auch nicht aus der Vegetation, sondern aus der Bewegung in höchst angemessener Weise nachweisen.

Kapitel 3: Wie die vorher angeführten Beweger nach Art der Schlussfolgerung bewegen, so wie es [zum Beispiel] beim betrachtenden Geist der Fall ist

Wir kehren also zu unserem Thema zurück und halten fest, dass, wenn wir die Art und Weise wissen wollen, wonach der praktisch Erkennende einmal erkennt und einmal nicht und auf welche Art er einmal aufgrund eines praktisch erkannten Wissens [tätig] bewegt wird und einmal nicht, – wenn wir das wissen wollen – wir dieses analog zu dem auf theoretische Weise Erkennenden betrachten werden, welcher nichts aus dem Bereich des Beweglichen erkennt, das heißt nichts von dem, was sich bewegt. Denn er nimmt das Erkennbare nur insofern wahr, als es die Ursache der Kenntnis und des Betrachtens, und nicht insofern, als es die Ursache der Auswahl und der Tätigkeit ist. Denn so wie der betrachtende Geist bildet auch der tätige Geist Schlussfolgerungen. Aber der Unterschied liegt darin, dass bei der betrachtenden Schlussfolgerung das Ziel in der intellektuellen Anschauung liegt, das heißt, es geht um die Kenntnis der Folgerung, welche das Ergebnis des Schlussfolgerns ist. Wenn der theoretische Intellekt nämlich erkennt, dass es zuerst die zwei Intellekte der Prinzipien gemäß einer Ordnung von drei Begriffen gibt, dann hat er dieses Verhältnis erkannt und schlussfolgernd hat er eine Folgerung hinzugefügt und jene erkannt. Beim praktisch Erkennenden aber wird, in ähnlicher Weise von zwei Prinzipien ausgehend, die zuerst im Urteil und in der Auswahl angenommen wurden, durch die Folgerung die Tätigkeit ausgeführt, welche das Ziel des Praktischen ist. Zum Beispiel wollen wir anführen, dass irgendjemand, der durch sein Erkennen allgemein beurteilt, sagt: Weil jeder Mensch umhergehen muss und er selbst ein Mensch ist, geht er sofort zum gleichen Zeitpunkt umher. Und wenn er im Urteil erkennt, dass kein Mensch

statim facit domum, si praeconcipit, quod tecto indiget. Similiter cum tunica sit amictus, tunicam faciet tunica indigens. Faciendam ergo esse tunicam est actus syllogizatus a principio: si tunica est necessaria, et hoc ponit primum pro principio dicens, quod necessaria sunt praeparanda; tunica autem necessaria; igitur tunica praeparanda. Si autem ad tunicam hoc aliquid aliud est necessarium, statim etiam illud operatur. Et sic patet, quod in omnibus procedit quasi ex syllogismo, cuius conclusio est opus, et quia opus est extremus finis, patet, quod conclusio est extremum et finis practicorum.

Cum autem facimus propositiones sive principia practicorum syllogismorum, non accipimus neque facimus eas, nisi secundum duos modos, scilicet quod sint de bono et de possibili nobis. Quia enim finis est opus, oportet, quod sit de possibilibus per nos fieri. Et quia finis est desiderii, oportet, quod sit de bono, et has duas species oportet considerare in omni propositione practicorum. Altera enim propositio, quae secunda est et assumptio vocatur, manifestat semper operabile, quemadmodum aliquis desiderantium manifestat quiddam desideratum. Mens enim se figens nihil omnino providet, sed simplex verum contemplatur, et ideo oportet mentem non figi, sed extendi ad desideratum; sic enim providet de operabili. Aliter etiam mens fixa non providet, quoniam si figitur multum per desiderium rei operabilis, non providet diiudicando et conferendo, utrum operabile vel non, sed statim prolabitur in opus. Sicut si dicerem, quod fixa mens desiderio ambulationis non providet collationem, quod ambulandum homini, et quod ipse homo. Non enim perseverat in tali collatione, et ideo contingit, quod quando non consideramus conferentes, cito operamur absque collatione statim, ut tangit sensum id cuius causa fit opus, quod superius diximus esse primum

---

6 »Annahme« (lat. *assumptio*) meint hier den Untersatz (Minor) eines praktischen Syllogismus.

gehen darf, er selbst aber ein Mensch ist, so wird er sofort stehen und nicht gehen. Und dies wird beides aus dem Vernunftschluss getan, wenn es nichts verhindert oder reine Gewalt angewendet wird. Wenn er nämlich erkennt, dass ein Haus das Gute ist und ihm nützlich, wird er sofort eines bauen, wenn er vorher erkennt, dass er eines benötigt. In ähnlicher Weise wird er, weil der Mantel das Obergewand ist, sich einen Mantel anfertigen, wenn er dessen bedarf. Dass ein Mantel angefertigt werden muss, ist also eine Tätigkeit des Schlussfolgerns vom [folgenden] Prinzip: wenn der Mantel notwendig ist, und dies nimmt er zuerst als Prinzip an und sagt, dass das Notwendige herzustellen ist. Der Mantel aber ist notwendig, also muss er angefertigt werden. Wenn aber irgendetwas anderes für den Mantel erforderlich ist, wird er auch jenes sofort tun. Und so ist es offensichtlich, dass er bei allem gleichsam nach Art einer Schlussfolgerung vorgeht, deren Abschluss die Tätigkeit ist. Und weil die Tätigkeit das letzte Ziel ist, ist es klar, dass der Abschluss das Letzte und das Ziel des Praktischen ist.

Wenn wir aber Prämissen und Prinzipien einer praktischen Schlussfolgerung aufstellen, so nehmen wir diese nicht an und führen sie nicht aus, außer nach zwei Regeln, nämlich dass es das Gute für uns ist und dass es ausführbar ist. Weil nämlich das Ziel die Tätigkeit ist, ist es nötig, dass wir es ausführen können. Und weil es das Ziel des Wunsches ist, ist es nötig, dass es das Gute [für uns] ist. Und diese beiden Merkmale müssen wir in jeder Aufstellung der praktischen Schlussfolgerungen bedenken. Denn die andere Prämisse, die an zweiter Stelle steht und »Annahme«[6] genannt wird, macht immer das Ausführbare sichtbar, so wie zum Beispiel irgendein wünschendes Wesen das bestimmte Gewünschte sichtbar macht. Denn der Verstand, der sich bindet, sieht überhaupt nichts voraus, sondern er betrachtet das schlechthin Wahre. Und deswegen ist es nötig, dass der Verstand nicht gebunden, sondern auf das Gewünschte ausgedehnt wird. Denn so kann er die Ausführbarkeit vorhersehen. Andernfalls kann der gebundene Verstand nichts vorhersehen, weil er, wenn er durch den starken Wunsch nach der ausführbaren Sache gebunden ist, nicht durch Beurteilen und Vergleichen vorhersieht, ob es ausführbar ist oder nicht: Sondern er wird sofort zur Tätigkeit hingerissen, so wie – sagen wir – der in der Sehnsucht nach dem Umhergehen gebundene Verstand zum Beispiel die Überlegung, dass ein Mensch gehen muss und dass er selbst Mensch ist, nicht anstellt.

movens,[a] aut ut tangit phantasiam aut mentem, desiderat statim et figitur et ideo statim agit. Et tunc actio sive opus fit loco interrogationis aut intelligentiae aut desiderii. Et dico interrogationem opus, quod est sicut quaestio et interrogatio ante syllogismum, eo quod de ipso conferendum est, utrum agendum sit aut non. Intelligentiam autem voco iudicium de faciendo vel non faciendo, desiderium autem imperium de faciendo vel non faciendo. Haec enim omnia mens ad delectabile fixa negligit et statim ad primum tactum delectabilis operatur. Sicut si dicatur in potu mihi esse desiderium, quem potum aut sensus aut phantasia aut mens dixit vel nuntiavit, statim bibo sine collatione. Eodem autem modo et in animalibus in ambulando et agendo fit motus.

Fit autem motus de extrema causa movendi, quae est impetum faciens, per hoc quod desiderium completum fit secundum illam. Desideria autem fiunt per desiderabile nuntiatum aut per sensum aut per phantasiam in brutis animalibus. Similiter autem intelligentiae practicae explentur a desiderantibus agere aut per desiderium, hoc est per concupiscentiam, aut per iram. Alia vero quae cum ratione sunt, agunt per desiderium et voluntatem; et alia quidem faciunt cum iudicio aestimationis aut intelligentiae, alia vero exercent actiones, quemadmodum ea quae subito moventur parvo motu facto solutis obliquitatibus iuncturarum, quae sunt in membris, et flectentibus se ad invicem ligamentis membrorum moventium et motorum per modum, quem supra diximus.[b] Hoc enim fit sicut currus, qui fertur localiter, dum seipsum hoc modo movet, quod pars immobilis percutit et trahit eam quae revolvitur circa eam, quando meguar[c] sive

[a] Supra tr. 2 c. 1, p. 112–113. [b] Supra tr. 1 c. 2, p. 80–87. [c] meguar: Vgl. Albertus Magnus, *Metaphysica* l. 5 tr. 2 c.1, ed. cit., p. 237 v. 46–47: »axis spherae, quem meguar Arabes vocant, qui est linea transiens per polos et centrum spherae«.

Denn er verharrt nicht zuvor in dieser Erwägung. Und deshalb ist es möglich, dass wenn wir beim Zusammenfassen nicht nachdenken, schnell und ohne Überlegung handeln, sobald die Sinneswahrnehmung das berührt hat, weswegen die Tätigkeit geschieht: Dies, so haben wir oben gesagt, ist ein erster Beweger. Sobald dieser das Einbildungsvermögen oder den Verstand berührt, wünscht dieser sofort und wird gebunden und handelt deswegen sofort. Und dann steht die Tätigkeit anstelle der Frage oder der Einsicht oder an der Stelle des Wunsches. Und ich nenne die Frage eine Tätigkeit, welche wie eine Untersuchung vor der Schlussfolgerung ist, deswegen, weil man überlegen muss, ob man handeln muss oder nicht. Die Einsicht aber nenne ich das Urteil über das, was zu tun ist oder nicht zu tun ist, den Wunsch hingegen nenne ich die Herrschaft über das, was zu tun ist oder nicht zu tun ist. Denn dies alles übersieht der Verstand, der an das Erfreuliche gebunden ist und er ist sofort bei einer ersten Berührung mit dem Erfreulichen tätig. Beispielsweise habe ich gerade das Verlangen zu trinken; und wenn entweder die Sinneswahrnehmung oder das Einbildungsvermögen oder der Verstand einen Trank angezeigt hat, trinke ich sofort und ohne Überlegung. Auf eben diese Art geschieht in den Sinnenwesen aber die Bewegung im Umhergehen und Handeln.

Die Bewegung aber geht von der letzten Bewegungsursache aus, die den Antrieb erwirkt, dadurch dass der geweckte Wunsch gemäß jener Ursache in Erfüllung geht. Der Wunsch aber wird in den dumpfen Sinnenwesen[7] durch das wahrgenommene Begehrbare geweckt, das sich entweder durch die Sinneswahrnehmung oder die Einbildungskraft anzeigt. In ähnlicher Weise wird die praktische Einsicht von denen, die zu handeln wünschen, entweder durch das Wünschen, das heißt das Begehren oder durch den Zorn ausgefüllt. Andere aber, welche mit Vernunft begabt sind, handeln durch den Wunsch und den Willen; und wieder andere handeln mit dem Urteil des Einschätzungsvermögens oder der Einsicht. Andere aber führen [andere] Tätigkeiten aus, wie zum Beispiel die, welche sich plötzlich nach einer kleinen Bewegung bewegen, wobei die Winkel an den Gelenken der Glieder gestreckt werden und wobei sich [die Glieder] durch die Bänder der bewegenden und bewegten Glieder gegenseitig beugen in der Art, die wir oben beschrieben haben. Denn dies geschieht ebenso

[7] Albert meint an dieser Stelle Sinnenwesen, bei denen die letzte seelische Vollendung die sinnenhafte Seele ist.

axis rectus tractus rursus trahit rotam, quae circulariter movetur, et rota ipsa circumfertur in hoc quod habet rotas impares, unam in alia. Modiolus enim, qui loco centri est, percutitur a meguar ipso, et modiolus revolutus per radios sicut per cordas et ossa movet circumferentiam maiorem, quae est in contorum circumpositione; equi autem trahentes sunt sicut anima; et sic minor rota, quae est modiolus, fit vice centri, quemadmodum etiam in cylindris videmus fieri. Et per hunc modum moventur animalia; habent enim membra pro huiusmodi qualia in curru sunt, instrumentis, et habent nervorum et ossium naturam loco eorum quae in curru sunt. Quod enim in animalibus sunt nervi et ossa, hoc in curribus et huiusmodi instrumentis sunt ligna et ferrum, et loco compaginatorum meguar et rotarum in curribus in animalibus sunt nervi et obliquitates solutorum et lentorum.

Cap. 4. Qualiter species practicae agunt in potentia rerum calore et frigore extendentes et contrahentes membra

In hoc tamen differentia est, quod in subitis, hoc est vehiculis et curribus, non est alteratio aliqua partium, quoniam si esset in eis alteratio, oporteret, quod aliquando minores fierent rotae interius, quando contraherentur, et quod rursum fierent maiores, quando extenderentur, quamvis semper in eodem circulo secundum substantiam moverentur. In naturali vero motu animalium possibile est idem maius et minus fieri et figuras possibile est permutare. Caliditas enim relaxat partes et augmentat, quae venit ad membrum movens cum spiritu et sanguine. Frigiditas autem, quae inducitur ex subtractione spiritus et sanguinis, constringit et diminuit, sicut patet in his

[8] »Scheibenförmig« meint hier die Form eines Zylinders und nicht die einer flachen Scheibe.

wie beim Wagen, der sich räumlich bewegt, wenn er sich auf folgende Art bewegt: Ein unbeweglicher Teil stößt an und zieht den [Teil], der sich um ihn bewegt, weil ja die geradlinig gezogene Achse das Rad zieht, das sich kreisförmig bewegt; und das Rad selbst wird in dem gedreht, was aus zwei ungleichen Rädern aufgebaut ist, wobei das eine im anderen liegt. Denn die Radnabe, die in der Mitte liegt, wird von der Achse selbst gezogen, und die Nabe dreht sich und durch die Speichen wie durch Sehnen und Knochen bewegt sie den außen liegenden Radreifen, der in der Umgebung der Speichen liegt. Die ziehenden Pferde aber sind wie die Seele; und so tritt das kleine Rad, die Nabe, an die Stelle der Mitte, so wie wir das auch bei scheibenförmigen Rädern[8] sehen. Und auf diese Weise werden die Sinnenwesen bewegt: Denn sie haben Glieder für diejenigen Bauteile, die beim Wagen vorkommen; und sie haben die natürlichen Sehnen und Knochen anstelle dessen, was beim Wagen vorkommt. Was nämlich beim Sinnenwesen die Sehnen und Knochen sind, das sind beim Wagen und ähnlichen Geräten die Holz- und Eisenteile. Und anstelle der zusammengebauten Achsen und Räder beim Wagen sind bei den Sinnenwesen die Sehnen und die [Dreh-] Winkel der lockeren und geschmeidigen [Gelenke].

Kapitel 4: Wie die praktischen Erkenntnisformen gemäß der Kraft der Dinge wirken, indem sie die Glieder durch Wärme und Kälte ausdehnen und zusammenziehen

Aber darin liegt doch ein Unterschied, weil in den Gezogenen, das heißt den Fahrzeugen und Wagen, es keine Veränderung der Teile gibt. Denn, wenn es in diesen zu einer Veränderung käme, wäre es nötig, dass einmal die Räder kleiner werden und weiter nach innen wandern, wenn sie zusammengezogen werden, und dass sie wieder größer werden, wenn sie ausgedehnt werden, wie sehr sie auch immer gemäß ihrem Wesen auf demselben Kreis bewegt werden. In der natürlichen Bewegung der Sinnenwesen aber ist es möglich, dass ein und dasselbe größer und kleiner wird, und es ist möglich, die Gestalt zu ändern. Denn die Wärme, die zu den Gliedern als Beweger mit dem Geist und dem Blut kommt, lockert und vergrößert die Teile. Die Kälte aber, die durch den Entzug von Geist und Wärme herbeigeführt wird, schnürt zusammen und vermindert, wie dies bei denen

quae per frigiditatem alterantur. Hoc enim modo accidentia animae alterant et spiritum et sanguinem; phantasiae enim alterant spiritum et similiter sensus et intelligentiae practicae. Sensus enim statim ex primo motu sensibilis sunt quaedam alterationes existentes, quia sensibilia passionem inferunt sensui. Phantasia vero et intelligentia in practicis habent potentiam et virtutem rerum, eo quod in practicis ad res referuntur. Et quoad hoc species intellecta gratia voluptatis potentiam habet calidi et per effectum est calida, eo quod in membra delectantia protendit spiritum et sanguinem, quorum utrumque est calidum. Econtra autem species formidabilis et tristabilis dicitur frigida, eo quod per fugam spiritus et sanguinis ad cor membra destituta frigescunt, et fiunt hoc modo species practicae intellectu acceptae per hoc quod ad res referuntur, quemadmodum singulae rerum sunt, quarum sunt species. Et ideo aliquando trepidant et timent solum intelligentes absque aliquo terrore, qui sit in rebus.

Haec igitur omnia passiones sunt et alterationes alteratis in corpore nervis a speciebus intellectis vel imaginatis secundum calidum et frigidum, et ideo in corpore animalium haec quidem membra fiunt maiora laxata per calorem spiritus et sanguinis, haec autem fiunt minora constricta per oppositum frigus. Haec autem permutatio latet et non est palam et manifesta, eo quod parva permutatione facta in spiritu et sanguine magnas et multas permutationes et de longe per membra factas differentia parva facit, quae fit in spiritu et sanguine, sicut diximus, quemadmodum temone sive gubernaculo parum permutato in puppi subito multa valde fit permutatio prorae. Multo autem amplius multam valde facit totius corporis permutationem secundum calorem aut frigus aut secundum aliam passionem aliquam ex speciebus conceptis factam, quando fit permutatio circa cor; in hoc enim permutatio facta in centro cordis, quod quidem secundum magnitudinem forte est pars insensibilis, multam facit totius carnis per totum corpus differentiam in rubore et pallore et trepidatione et tremore et aliis huiusmodi accidentibus, et in contra-

klar ist, die durch die Kälte verändert werden. Auf diese Art verändern die Akzidentien der Seele den Geist und das Blut: Denn die Vorstellungen verändern den Geist und in ähnlicher Weise auch die Sinneswahrnehmung und die praktischen Einsichten. Denn die Sinneswahrnehmungen sind bestimmte, sofort aus der ersten Bewegung des sinnlich Wahrnehmbaren entstehende Veränderungen, weil das Sinnenhafte der Sinneswahrnehmung ein Erleiden zufügt. Die Vorstellung aber und die Einsicht haben im praktischen Bereich die Kraft der Dinge, weil sie sich im praktischen Bereich unmittelbar auf die Dinge beziehen. Und hinsichtlich dieser Überlegung hat eine begriffene Erkenntnisform infolge der [damit verbundenen] Lust die Kraft der Wärme und ihre Wirkung ist Wärme, weil sie in die sich erfreuenden Glieder den Geist und das Blut vorschiebt, die beide warm sind. Dagegen wird aber eine furchterregende und schmerzliche Erkenntnisform kalt genannt, weil durch die Flucht des Geistes und des Blutes zum Herz hin die verlassenen Glieder kühl werden; und so entstehen praktische, durch den Intellekt aufgenommene Erkenntnisformen dadurch, dass sie auf konkrete Dinge bezogen werden, so wie es [je] einzelne Gegenstände sind, deren [spezifisch zugeordnete] Erkenntnisformen sie sind. Und deswegen zittern und fürchten sich allein die Erkennenden bisweilen, ohne dass ein Schreckliches in den Gegenständen liegt.

Dies alles sind also Leiden und Veränderungen, nachdem im Körper die Sehnen von den begriffenen oder vorgestellten Erkenntnisformen hinsichtlich »warm« und »kalt« verändert sind. Und deswegen werden diese Glieder im Körper der Sinnenwesen größer, gelockert durch die Wärme des Geistes und des Blutes, jene aber werden kleiner, zusammengezogen durch das Gegenteil, die Kälte. Diese [erste kleine] Veränderung ist aber verborgen und nicht offensichtlich und sichtbar, weil eine kleine Veränderung, die hinsichtlich von Geist und Blut geschieht – nachdem sie stattgefunden hat – von weit her große und zahlreiche Veränderungen durch die Glieder bewirkt. Dies ist wie bei dem Steuer eines Schiffes, wo eine kleine Änderung auf dem Achterdeck plötzlich eine sehr große Veränderung des Vordecks hervorruft. [Die kleine Veränderung] ruft aber wirkungsvoll eine um vieles umfangreichere Veränderung im ganzen Körper hinsichtlich der Wärme oder der Kälte oder irgendeines anderen Erleidens hervor, das aus den aufgenommenen Erkenntnisformen hervorgeht, wenn die Veränderung in Bezug auf das Herz ge-

riis horum accidentium facit multam per contrarium differentiam; omnes enim istae passiones ad centrum cordis referuntur, sicut in sequentibus ostendemus.[a]

Horum autem omnium principium motivum est, quod diximus, motus videlicet eius apprehensi sensu vel phantasia vel intellectu, quod in exercitio practicorum est sequendum vel fugiendum. Ex necessitate enim horum intelligentiae et phantasiae consequitur caliditas aut frigiditas, sicut diximus. Dico autem, quod hoc sequitur, quod est solum phantasiae et solum intelligentiae praeter res ipsas, quando conceptus ad res referuntur. Est enim tristabile quidem fugiendum et delectabile persequendum. Sed tamen accidentia sequentia per calorem et frigus latent, quando persecutio et fuga circa parva contingunt, cum tamen tristabilia et delectabilia omnia fere sint cum frigiditate et caliditate. Et dico ›fere‹ propter delectationes contemplativorum theorematum, quae contrarium non habent et cum caliditate non sunt, sicut determinari debet in ultima parte *Ethicae monasticae*.[b]

Quod autem fere omnia sint cum frigiditate et caliditate quadam, manifestum est ex passionibus sequentibus ista. Audacia enim et timores et coitus et alia corporalia sive passiones corporales delectantes et contristantes sunt in parte cum caliditate et frigiditate, hoc (est) in quadam corporis parte, in parte etiam in toto corpore caliditatem et frigiditatem inducunt sicut coitus et ira. Memoriae autem et spes, quae utuntur calefacientibus et infrigidantibus tamquam ex idolis moventibus, quae movent secundum virtutem rerum quandoque minus et remissius et quandoque plus et intensius, sunt causae huiusmodi calefactionum et infrigidationum. Rationabiliter enim causantur intrinseci motus, qui permutant organicas partes corporis

---

[a] Infra c. 10. [b] Albertus Magnus, *Ethica* l. 10 tr. 2, ed. cit., p. 621–633.

schieht. Nachdem diesbezüglich nämlich eine Änderung in der Mitte des Herzens, die freilich hinsichtlich Ausdehnung ein vielleicht unwahrnehmbarer Teil ist, geschehen ist, bewirkt die kleine Änderung eine bedeutende Veränderung des ganzen Fleisches durch den ganzen Körper hinsichtlich der Röte und der Blässe und des Zitterns und Bebens und anderer derartiger Akzidentien. Und auch bezüglich des Gegenteiles dieser Akzidentien macht sie eine bedeutende entgegengesetzte Änderung. Alle diese Leiden stehen nämlich zur Mitte des Herzens in Beziehung, wie wir im Folgenden zeigen werden.

Das bewegende Prinzip von allem diesen ist freilich, wie wir sagten, die Bewegung des von der Sinneswahrnehmung oder dem Einbildungsvermögen oder vom Intellekt Erfassten, welches in der praktischen Ausübung zu befolgen oder zu meiden ist. Denn aus deren Notwendigkeit – der Einsicht und der Einbildung – folgt die Wärme oder Kälte, wie wir sagten. Dies trifft, so sage ich aber, allein [deshalb] auf die Einbildung und die Einsicht zu – außer auf die Gegenstände selbst –, wenn die Begriffe auf die Gegenstände bezogen werden. Denn vor dem Schmerzlichen muss man fliehen und das Angenehme verfolgen. Aber dennoch bleiben die auf Wärme und Kälte folgenden Akzidentien [manchmal] verborgen, wenn das Verfolgen und Fliehen in Bezug auf Kleines stattfindet, obwohl doch fast alles Schmerzliche und Angenehme mit Kälte und Wärme einhergeht. Und ich sage »fast« wegen der Freude durch die kontemplative Tätigkeit, die kein Gegenteil hat und nicht mit Wärme einhergeht, wie im letzten Teil der *Individualethik* bestimmt werden muss.

Dass aber fast alle mit einer bestimmten Kälte und Wärme einhergehen, das ist aus dem klar, was auf das Erleiden folgt. Denn die Kühnheit und die Ängste, der Geschlechtsgenuss und andere körperliche Erleiden, welche angenehm oder schmerzhaft sind, gehen nur teilweise, das heißt [nur] in einem bestimmten Teil des Körpers mit Wärme und Kälte einher. Teilweise bewirken sie aber auch im ganzen Körper Wärme und Kälte so wie der Geschlechtsgenuss und der Zorn. Die Erinnerungskraft aber und das Hoffen, die sich der Erwärmenden[9] und Abkühlenden gleichsam als Beweger infolge von Bildern bedienen – diese bewegen gemäß der Kraft der Gegenstände einmal weniger und zurückhaltend und einmal mehr und stärker –, sind die Ursache solcher Erwärmungen und Abkühlungen. Denn ver-

[9] Diese sind also die Vorstellungen und die Erkenntnisformen.

circa principium ipsarum, quod est cor, et spiritualia, quando permutatio fit in eis a congelatis ad humida calore resoluta et ab humidis calidis spiritibus et sanguine ad congelata frigida et constricta. Et similiter membra intrinseca fiunt mollia et dura ab invicem, his contingentibus circa principium in corde. Multo autem amplius contingunt huiusmodi passiones in his qui passivi sunt et habent complexionem valde ab huiusmodi passibilem, sicut multotiens in aliis libris diximus.[a] Facile enim contingit in huiusmodi passio, quando hoc quidem est agens, sicut phantasma aut intellectum, hoc autem facile patiens, et non deficit utrumque istorum ab actione et passione, sicut in melancholicis, qui et fortia habent phantasmata et facile patiuntur ab eis. Tunc enim in ratione moventis hoc quidem facit, aliud vero in ratione passivi patitur; per hoc enim sicut gratia exempli possumus dicere, si intelligit ambulandum, statim simul concipiens hoc, ambulat, si non impediat aliquid aliud.

Patet igitur, quod passiones studiosae et bonae ordinant organicas partes ad motus ordinatos; desiderium autem movet passiones, phantasiae vero movent et causant desideria ex parte animae sensibilis, aliquando enim fit huiusmodi motus desiderii aut per intelligentiam aut per sensum. Quasi simul autem et citissime sive velocissime fiunt haec per hoc quod natura facile faciens et passibilis est ab his quae dicta sunt, secundum ordinem ab invicem.

---

[a] sicut multotiens in aliis libris diximus: Keine Selbstreferenz des Autors, sondern wörtliche Übernahme aus der kommentierten Vorlage des Aristoteles, *De motu animalium* c. 8 (702a12); vgl. Aristoteles Latinus, *De motu animalium* c. 8, transl. Guillelmi de Morbeka, ed. P. De Leemans (Aristoteles Latinus XVII 2.II–III), Bruxelles 2011, p. 61 v. 258; transl. anonyma (fragmenta), ed. P. De Leemans (Aristoteles Latinus XVII 1.III), Bruxelles 2011, p. 28 v. 746.

nunftgemäß werden innerliche Bewegungen verursacht, die organische Teile des Körpers in Bezug auf deren Prinzip, welches das Herz ist, und das Geistige ändern, wenn in diesen eine Veränderung vom Festen zum Flüssigen – nach dem Einwirken der Wärme – und eine Veränderung vom warmen Flüssigen – durch die Einwirkung der Geister und des Blutes – zum kalten und zusammengezogenen Festen geschieht. Und in ähnlicher Weise werden die innen liegenden Organe wechselseitig weich und hart infolge der eintretenden Veränderungen hinsichtlich des im Herzen liegenden Prinzips. Viel stärker aber geschieht dies Erleiden bei denen, die [vermehrt] empfindsam sind und die in starkem Maße eine gegenüber derartigen Veränderungen leidensfähige Konstitution haben, wie wir sie sehr oft in anderen Büchern beschrieben haben. Denn bei dieser Eigenart tritt das Erleiden sehr leicht auf, weil natürlich einerseits ein Tätiges, wie die Vorstellung oder der Erkenntnisinhalt, andererseits aber ein leicht Erleidendes vorhanden ist und sich keines von beiden von Tätigkeit und Erleiden zurückhalten wird, wie dies beim melancholischen Gemüt der Fall ist, welches sowohl stärker ausgeprägte Vorstellungen hat als auch leicht unter diesen leidet. Dann ist nämlich das eine nach der Art des Bewegers tätig, das andere aber leidet nach der Art des Erleidenden. Deswegen können wir nämlich zum Beispiel so sagen: Wenn jemand erkennt, dass man gehen muss, wird er sofort, gleichzeitig mit dem Begreifen, gehen, wenn dies nicht irgendetwas verhindert.

Es ist daher klar, dass die andauernden und guten Leiden die organischen Teile zu geregelten Bewegungen hin ordnen; das Begehren aber bewegt die Leiden, die Vorstellungen hingegen bewegen und verursachen das Begehren aus einem Teil der sinnenhaften Seele; zuweilen findet eine derartige Bewegung des Begehrens aber auch wegen einer Einsicht oder wegen einer Sinneswahrnehmung statt. Dies geschieht aber beinahe gleichzeitig und sehr schnell dadurch, dass die Natur hinsichtlich derer, die genannt wurden, leicht tätig und leidensfähig ist, gemäß der wechselseitigen Beziehung.

Cap. 5. De probatione, quod anima est in primo principio movente, quod non est extremitas alterius mota ab alio quodam movente

Movens autem animal, quod sicut virtus motiva movet aut sicut movens compositum ex motore et mobili, necesse est esse in quodam membro quod est principium motus effectivum. Iunctura autem laxa, in qua est inflexio membri moti, est quoddam principium in quo et a quo est motus eius quod movetur ultimum, et alterius membri moti principium, si non est ultimum, motivum est in alio membro ultra illud quod dictum est. Sicut si dicamus, quod movens manum est in musculis iuncturae manus ad asseyd, et si asseyd movetur, movens ipsum est in iunctura cubiti, quae est ultra ascendendo in brachio post iuncturam manus ad asseyd. Propter quod iunctura ipsa est ut una, et est, quod aliquando utitur ea natura ut duobus, quemadmodum in praecedentibus dictum est.[a] Quando enim movetur membrum, tunc necessarium est, quod hinc a moto superius stet signum centrale, quod de numero est ultimorum, quia semper ultimum descendendo a corde, quod primo movet, – quod, inquam, ultimum proximum est membro, quod movetur –, oportet stare immobile, a quo moveatur id quod movetur ultimo motum. Et hoc est tamquam signum et punctum centri, circa quod et in quo gyrat membrum, quod movetur, et cum hoc necesse est stare, tunc necesse est aliud moveri, quod sic in iunctura coniunctum est. Nos enim iam ante probavimus, quod omne quod movetur, oportet firmari in aliquo stabili et fixo. Gratia autem exempli dicamus, quod movetur quidem et non movet ultima sive inferior pars brachii, quam vocamus asseyd sive harundinem. Id autem quod est in flexione sive iunctura cubiti de virtute in nervis et musculis, hoc movet, aliud vero motum quod in eodem brachio toto movet se, necesse est etiam quiddam immobile movens habere. Et hoc quod primum esse immobile aut quod nihil immobile est, dicimus esse signum potentia et virtute movendi, eo quod ab ipso sicut a centro omnes egrediuntur motus eorum quae moventur. Et hoc quidem in brachio est, a quo movetur totum brachium; et haec est iunctura quae est in armo, et accidit hoc fieri duo; est enim ultimum movens et principium eius

---

[a] Supra tr. 1 c. 2, p. 86–87.

Kapitel 5: Über den Beweis, dass die Seele im ersten bewegenden Prinzip liegt, weil es kein weiteres bewegtes Ende gibt, das von einem anderen Bewegenden bewegt wird

Der Beweger des Sinnenwesens aber, der wie eine bewegende Kraft oder wie ein Bewegendes, das aus einem Beweger und einem Beweglichen zusammengesetzt ist, bewegt, muss notwendigerweise in einem bestimmten Glied sein, das das Wirkprinzip der Bewegung ist. Das bewegliche Gelenk aber, in dem das Beugen des bewegten Gliedes stattfindet, ist ein bestimmtes Prinzip, in dem die Bewegung dessen stattfindet, der zuletzt bewegt wird und von dem diese Bewegung ausgeht. Und das [bewegende] Prinzip eines weiteren bewegten Gliedes – wenn es nicht das am weitesten innen liegende ist – wird in einem anderen Glied bewegen, außerhalb von jenem Genannten. Sagen wir zum Beispiel, dass der Beweger der Hand in den Muskeln des Handgelenkes am Unterarm liegt; und wenn der Unterarm bewegt wird, so liegt das Bewegende selbst im Ellenbogengelenk, welches das Nächste nach dem Handgelenk ist, wenn man am Arm entlang aufsteigt. Deswegen ist das Gelenk selbst [zwar] eins, [aber] es gilt, dass es sonst zweierlei Qualität[10] hat, wie oben gesagt wurde. Denn weil ein Glied bewegt wird, deshalb ist es nötig, dass auf der Seite oberhalb des Bewegten ein mittlerer Punkt stillsteht, der zu den Außenliegenden gehört, weil immer ein Außenliegendes, wenn man vom Herzen ausgeht, welches ursprünglich bewegt – und welches, so sage ich, den bewegten Gliedern das am meisten innen liegende Außenliegende ist – unbeweglich stehen muss: Von diesem wird das bewegt, was zuletzt als Bewegtes bewegt wird. Dies [Unbewegliche] ist wie ein Mittelpunkt, um den und in dem sich das Glied dreht, welches bewegt wird. Und weil es nötig ist, dass dieser stillsteht, deshalb ist es nötig, dass ein anderes bewegt wird, was so im Gelenk verbunden ist. Denn wir haben schon vorher geprüft, dass alles, was bewegt wird, in einem Feststehenden befestigt sein muss. Wir wollen als Beispiel anführen, dass der äußere oder weiter unten liegende Teil des Armes, den wir Unterarm nennen, freilich bewegt wird und nicht [selbst] bewegt. Das aber, was im Ellenbogengelenk an Sehnen- und

---

10 Ein Gelenk ist zugleich Ende eines außen liegenden, bewegten Gliedes und Ursache der Bewegung des nächstfolgenden Gliedes, wenn es nicht das am weitesten innen liegende Glied ist.

quod movetur in ipso. Et ideo si brachium esset animal per se separatum existens, pro certo abhinc, ubi primum movens est et ubi est principium motus eius quod movetur, ibi esset prima sedes animae motivae, et ex illo moveret omnia alia sibi colligata et coniuncta.

Non enim potest dici, quod anima sicut principium motus sit in ultimo, quod movetur. Contingit enim aliquando virgam manu tentam moveri, et scimus, quoniam non in virga est anima. Igitur ratio essendi animam in aliquo sicut in principio movendi non est, quod sit in ultimo moto, et ideo non est ut movens in eo quod movetur ultimo, nec in principio eius quod movetur, sed potius in principio movente, ante quod non movet aliud aliquid in ordine moventium. Lignum enim sive virga mota habet principium et finem in manu, a qua movetur; una enim extremitas sive finis eius est in manu et illa mota movetur totum, eo quod una parte continui mota movetur totum continuum. Et ideo si non est in virga movens principium, quod est ab anima, propter hoc quod est mota virga, eadem ratione etiam non est in manu, quae mota est a brachio; non enim differt per hoc quod utrumque est motum ab alio. Id autem quod est compositum ex primo movente et mobili, sicut probavimus in octavo *Physicorum*,[a] movetur a seipso. Et ideo ratio eius quaedam est animam ut primum principium motus esse in aliquo quod non moveatur ab aliquo alio, sed quod moveatur a seipso. Et quando movetur ab alio quodam immobili, sive sit coniunctum sicut pars animalis sive sit

---

[a] Albertus Magnus, *Physica* l. 8 tr. 2 c. 5, ed. cit., p. 596–598. Vgl. Aristoteles, *Physica* l. 8 c. 5 (256a4 sqq.).

Muskelkraft ist, das bewegt. Ein anderes Bewegtes aber, das sich an demselben ganzen Arm bewegt, muss notwendigerweise auch ein bestimmtes unbewegliches Bewegendes haben. Und das, was das erste unbewegliche Sein ist – und außer ihm ist nichts unbeweglich –, ist, so sagen wir, der Mittelpunkt – durch seine Kraft zu bewegen – deshalb, weil von demselben wie von einem Mittelpunkt alle Bewegungen derer, die bewegt werden, ausgehen. Und dieses liegt freilich [dort] am Arm, von wo aus der ganze Arm bewegt wird. Dies ist das Gelenk, das am Schulterblatt ist, und es trifft zu, dass dieses zwei Qualitäten hat: Denn es ist nämlich ein außen liegendes Bewegendes und das [bewegende] Prinzip dessen, das in ihm bewegt wird. Und deswegen, wenn der Arm ein für sich existierendes Sinnenwesen wäre, dann wäre von nun an gewiss, dass dort, wo das erste Bewegende ist und wo das Prinzip der Bewegung dessen liegt, das bewegt wird, dass eben dort der erste Sitz der bewegenden Seele wäre. Und von dort aus würde sie alles bewegen, was ihr verbunden ist.

Denn es kann nicht gesagt werden, dass die Seele als Prinzip der Bewegung im Äußersten liegt, was bewegt wird. Denn es ist möglich, dass einmal eine in der Hand gehaltene Rute bewegt wird, und wir wissen, dass in der Rute keine Seele ist. Deshalb ist der Grund des Seins der Seele in irgendeinem Wesen als Prinzip des Bewegens nicht der, dass sie im zuletzt Bewegten liegt. Und deswegen ist sie nicht das Bewegende in dem, was zuletzt bewegt wird, und sie ist auch nicht das [bewegende] Prinzip von irgendeinem, das bewegt wird, sondern sie ist vielmehr der ursprüngliche Beweger, und kein anderer in der Reihe der Bewegenden bewegt vorher. Denn das bewegte Holzstück oder die Rute hat sein [bewegendes] Prinzip und sein Ende in der Hand, von der es bewegt wird. Denn ein Ende von ihm liegt in der Hand, und diese bewegt das ganze [Holzstück], weil das ganze Zusammenhängende bewegt wird, wenn eine Seite des Zusammenhängenden bewegt wird. Und deswegen, wenn in der Rute nicht das [erste] bewegende Prinzip ist, das von der Seele herstammt, deswegen, weil die Rute bewegt ist, ist es mit derselben Gesetzmäßigkeit nicht in der Hand, die vom Arm bewegt wird; denn sie haben gemeinsam, dass jedes von beiden von einem anderen bewegt wird. Das aber, was aus einem ersten Bewegenden und einem Beweglichen zusammengesetzt ist, bewegt sich selbst, wie wir im achten Buch der *Physik* bewiesen haben. Und deswegen ist die bestimmte Gesetzmäßigkeit davon die, dass die Seele als erstes Prinzip der Bewegung in einem

separatum sicut virga, sequetur per unam et eandem rationem non esse animam in ipso sicut in principio movente.

Similiter enim se habet quoad inducta et manus ad yr,[a] hoc est ad brachium, et haec pars quae yr sive brachium vocatur, ad cubitum; utriusque enim motus est ab alterutro dictorum sicut ab immobili proximo, non tamen primo, et utrumque istorum prope simile est virgae motae, et quia sic prope similiter se habent quoad hoc quod dictum est, non differunt. Fit enim in hac comparatione virga tamquam ablata sive abscisa pars, quae est manus vel brachium vel aliud quod est ab alio immobili motum.

In nullo ergo principio erit anima, quod est extremitas cuiusdam alterius moventis et moti, sicut cubitus extremitas adiutorii movens inferiorem partem brachii, quae asseyd vocatur. Similiter autem anima non inest ei quod movetur, si est extrinsecum, quod non est pars animalis, quod a se movetur, quemadmodum diximus, quod principium ultimi virgae in manu est sicut motum a manu. Est enim principium primum motus manus et virgae superius amplius, sicut ante ostendimus, et ideo non hic in altero istorum est principium motus. Quod autem sit in neutro horum, sed amplius superius, patet per hoc quod cubito stante totum, quod de brachio inferius est continuum existens, movetur. Et sic principium motus manus et brachii est in alio. Quae autem moventur sicut ab anima, non habent principium sui motus in alio, sed in seipsis. Et per hunc modum fit resolutio omnium eorum quae moventur, quousque stetur in movente primo, quod a seipso movetur.

---

[a] yr: Vgl. Albertus Magnus, *Liber de principiis motus processivi ad fidem Coloniensis archetypi*, ed. H. Stadler, München 1909, p. 36 nota 4: »yr (hyr *edit.*) iure *corruptum esse putat* Schühlein-Freising *ex arabico* dirâ ›pars brachii ab extremo cubito usque ad extremitatem digiti medii‹«.

Bestimmten ist, welches nicht von irgendetwas anderem bewegt wird, sondern von sich selbst. Und sofern etwas von einem bestimmten anderen Unbeweglichen bewegt wird, sei es, dass es dem Sinnenwesen als Teil verbunden ist, sei es, dass es abgetrennt ist wie die Rute, so folgt mit ein und derselben Gesetzmäßigkeit, dass in demselben nicht die Seele liegt – ganz so wie im ursprünglichen Bewegenden.

Denn gemäß dem Angeführten verhält sich die Hand zum Unterarm so, wie der Unterarm sich zum Oberarm verhält. Denn jede der beiden Bewegungen stammt von einem der beiden [anderen] Genannten – wie von einem benachbarten Unbeweglichen – her, welches dennoch kein erstes Unbewegliches ist, und jeder von beiden ist der bewegten Rute sehr ähnlich: Weil sie sich so hinsichtlich dem, was genannt wurde, ähnlich verhalten, unterscheiden sie sich nicht. Denn bei diesem Vergleich ist die Rute ein [vom ursprünglichen Beweger] abgetrenntes bzw. abgespaltenes Teil, so wie es auch die Hand oder der Unterarm ist oder etwas anderes, das von einem Unbeweglichen bewegt wird.

Die Seele wird in keinem [bewegenden] Prinzip sein, welches das äußerste Ende eines anderen Bewegenden und Bewegten ist, so wie der Ellenbogen als äußerstes Ende des Oberarmes den unteren Teil des Armes, der Unterarm genannt wird, bewegt. In ähnlicher Weise ist die Seele aber nicht in einem außerhalb liegenden Bewegten, welches nicht Teil des Sinnenwesens ist, das von sich selbst bewegt wird, so wie wir beispielsweise sagten, dass das am äußersten Ende der Rute befindliche bewegende Prinzip gleichsam von der Hand bewegt ist. Denn das erste Prinzip der Hand- und Rutenbewegung ist weiter oben, wie wir vorher gezeigt haben, und deswegen liegt das Prinzip der Bewegung nicht hier in einem von den beiden. Dass es aber in keinem von beiden liegt, sondern weiter oben, ist dadurch klar, dass bei stillstehendem Ellenbogen alles, was unterhalb des Ellenbogens zusammenhängend besteht, bewegt wird. Somit liegt das Prinzip der Bewegung der Hand und des Unterarmes in einem anderen. Das aber, was gleichsam von der Seele bewegt wird, hat das Prinzip seiner Bewegung nicht in etwas anderem, sondern in sich selbst. Und in dieser Art verläuft die Analyse aller, die bewegt werden, bis sie im ersten Bewegenden, das von sich selbst bewegt wird, stehen bleibt.

Cap. 6. Quod primum movens, in quo est anima, medium est trium diametrorum, longitudinis et latitudinis et profunditatis, et per hoc est principium omnium motuum

Quoniam autem in huiusmodi principio motus similiter se habent dextrum et sinistrum, hinc patebit. Haec enim licet sint contraria, simul moventur, et ideo neutrum est principium motus ad alterum, eo quod principium movens stat et firmat in se hoc quod movetur. Igitur non contingit stare dextrum ad hoc quod moveatur sinistrum, nec e contra contingit stare sinistrum ad hoc quod moveatur dextrum. Oportet igitur, quod principium motus sit in superiore amborum; dico autem in superiore non loco, sed resolutione. Oportet igitur, quod in medio omnium motorum sit principium primum animae moventis. Sicut enim in *Physicorum* quinto diximus,[a] medium est extremum amborum extremorum, quando comparatur ad ipsa. Et sic medium est sinistrum ad dextrum et dextrum ad sinistrum, et est superius ad inferius et inferius ad superius, et est ante ad id quod est retro, et retro ad id quod est ante. Et sic principiat omnem motum localem quidem in dextro et sinistro, naturalem autem, qui est nutrimenti et augmenti, in superiori et inferiori et alterationem sensus et sensibilium in eo quod est ante et retro; similiter enim se habet ad motus, qui sunt supra et infra et in aliis differentiis situs corporis; motus autem supra sunt, sicut qui sunt a capite et humeris, et similiter est de aliis differentiis situs. Rationabiliter autem hoc contingit esse principium universaliter primum; hoc enim dicimus esse primum sensibile. Sicut enim ostendimus in libro *De sensu et sensato*, cor est primum organum tactus,[b] ad quod etiam omnium aliorum sensuum sensibilitas refertur; et sic est universaliter sensibile primum. Et ideo quando per sensum alteratur in delectando vel tristando, sicut alteratione facta circa hoc quod est principium omnium aliorum, erit permutans, quaecumque sub ipso sibi conexa continentur, et sic simul mutantur omnes partes animatae extensae calore et spiritu et congregatae sive contractae per frigus. Et ideo ex necessitate demonstrationis contingit hinc fieri motum in animalibus, quem dicimus esse voluntarium motum, et eadem necessitate sequitur ipsum esse primam animae sedem et ipsum esse primum,

---

[a] Albertus Magnus, *Physica* l. 5 tr. 1 c. 1, ed. cit., p. 404. [b] Albertus Magnus, *De sensu et sensato* tr. 1 c. 15, ed. cit., p. 36–37.

Kapitel 6: Dass das erste Bewegende, in dem die Seele ist, in der Mitte dreier Durchmesser ist, nämlich der Länge, Breite und Tiefe, und dass dadurch das Prinzip aller Bewegungen gegeben ist

Dass aber in einem derartigen Prinzip der Bewegung sich links und rechts ähnlich verhalten, wird durch Folgendes klar. Denn auch wenn diese Bewegungen auf entgegengesetzten Seiten sind, so können diese doch gleichzeitig stattfinden, und deswegen ist keines für das andere das Prinzip der Bewegung, denn das Bewegungsprinzip befestigt das in sich, was bewegt wird. Deswegen kann das, was auf der rechten Seite liegt, nicht das befestigen, was links bewegt wird, und umgekehrt kann das, was auf der linken Seite liegt, nicht das befestigen, was rechts bewegt wird. Also muss das Prinzip der Bewegung in etwas liegen, das beiden übergeordnet ist, wobei übergeordnet nicht räumlich, sondern hinsichtlich der inneren Ordnung zu verstehen ist. Es ist daher notwendig, dass in der Mitte aller bewegenden Glieder das erste Prinzip liegt, die bewegende Seele. Wie wir nämlich im fünften Buch der *Physik* sagten, ist die Mitte der äußerste Punkt zweier Gegensätze, sofern man sie aufeinander bezieht. Und so ist die Mitte der Bezug zwischen links und rechts und rechts und links und sie ist der Bezug zwischen oben und unten und unten und oben und sie ist der Bezug zwischen vorn und hinten und hinten und vorn. Und so begründet sie ja jede räumliche Bewegung [gewiss] zwischen rechts und links, die natürliche Bewegung aber, die im Ernähren und Vergrößern besteht, zwischen oben und unten, und die Veränderung der Sinneswahrnehmung beziehungsweise des sinnlich Wahrnehmbaren, insofern diese [Veränderung] vorn und hinten gegeben ist; denn [die Mitte] verhält sich analog bezüglich der Bewegungen, die oben und unten stattfinden, und genauso ist es bei anderen verschiedenen Lagen eines Körpers. Bewegungen oben aber sind beispielsweise die des Kopfes und der Schulter und sinngemäß gleich ist es mit den anderen Lagen. Vernünftigerweise ist diese aber allgemein das erste Prinzip [der Bewegung]; denn wir sagen, dass diese das erste sinnlich Wahrnehmende ist. Wie wir nämlich im Buch *Über die Sinneswahrnehmung und das Wahrgenommene* gezeigt haben, ist das Herz das erste Organ der Berührung, auf das auch die Wahrnehmungen aller anderen Sinne zurückgeführt werden; und somit ist dieses allgemein das erste sinnlich Wahrnehmende. Und deswegen wird dieses – denn es wird durch Sinneswahrnehmung im Erfreuen oder

quod movet seipsum in animali, et a quo omnia alia moventur. Media autem haec pars potentia quidem et substantia est unum solum, sed actione et operatione, quando comparatur ad membra, efficitur plurima vivificando, movendo et sensificando et vegetando cibo et augmento, eo quod simul cum principio isto moventur ossa ab ipso, quae sunt sustentatio membrorum aliorum, et illis motis necesse est et membra moveri; et in iuncturis ossium, quodcumque stabit superius alterum firmatum, in illo movetur inferius.

Huius autem exemplum est in figura. Ducantur enim ad a medium lineae b a et c a et sit a sicut signum, in quo est coniunctio duorum ossium, quae sunt a c et a b; secundum hunc enim modum dispositis ossibus tunc b movetur et a movet. Sed verum est, sicut ex praedictis[a] patet, quod aliquid in tali motu oportet esse stabile, si debet hoc quidem moveri et aliud movere. Et hoc stabile est a. Igitur erit unum potentia tam a b quam a c continuum et colligatum, actione autem moventis et moti erunt duo. Igitur totum a b et a c necesse est non punctum, sed magnitudinem divisibilem esse.

Amplius contingit aliquando c et a simul moveri, sicut movetur totum brachium ex adiutorio et asseyd compositum, secundum quod totum brachium est unum continuum colligatum. Oportebit ergo ambo principia duorum ossium, quae mobilia sunt in a, in quo

---

[a] Supra tr. 1 c. 2.

in Betrübnis verändert – alles ändern, was ihm als Untergeordnetes verbunden ist, sobald eine Änderung in Bezug auf [eben] dasjenige erfolgt ist, welches die Ursache aller anderen ist. Und so werden gleichzeitig alle beseelten Teile verändert, ausgedehnt durch die Wärme und den Geist und zusammengezogen durch die Kälte. Und deshalb kann, wegen der Notwendigkeit des Beweises, von hier die Bewegung in den Sinnenwesen ausgehen, die wir die willentliche Bewegung nennen. Und wegen dieser Notwendigkeit folgt, dass dasselbe der erste Sitz der Seele ist und dass dasselbe das Erste ist, das sich im Sinnenwesen selbst bewegt und von dem alle anderen bewegt werden. Hinsichtlich der Kraft und des Wesens ist diese Mitte freilich ein Einziges, aber hinsichtlich der Tätigkeit und des Wirkens – wenn man es in Beziehung zu den Gliedern setzt – wird sehr vieles bewirkt als Beleben, Bewegen, Wahrnehmen und als Leben durch Nahrung und Erweiterung. Denn gleichzeitig mit diesem Prinzip werden die Knochen als die, die die anderen Glieder stützen, von demselben bewegt, und wenn jene bewegt werden, müssen die [anderen] Glieder bewegt werden. Und für die Gelenke der Knochen gilt: Was auch immer stillsteht – wobei es in einem weiter oben Liegenden anderen befestigt ist –, in jenem wird das weiter unten Liegende bewegt.

Ein Beispiel hierfür ist folgendes Bild: Es sollen nämlich zum Mittelpunkt A die Linien BA und CA gezogen werden, und A sei der Punkt, in dem die Verbindung zweier Knochen ist, die AC und AB sein sollen. Denn bei Knochen, die gemäß dieser Weise angeordnet sind, wird B bewegt, A aber ist bewegend. Aber es ist wahr, wie aus dem Vorigen klar ist, dass in einer derartigen Bewegung irgendetwas feststehend sein muss, wenn das eine freilich bewegt werden muss und das andere bewegen muss. Das Feststehende ist der Punkt A. Deswegen werden AB und AC dem Vermögen nach eins sein, zusammenhängend und verbunden, hinsichtlich der Tätigkeit des Bewegenden und Bewegten aber werden sie zwei sein. Deswegen ist es nötig, dass die ganzen Linien AB und AC kein Punkt sind, sondern eine teilbare Größe.

Außerdem ist es möglich, dass zuweilen C und A gleichzeitig bewegt werden, so wie der ganze Arm bewegt wird, der aus Ober- und Unterarm zusammengesetzt ist, insofern der ganze Arm ein Zusammenhängendes und Verbundenes ist. Es wird also nötig sein, dass beide bewegenden Prinzipien der zwei Knochen, die in A, wo sie verbunden sind, beweglich sind, in einer derartigen Bewegung ir-

colligantur, esse unum aliquid in tali motu. Et tunc sic movendo oportet esse aliud movens non mobile, sed firmatum movere; quod est, sicut si diceremus esse in armo, a quo totum movetur brachium. Diximus autem, quod extrema et principia ossium ad invicem firmantur et colligantur, in ›a‹ movendo se invicem, sicut si gratia exempli dicamus, quod aliqui firmantes spondiles dorsi et ancharum,[a] quae a tergo sunt, moveant crura et coxas, quae colligantur in anchis. Oportet autem in omnibus talibus, quod unum aliquid sit primum movens ambo haec. Hoc autem erit anima, quae aliud quidem est ab huiusmodi magnitudine mota et existens intrinsecus in medio trium diametrorum, longitudinis videlicet et latitudinis et profunditatis, quae sunt diametri corporis; sic enim erit principium motus crementi et localis et pulsualis et sensibilis, et isti sunt omnes motus, quos facit anima in corpore et propter quos anima coniungitur corpori.

Secundum igitur rationem demonstrativam, quae dicit causam propter quid motus illius qui vocatur motus desiderii sive voluntatis, medium, quod movet ea quae mota sunt, oportet, quod sit causa motus universaliter in toto corpore. Et hoc quidem movens omnino immobile est anima, sicut primo primum movens in mundo est movens indivisibile et immobile. Sicut autem in mundo oportet aliquod primum corpus esse, quod primum moveatur ab immobili primo, ita quod ex immobili movente et primo mobili conficiatur unum primum compositum, quod movet seipsum et movetur a seipso, ita in corporibus, quae animata sunt anima movente, oportet aliquod corpus primum tale esse, a quo influatur omnibus aliis membris motus et ipsum primum corpus moveat seipsum. In tali enim conexione corpus, quod quidem est mobile a quodam alio primo et non est innatum movere primo, sed moveri, potest pati secundum alienam passionem ab eo quod est corpus primo movens, sicut omnes partes membrorum patiuntur alterationes cordis et omnes caeli inferiores recipiunt influentiam ab eo quod est primum mobile. Et sic solutis et

---

[a] Vgl. *Index rerum et vocabulorum rariorum* s. v. ›ancha‹, in: Albertus Magnus, *De animalibus*, XIII–XXVI, ed. H. Stadler, Bd. II, Münster 1920, p. 1604.

gendwie eins sind. Und deshalb ist es nötig, dass so im Bewegen ein anderes unbewegliches Bewegendes anderer Art ist, das nicht als Bewegliches, sondern als Feststehendes bewegt; dies liegt geradeso, wie wenn wir sagen würden, es liege im Schultergelenk, von dem der ganze Arm bewegt wird. Wir haben aber gesagt, dass die äußersten Enden und bewegenden Prinzipien der Knochen gegenseitig befestigt und verbunden werden, wenn sie sich wechselseitig in A bewegen. Als Beispiel führen wir an, dass irgendwelche stützenden Knochen des Rückens und des Hüftbeines, die am Rücken sind, die Hüfte und die Schenkel bewegen, die im Hüftbein verbunden werden. Es ist aber bei allen diesen nötig, dass irgendein Einziges das erste Bewegende für diese beiden ist. Dies aber wird die Seele sein, die freilich von dem Bewegten dieser Art mit räumlicher Ausdehnung verschieden ist und die im Inneren existiert, in der Mitte der drei Durchmesser, nämlich der Länge und der Breite und der Tiefe, welche die Durchmesser des Körpers sind. Und so wird sie das Prinzip des Wachsens, der räumlichen Bewegung, der stoßenden Bewegung und der Bewegung des Sinnenhaften sein; und dies sind alle Bewegungen, die die Seele im Körper ausführt und derentwegen sie mit dem Körper verbunden ist.

Gemäß dieser beweisenden Erklärung, die die wesenhafte Ursache jener Bewegung, die Bewegung des Strebens oder Willens heißt, angibt, muss [ebendieses] Mittlere, welches das Bewegte bewegt, allgemein die Ursache der Bewegung im ganzen Körper sein. Und dieses freilich gänzlich unbewegliche Bewegende ist die Seele, so wie im Weltall das erste ursprünglich Bewegende ein unteilbares und unbewegliches Bewegendes ist. So wie aber im Weltall irgendein erster Körper sein muss, der als Erster vom ersten Unbeweglichen bewegt wird, sodass aus einem unbeweglichen Bewegenden und einem ersten Beweglichen ein erstes Zusammengesetztes geschaffen wird, das sich selbst bewegt und von sich selbst bewegt wird: Genauso muss in den Körpern, die von einer bewegenden Seele beseelt sind, irgendein derartiger erster Körper sein, von dem allen anderen Gliedern die Bewegung eingeflößt wird, und derselbe erste Körper bewegt sich selbst. Denn in einer derartigen Verbindung kann ein Körper, dessen Bewegung freilich von einem bestimmten anderen ersten Beweger herstammt und der natürlicherweise nicht ursprünglich bewegt, sondern bewegt wird, fernstehende Leiden von dem ursprünglich bewegenden Körper erfahren, so wie alle Teile der Glieder die Bewegungen des Herzens erleiden und so wie der ganze untere Himmelsbereich

constrictis nervis et ligaturis per totum corpus motus perficitur animae, quae ut motor iungitur corpori. Hoc autem est cor in corda habentibus aut membrum analogum cordi in his quae corda non habent. Et ex hac demonstratione certissime scitur, qualiter anima iungitur corpori, et quod sicut motor omni motu animati iungitur ei et non sicut perfectio vel actus materiae tantum, et quod propter hoc diffinitur, quod est entelechia corporis organici secundum potentias vitae, sicut in libro *De anima* determinavimus.[a]

Cap. 7. De virtute cordis, per quam movet, et de natura spiritus, qui cordis est instrumentum

Movens autem omne necesse est habere aliquam fortitudinem et virtutem, qua vincat et excellat mobile, et non extrudatur ab ipso extra locum et naturam suae firmitatis et immobilitatis, propter quod etiam fabula de Athlante caelum movente a Pythagoricis inducta est. Et ideo necesse est cor esse confirmatum loco immobili super basim suam et ligatum nervis et villis transversalibus et longitudinalibus, quemadmodum diximus in scientia de cordis natura et anatomia.[b] Insuper etiam cum virtute sua cor moveat, oportet illius virtutis habere vehiculum, quod est spiritus, et ideo necesse est spiritum et in corde generari et a corde procedere; omnia enim animalia expresse etiam ad sensum videntur habere spiritum connaturalem sibi et potentia et virtuosa sunt per ipsum. Quae autem sit salus et generatio connaturalis spiritus, dictum est a nobis in aliis nostris libris naturalibus et praecipue in libro *De natura spiritus et respirationis.*[c] Spiritus autem videtur in movendo et causando motum aliquid simile habere cum primo animali sive animativo principio. Et hoc ideo est, quia,

---

[a] Albertus Magnus, *De anima* l. 2 tr. 1 c. 2, ed. cit., p. 66–67. [b] Albertus Magnus, *De animalibus* l. 1 tr. 3 c. 4 n. 575–595, ed. cit., p. 205–212; l. 13 tr. 1 c. 4 n. 23–38, p. 902–909. [c] Albertus Magnus, *De anima* l. 1 tr. 2 c. 13, ed. cit., p. 51–55; *De somno et vigilia* l. 1 tr. 2 c. 3, ed. cit., p. 141–143; *De spiritu et respiratione* l. 1 tr. 1–2, Ed. Paris. IX, p. 213–217.

von dem beeinflusst wird, was das erste Bewegliche ist. Und so wird durch die gelösten und gespannten Bänder und Sehnen die Bewegung der Seele, die mit dem Körper als Beweger vereinigt ist, durch den ganzen Körper ausgeführt. Dies ist das Herz bei denen, die ein solches haben oder ein dem Herzen entsprechendes Organ bei denen, die keines haben. Und aus diesem Beweis ist mit Sicherheit klar, wie die Seele mit dem Körper verbunden ist und dass sie mit diesem als Beweger in jeder Bewegung eines Lebewesens verbunden ist und nicht nur als Vervollkommnung oder nur als Akt der Materie, und deswegen wird dies bestimmt, dass sie die Vollendung des organischen Körpers hinsichtlich der Vermögen des Lebens ist, wie wir im Buch *Über die Seele* bestimmt haben.

Kapitel 7: Über die Kraft des Herzens, mit der es bewegt, und über die Natur des Geistes, der das Werkzeug des Herzens ist

Jedes Bewegende aber muss eine bestimmte Kraft und Stärke haben, durch die es das Bewegliche übertrifft und durch welche es von demselben nicht von seinem Platz und dem Zustand seiner Festigkeit und Unbeweglichkeit verdrängt wird. Deswegen wurde auch von den Pythagoreern die Erzählung über den Atlas, der den Himmel bewegt, eingeführt. Und deswegen muss das Herz an einer unbeweglichen Stelle befestigt sein über seiner Basis und es muss mit den quer und längs verlaufenden Sehnen und Adern verbunden sein, wie wir in der Wissenschaft über die Natur und Anatomie des Herzens gesagt haben. Mag das Herz auch [vom innersten Punkt her] mit seiner Kraft bewegen, so muss es dennoch das Transportmittel jener Kraft haben, welches der Geist ist. Und deswegen muss der Geist im Herzen erzeugt werden und von diesem ausgehen. Denn alle Sinnenwesen scheinen – auch deutlich für die Sinneswahrnehmung – einen für sie natürlichen Geist zu haben und deren Vermögen und Wirksamkeit kommen durch denselben. Was aber die Erhaltung und das Hervorbringen des natürlichen Geistes ist, haben wir in unseren anderen Büchern über die Naturdinge gesagt und besonders im Buch *Über die Natur des Geistes und der Atmung*. Der Geist scheint aber beim Bewegen und beim Verursachen der Bewegung irgendetwas Ähnliches mit der ersten bewegenden Ursache der Sinnenwesen zu haben. Und das ist deswegen so, weil – wie wir oft bewiesen haben – er das Werk-

sicut saepe probavimus,[a] est instrumentum animae et vitae et vehit virtutem ipsius et movet in forma vitae et animae sicut et calor naturalis. Et ideo est vitae opera perficiens sicut anima, et ideo etiam Heraclitus ipsum animam esse dixit.[b] Habet igitur simile aliquid ad primum animativum, sicut etiam centrum sive signum, quod est in flexionibus iuncturarum, habet simile aliquid ad primum motorem, qui est cor, in hoc quod movet immobile permanens et virtute sua movet inferius coniunctum ei non extrusum ab eo extra firmitatem et immobilitatem ipsius; sic enim etiam spiritus in forma movet primi moventis. Quoniam autem principium huiusmodi animativi motus quibusdam quidem est in corde, quibusdam autem in membro, quod est cordi analogum, eo quod corda non habent, per idem membrum quod sic est principium etiam, spiritus ortus ab ipso efficitur eis complantatus et connaturalis et per illud videtur eis existens esse in natura ipsorum.

Utrum autem idem numero sit spiritus in tota vita animalis aut fit sive generatur semper alius et alius aut etiam omnino fit sive generatur, alia ratio est et alius locus disputationis, quoniam nos ostendimus alibi,[c] quod generatur a corde alius et alius, et ideo movetur secundum diastolen et systolen continue cor in animalibus. Eadem autem est ratio et de aliis partibus moventibus quoad hoc, quae est de spiritu, quoniam omnia alia movent in virtute et forma cordis sicut et spiritus. Cum autem spiritus bene fuerit naturalis et bene complexionatus, tunc bene admovet sive advehit virtutem cordis in membra; et dant bonam fortitudinem ad opera et motus impulsus spiritus et retractus per diastolen et systolen cordis; impulsus enim advehit virtutem, retractus autem restaurat et recuperat spiritus substantiam hauriendo a corde continue. Ex his enim duobus motibus spiritus quodlibet motus instrumentum augeri potest, quando impletur spiritu et sanguine, et corripi sive diminui, quando retrahitur ab eo spiritus. Huiusmodi enim est natura spiritus, eo quod sine violentia

---

[a] Albertus Magnus, *De spiritu et respiratione* l. 1 tr. 1 c. 8, ed. cit., p. 225–226.
[b] Heraclitus: Vgl. Aristoteles, *De anima* l. 1 c. 2 (405a25–29). Albertus Magnus, *De anima* l. 1 tr. 2 c. 3, ed. cit., p. 24 v. 31–39. [c] Albertus Magnus, *De spiritu et respiratione* l. 1 tr. 1 c. 9, ed. cit., p. 226–228; tr. 2, p. 231–240; *De motibus animalium* l. 1 tr. 2 c. 2–3 sq., ed. cit., p. 271–273.

zeug der Seele und des Lebens ist und ihre Kraft herbeibringt; zudem bewegt er gemäß der Form des Lebens und der Seele, so wie dies auch die natürliche Wärme tut. Und deswegen vollbringt er Lebenstätigkeiten wie die Seele, weswegen Heraklit auch sagte, dass derselbe die Seele sei. Er hat also irgendetwas Ähnliches mit dem ersten Beseelenden, so wie auch der Mittelpunkt, der in den beugenden Gelenken ist, irgendetwas Ähnliches zum ersten Beweger hat, der das Herz ist, darin, dass er als unbeweglich Bleibendes bewegt und dass er durch seine Kraft das bewegt, was ihm weiter unten verbunden ist, wobei er von diesem nicht aus seiner Festigkeit und Ruhe hinausgedrängt wird; denn so bewegt auch der Geist in der Form des ersten Bewegenden. Weil nun aber das Prinzip der so gearteten beseelenden Bewegung freilich bei einigen im Herzen ist, bei einigen aber in einem Glied, das einem Herzen entspricht – weil kein Herz vorhanden ist –, wird in ihnen durch dasselbe Glied, das so auch Prinzip ist, der Geist erzeugt; er ist für diese wesens- und naturgemäßer Art, und er scheint durch jenes [Glied] in der Natur derselben zu existieren.

Ob der Geist aber während des ganzen Lebens des Sinnenwesens immer ein und derselbe ist oder ob er immer von neuem erzeugt wird oder auch ob er überhaupt erzeugt wird, ist eine andere Erwägung und ist an anderer Stelle zu erörtern. Denn wir haben anderswo gezeigt, dass er vom Herzen immer von neuem erzeugt wird und dass deswegen das Herz im Sinnenwesen ununterbrochen durch Ausdehnung und Zusammenziehung bewegt wird. Die gleiche Gesetzmäßigkeit wie für den Geist gilt auch für die anderen bewegenden Teile, weil sie alle gemäß der Kraft und Form des Herzens bewegen, wie dies auch der Geist tut. Wenn der Geist aber sehr natürlich und hinsichtlich seiner elementaren Eigenschaften zusammengesetzt ist, so führt er die Kraft des Herzens gut in die Glieder. Und das Ausstoßen und das Zurückziehen des Geistes durch die Ausdehnung und Zusammenziehung des Herzens verleihen geeignete Kraft zur Tätigkeit und zur Bewegung. Das Ausstoßen führt nämlich die Kraft herbei, das Zurückziehen aber stellt die Substanz des Geistes durch Schöpfen vom Herzen fortwährend wieder her. Durch diese beiden Bewegungen des Geistes kann jedes beliebige Werkzeug der Bewegung vergrößert werden, wenn es mit Geist und Blut erfüllt wird, und es kann verkleinert werden, wenn der Geist von ihm zurückgezogen wird. Die Natur des Geistes ist von dieser Art, weil ein derartig leicht flüchtiger Körper und Geist, der vorhanden ist und zurückgezogen wurde,

magna corpus huiusmodi spirituale et spiritus existens facile corripitur retractum, et visa quaelibet modica violentia impellunt ipsum propter huiusmodi causam spiritualitatis et tenuitatis et subtilis substantiae ipsius spiritus. Et est talis naturae, quod habet pondus gravitatis ad ignita levia, et e contrario habet levitatem ad his contraria, quae sunt terrestria gravia. Et huius causa est, quia ipse spiritus consistit ex quattuor elementis sicut humidum, ex quo vaporat et nascitur. Oportet enim, quod id quod debet in forma cordis informatum movere totum corpus, quod ex gravibus et levibus compositum est, non solum alteratione qualitatis simplicis esse connaturale gravibus et levibus, sed ipsa suae substantiae compositione oportet, quod habeat cum utrisque hanc connaturalitatem. Hoc enim est de natura mixtorum, quod tenentur in se invicem secundum superpositionem sui ad invicem. In mixtura leve quidem enim tenetur inferius a graviori sibi in potentia superposito; et grave superius a leviori sibi secundum virtutem superposito, quando plurimum unius est cum plurimo alterius et minimum unius cum minimo alterius secundum diversam levium et gravium sibi mutuo et ad invicem superpositionem.

Dictum igitur sic a nobis, cuius partis sit anima movens primo; et similiter dictum est, cuius est spiritus movens et propter quam causam.

Cap. 8. Quod ad similitudinem civitatis ad monarcham habent se membra corporis ad movens primum

Qualiter autem motus membrorum perficiatur a principio, quod est cor, post hoc oportunum est investigare. Sumendum autem est hoc ex similitudine civitatis vel regni sub monarcha. Quoniam sicut civitas in quadam congregatione perficitur officiorum et communicatione, ita corpus organicum, quod est animalis corpus, ex multis constituitur officialibus membris officia sua exercentibus et communicatione, quam habent membra ad invicem sub uno, quod omnibus praesidet

ohne große Gewalt leicht zusammengepresst wird. Und mit einer jeweils geringen Gewalt stoßen [die beiden Bewegungen] denselben wegen der derartigen Ursache der Geistigkeit und der Zartheit und des feinen Wesens des Geistes selbst an. Und er ist von dieser Natur, weil er das Gewicht der Schwere zum feurigen Leichten führt und umgekehrt das Leichte zu dem führt, was diesem entgegengesetzt ist, was die irdische Schwere ist. Und der Grund dafür ist, dass der Geist selbst aus vier Elementen besteht wie das Flüssige, aus dem er ausströmt und entsteht. Denn es ist nötig, dass das, was den ganzen Körper, der aus dem Schweren und Leichten zusammengesetzt ist, bewegen muss, wobei es in der Form des Herzens geprägt ist, nicht nur hinsichtlich einer Veränderung einer einfachen Eigenschaft dem Schweren und Leichten gleicher Natur ist, sondern es ist notwendig, dass es durch die Zusammensetzung seiner Substanz selbst mit jedem von beiden diese Gleichheit der Naturen hat. Denn dies gilt bezüglich zusammengesetzter Naturen, dass sie gegenseitig bei sich gehalten werden gemäß ihrer gegenseitigen Überlagerung. Denn in einer Mischung wird das Leichte freilich von einem Schweren niedriger gehalten, welches ihm kräftemäßig überlagert ist; und das Schwere wird vom Leichten, das ihm kräftemäßig überlagert ist, weiter oben gehalten: wenn sehr große Menge des einen mit sehr großer Menge des anderen zusammenspielt und sehr kleine Menge des einen mit sehr kleiner Menge des anderen gemäß den verschiedenen gegenseitigen und wechselseitigen Überlagerungen des Leichten und Schweren.

So haben wir also gesagt, für welchen Teil die Seele ursprünglich das Bewegende ist; und ähnlich haben wir gesagt, wofür der Geist das Bewegende ist und aus welchem Grund.

Kapitel 8: Dass sich die Glieder des Körpers zum ersten Bewegenden ähnlich verhalten wie der Staat zum Herrscher

Wie aber die Bewegung der Glieder vom Prinzip, welches das Herz ist, zustande gebracht wird, wird günstigerweise nach dem Vorigen untersucht. Dies muss aber anhand des Vergleiches mit einem Staat bzw. Königreich unter einem Herrscher unternommen werden. Denn so, wie der Staat in einer Ansammlung und einem Zusammenwirken von Ämtern zustande gebracht wird, so wird der organische Körper, das heißt der Körper des Sinnenwesens, aus vielen dienst-

et imperat. Accipiamus igitur civitatem optima civilitate habitatam. In tali igitur civitate, postquam semel compositus et institutus est ordo officiorum et officiatorum, oportet, quod numquam fiat aliquid quod sit extra ordinem singulorum, quae fiunt secundum ordinationem monarchae, etiamsi separetur ab ipsis monarcha. Separato enim ipso adhuc singuli statuta sibi ad utilitatem rei publicae exercent officia, sed monarcha singula ordinat facere convenientia, et hoc quod ordinat, fit et mancipatur effectui, et cum hoc fit usus et utilitas communis et publica. In animalibus autem hoc idem fit per naturam in omnium membrorum ad cor relatione. Fit autem per hoc quod innatum est eis, quod singulum in omnibus sic compositis membris faciat idem opus, ad quod formatum est ex natura et movetur a corde. Formatis enim in generatione membris a corde, spiritus motivus in ea profluit motuum ipsorum, sicut institutis officiatis a monarcha officia iniuncta exsequuntur secundum imperium et institutionem ipsius. Et ideo bonum totius corporis est in corde, non prout est membrum singulare, sed prout bonum exercitus est in duce exercitus et bonum civitatis vel regni est in monarcha. Et hoc modo dux exercitus et monarcha non est persona privata, sed publica, et hoc modo etiam cor in corpore animalis non est privata pars, sed publica.

Propter hoc autem quod iam dictum est, civitates aedificabantur antiquitus ad similitudinem corporis et praecipue ad similitudinem corporis humani, sicut dicit Tullius.[a] Unus enim in his erat monarcha totius multitudinis gerens curam et regimen et institutionem, et

[a] Tullius: M. Tullius Cicero, *De inventione (Rhetorici libri duo)* l. 2 c. 56 n. 168, ed. E. Stroebel, Stuttgart 1977, p. 151[b].

baren Gliedern zustande gebracht, die ihre Funktionen ausüben, und aus dem Zusammenwirken, welches die Glieder wechselseitig unter dem einen haben, der allen vorsteht und über sie herrscht. Wir wollen also einen Staat annehmen, der von einer vorbildlichen Bevölkerung bewohnt ist. Also ist es in einem solchen Staat nötig – nachdem die Ordnung der Ämter und der Beamten einmal eingerichtet ist –, dass niemals etwas geschieht, was außerhalb der Einzelvorschriften, die gemäß der Anordnung des Herrschers erlassen werden, liegt, auch wenn der Herrscher von denselben ausgenommen würde. Denn während dieser ausgenommen ist, üben die Einzelnen die ihnen zugewiesenen Pflichten nunmehr zum Nutzen des Staates aus, aber der Herrscher regelt, dass die Einzelnen Passendes tun. Und das, was er regelt, geschieht und wird zur Ausführung übergeben, und damit wird der gemeinsame und öffentliche Nutzen geschaffen. In den Sinnenwesen geschieht aber dasselbe durch die Natur, im Bezug aller Glieder zum Herzen. Das geschieht aber dadurch, dass es diesen angeboren ist, dass das Einzelne unter allen so zusammengefügten Gliedern eben die Tätigkeit ausübt, zu der es von Natur aus geformt ist und zu der es vom Herzen bewegt wird. Nachdem nämlich die Glieder erzeugt und geformt sind, fließt – vom Herzen ausgehend – der bewegende Geist der Bewegungen selbst in sie, so wie nach der Aufstellung der Beamten vom Herrscher die auferlegten Pflichten gemäß dem Befehl und der Anordnung desselben ausgeführt werden. Und deswegen liegt das Wohl des ganzen Körpers im Herzen, aber nicht, sofern es ein einzelnes Glied ist, sondern so, wie das Wohl des Heeres im Heerführer liegt und das Wohl des Staates bzw. Königreiches im Herrscher. Und so ist der Heerführer und der Herrscher keine private Person, sondern eine öffentliche, und ebenso ist auch das Herz im Körper des Sinnenwesens kein abgetrennter Teil, sondern ein Teil der Allgemeinheit.

Deswegen wurden aber, was schon gesagt wurde, die Staaten von alters her ähnlich wie ein Körper und besonders wie ein menschlicher Körper errichtet, wie Cicero sagt. In diesen gab es nämlich einen Herrscher, der für die ganze Vielheit Aufsicht und Lenker war und sie einrichtete. Und dieser war sozusagen ein Weiser und gerecht Gestimmter, bei dem jede Rede, Vorschrift und Einrichtung weise und gerecht war. Und so, wie dem Licht keine andere Tätigkeit eigen ist als das Leuchten, so war es jenem nur möglich, weise, vorhersehend und gerecht zu handeln. Weiterhin wurden um jenen Rechtsgelehrte, wie zum Beispiel Senatoren, gesetzt, so wie oberhalb des Herzens

erat hic quasi quoddam sapiens et iustum animatum,[a] cuius omnis sermo et praeceptum et institutio fuit sapientia et iustitia; et sicut a luce non est operatio nisi lucere, ita illi non erat possibile agere nisi sapientia et provida et iusta. Deinde circa illum ponebantur iurisconsulti sicut senatores, sicut supra cor ponuntur animales virtutes, phantasia et intellectus, quorum consilio et determinatione cor movetur, sicut monarcha omnia refert ad consilium et diffinitionem sapientum. Et sub his instituebantur officia, quorum communicatione subsistit civitas, sicut sunt artifices diversarum artium et mercatores, aliunde abundantiam diversarum rerum utilium adducentes, quae in civitate non sunt, et sub his omnibus impensae publicae et praepositi illarum providebantur; fiebat autem et conveniens munitio, ne hostibus quibuslibet irrupta destrueretur civitas. Sicut et in corpore humano sunt officiati oculi et nares et alia instrumenta sensuum et quasi ferentes copias extrinsecus negotiatores sunt instrumenta motus, per quae acceditur ad delectabilia et a contristantibus receditur, et omnibus his ministrantia sumptus sunt vasa pro nutritiva sicut hepar et stomachus et os et alia quaecumque ad nutrimentum membra ordinantur. Munitio autem in omnibus sunt circumdatio ossium retro in spondilibus, a latere in costis et ante in ossibus pectoris et superius in craneo et ossibus capitis, inferius autem confirmatio mollium in coxis et tibiis.

Sic igitur dictum est, quomodo et propter quas causas animalia moventur secundum motus voluntarios.

Cap. 9. De causa, propter quam cordis et testiculi motus multotiens est non voluntarius

Sicut autem animalia moventur secundum motus voluntarios, ita etiam moventur secundum quosdam motus non-voluntarios,[b] quo-

---

[a] iustum animatum: Vgl. Aristoteles, *Ethica Nicomachea* l. 5 c. 7 (1132a21–22). Albertus Magnus, *Super Ethica* l. 5 lect. 6, ed. cit., p. 340 v. 28–29, v. 69–70 (Arist.-Text); *De bono* tr. 5 q. 4 a. 3, ed. cit., p. 303 v. 6; a. 6, p. 305 v. 2.
[b] motus non-voluntarii: Vgl. Albertus Magnus, *Ethica* l. 3 tr. 1 c. 4, ed. cit., p. 198–199.

bestimmte Seelenkräfte, die Einbildung und der Verstand, durch deren Rat und Bestimmungen das Herz bewegt wird, gesetzt sind: so wie der Herrscher alles auf den Rat und die Bestimmungen der Weisen zurückführt. Und unter diesen wurden Ämter eingerichtet, durch deren Zusammenwirken der Staat besteht; zum Beispiel gibt es Handwerker der verschiedenen Künste und Kaufleute, die von anderswoher den Überfluss der verschiedenen nützlichen Dinge herbeibringen, die es im Staat nicht gibt. Und unter all diesen wurden öffentliche Ausgaben und deren Vorsteher vorgesehen; es wurde aber auch eine passende Befestigung vorgesehen, damit nicht jeder beliebige Feind den Staat nach einem Eindringen zerstört. So sind beispielsweise im menschlichen Körper Beamte, nämlich die Augen und die Nase und die anderen Sinnesorgane, und die Geschäftsleute, die die Waren von außen herbeibringen, sind sozusagen die Werkzeuge der Bewegung, durch die man sich dem Erfreulichen nähert und sich vom Schmerzlichen zurückzieht. Und den Lebensbedarf für alle diese stellen die der ernährenden Kraft dienende Gefäße bereit, wie zum Beispiel die Leber und der Magen und der Mund und alle anderen, welche auch immer zur Ernährung der Glieder hingeordnet werden. Die Befestigung für alle ist aber in der Umhüllung mit Knochen gegeben: von hinten mit den Wirbeln, von der Seite mit den Rippen, vorne mit dem Brustbein, weiter oben mit dem Schädel bzw. den Knochen des Kopfes und weiter unten mit der Sicherung der weichen Teile durch die Hüfte und das Schienbein.

Somit ist also gesagt, wie und wegen welcher Gründe die Sinnenwesen gemäß der willentlichen Bewegungen bewegt werden.

Kapitel 9: Über den Grund, warum die Bewegung des Herzens und des Hodens sehr oft unwillkürlich ist

So wie die Sinnenwesen sich aber willentlich bewegen, so werden sie auch in einigen Fällen unwillkürlich bewegt; das Prinzip dieser Bewegungen ist aber dennoch nicht die Natur, sondern es ist dasselbe Bewegende in diesen, was auch das Bewegende in den willentlichen Bewegungen ist, und dies ist ein wahrgenommenes Gutes oder ein Übel, ein einfaches, oder ein »jetziges Gutes«. Zwei Teile des Sinnenwesens sind sehr häufig unwillkürlichen Bewegungen unterworfen. Wir behaupten nämlich, dass das Herz und die Geschlechtsorgane

rum tamen principium non est natura, sed idem est movens in eis quod est in voluntariis motibus movens, et hoc est bonum vel malum apprehensum simpliciter vel ut nunc. Secundum plurimos autem horum non-voluntariorum motuum duae partes in animali moventur; dicimus enim non voluntarie saepius moveri cor et genitalia secundum illum qui est a testiculo, motum ex spermatis potentia et virtute.

Cum enim aliquid visum fuerit delectabilium vel tristium, multotiens haec duo membra localiter moventur non praecipiente mente motum et forte contrarium praecipiente. Et ideo non solum non voluntarie, sed etiam contra voluntatem ista moventur multotiens, sicut praeter voluntatem est somnus et vigilia et quotquot alii huiusmodi sunt motus, qui nec sunt phantasma nec desiderium nec principiati ab aliquo ipsorum, sed a natura calidi vel humidi vel frigidi et sicci, cum tamen motus cordis et genitalium non sint nisi phantasma vel desiderium vel aliquid huiusmodi.

Horum igitur motuum non-voluntariorum determinantes causam dicimus, quoniam animalia, eo quod naturalia habent corpora, necesse permutari et alterari secundum naturales alterationes, et hoc non subiacet voluntati animalis, quotienscumque alterantur partes in ipsis; illae enim alteratae alterant alias. Alteratis autem partibus necesse est quasdam partes augeri quasi tumescendo et dilatando vel extendendo se, alias autem necesse est diminui et contrahi. Et sic contingit animal ex necessitate moveri et permutari secundum illas partes quae collimitantur primo alteratis partibus, quotienscumque contingit se invicem tangere alteratas partes secundum proprias permutationes. Dico autem proprias permutationes, quae secundum naturam illis partibus inferunt passiones sicut visibile oculis et soni auribus et sic de aliis, sicut in libris *De anima* et *Sensu et sensato* determinavimus.[a] Causae enim motuum localium membrorum animalium in se et in partibus sunt caliditates et siccitates extrinsecae et alia quae sunt naturales motus et permutationes corporum anima-

---

[a] Albertus Magnus, *De anima* l. 2 tr. 3 c. 1, ed. cit., p. 96–98; *De sensu et sensato* tr. 2 c. 1 sqq., ed. cit., p. 38 sqq.

öfters unwillkürlich gemäß jener Bewegung bewegt werden, die vom Hoden ausgeht, infolge der Kraft des Samens.

Sobald nämlich irgendeine erfreuliche oder schmerzliche Gesichtswahrnehmung aufgetreten ist, werden diese beiden Organe sehr oft örtlich bewegt, ohne dass der Verstand die Bewegung vorschreibt und wobei der Verstand vielleicht sogar das Gegenteil vorschreibt. Und deswegen werden diese nicht nur unwillkürlich, sondern sehr oft auch gegen den Willen bewegt, so wie auch Schlafen und Wachen außerhalb des Willens liegen und wie viele andere Bewegungen dieser Art es gibt, die weder Einbildung noch Begehren sind, noch von irgendeinem derselben verursacht werden, sondern von der Natur des Warmen oder Feuchten oder Kalten und Trockenen; dennoch entsteht die [unwillkürliche] Bewegung des Herzens und der Geschlechtsorgane nur durch die Einbildung oder das Begehren oder irgendetwas dieser Art.

Wir bestimmen deshalb den Grund dieser unwillkürlichen Bewegungen und sagen, dass ja die Sinnenwesen, weil sie natürliche Körper haben, notwendigerweise gemäß natürlichen Veränderungen verändert und bewegt werden. Und dies unterliegt nicht dem Willen des Sinnenwesens, sooft Teile in demselben auch immer verändert werden; denn zuerst Veränderte verändern andere. Veränderte Teile aber werden notwendigerweise vergrößert, indem sie anschwellen und sich ausdehnen oder sich ausstrecken, andere aber werden notwendigerweise verkleinert und zusammengezogen. Und so geschieht im Sinnenwesen zwingend, dass jene Teile bewegt und verändert werden, die an die zuerst veränderten Teile angrenzen, sooft die Teile auch immer sich gegenseitig mit eigentümlichen Veränderungen beeinflussen. Ich nenne aber eigentümliche Veränderungen, was jenen Teilen gemäß der Natur Erleiden zufügt wie zum Beispiel das Sichtbare den Augen und die Töne den Ohren, und genauso ist es bei den anderen Sinneswahrnehmungen, wie wir in den Büchern *Über die Seele* und *Über die Sinneswahrnehmung und das Wahrgenommene* abgehandelt haben. Denn die Ursache, dass sich die Glieder der Sinnenwesen als dem ganzen Körper zugehörige Teile örtlich bewegen, ist von außen

lium, secundum quod ipsa sunt physica corpora, a physicis alterantibus permutationem passa. Fiunt enim motus dicti, contractiones videlicet et extensiones, a talibus physicis qualitatibus aut concidente cum eis partium, quas diximus, alteratione, sicut alteratis oculis aut alio instrumento sensus alicuius accidit contrahi aut extendi membrum illi collimitatum. Dictum enim est iam prius[a] a nobis, quod intelligentia et phantasia et cetera huiusmodi passionem afferunt sicut facientia et agentia. Ferunt autem passionem moventem maxime partibus et eam passionem praecipue quae est partium animatarum anima motiva, et ab hac praecipue movetur pars, cui a talibus agentibus affertur passio. Et hoc manifestum per hoc quod quaelibet pars est quasi quoddam per se animal, si ponatur esse separata, quia tunc virtus animae, quae est in ipso, erit anima eius. Anima autem animalis per hoc est anima quod est principium sensus et motus et est principium motus per sensum. Causa igitur motus multiplicis cordis etiam praeter vel contra vel ante voluntatem est, quoniam habet in se humiditatem vitalem, quae facile alteratur. Et tunc palam est, propter quam causam non voluntarie saepe movetur; est enim principium sensuum, ad quod referuntur omnes sensuum alterationes, et humidum suum necessario alteratur et de facili sive frigore in timendis sive calore in delectabilibus. Et ideo de facili et ex necessitate humidi tales advehentis formas contrahitur aliquando et dilatatur aliquando. Et quia humidum huiusmodi et spiritus continue pulsa fluunt in ipso et ab ipso et ad ipsum, ideo fugax est et non supponitur ordini et praecepto voluntatis et mentis, nec potest diu in una teneri dispositione; humidum enim subtile modo a sensu, modo a phantasia, modo ab intellectu formam induit et advehit, et ideo continue de una transit vel fugatur ad aliam et movetur localiter secundum exigentiam ipsarum.

---

[a] Supra tr. 2 c. 3, p. 132–133.

kommende Wärme und Trockenheit sowie andere Dinge, welche natürliche Bewegungen und Veränderungen der Körper der Sinnenwesen sind. Denn insofern sie selbst die natürlichen Körper sind, erfahren sie von natürlichen Bewegenden Veränderungen. Denn die genannten Bewegungen, das Zusammenziehen und das Ausdehnen, geschehen ausgehend von solchen natürlichen Qualitäten, entweder indem sie mit der Bewegung der Teile, die wir genannt haben, zusammenfallen wie den veränderten Augen; oder es geschieht, dass durch irgendein anderes Sinnesorgan das ihm angrenzende Glied zusammengezogen oder ausgedehnt wird. Denn wir haben schon früher gesagt, dass die Intelligenz und die Einbildung und die übrigen dieser Art Erleiden bringen wie tätige Beweger. Sie bringen das bewegende Erleiden aber am meisten den Teilen, und besonders Erleiden von der Art, welches die bewegende Seele der beseelten Teile ist. Und von dieser wird besonders der Teil bewegt, dem von derartigen Bewegern ein Erleiden zugefügt wird. Dies ist daraus erwiesen, dass jeder beliebige Teil sozusagen ein bestimmtes Sinnenwesen für sich wäre, wenn man annehmen würde, dass er getrennt ist. Denn der Kraftanteil der Seele, der in demselben ist, wird dann dessen Seele sein. Die Seele des Sinnenwesens aber ist dadurch Seele, dass sie das Prinzip der Sinneswahrnehmung und der Bewegung ist und dass sie das Prinzip der Bewegung aufgrund der Sinneswahrnehmung ist. Also ist die Ursache der starken Herzbewegung auch ohne Wollen, gegen das Wollen oder vor dem Wollen, da es in sich Lebenskraft verleihendes Flüssiges hat, das leicht bewegt wird. Und damit ist es offenkundig, aus welchem Grund es oft unwillkürlich bewegt wird. Denn es ist das Prinzip der Sinneswahrnehmungen, zu dem alle Veränderungen der Sinneswahrnehmung gemeldet werden, und das zu ihm gehörige Flüssige wird notwendigerweise und mit Leichtigkeit entweder bei Angst durch Kälte oder bei Erfreulichem durch Wärme verändert. Und deswegen wird es mit Leichtigkeit und wegen der Notwendigkeit des Flüssigen, das solche Formen herbeiführt, einmal zusammengezogen und einmal ausgedehnt. Und weil das derartige Flüssige und der Geist ununterbrochen angetrieben in demselben fließen, von demselben wegfließen und auf dasselbe hinfließen, deswegen ist es leicht beweglich und wird nicht der Ordnung und der Vorschrift des Willens und des Verstandes unterstellt und kann auch nicht lange in einem Zustand gehalten werden. Denn das feine Flüssige nimmt bald die Form einer Sinneswahrnehmung, bald die einer

Genitalia autem, quae moventur a spiritu et humore testiculi, sunt pars quaedam quae est quasi punctum vel signum omnium fere nervorum et venarum tam pulsantium quam quietarum. Propter quod etiam a philosophis dicitur nervorum et venarum cauda quaedam, et ideo a testiculi parte egreditur quiddam quod est sicut spermatis motus aut potentia. Spermatis autem motus est cum spiritu spumoso, et potentia eius est cum spiritu et vapore extendente genitalia, quae extensio sine motu locali fieri non potest. Et cum sit punctus, ad quem veniunt sensatorum et imaginatorum et intellectorum desiderabilium alterationes, alteratione facta secundum calidum et frigidum, quae necessario concidit delectabilibus et tristibus, necesse est alterationem ad genitalia redundare propter continuationem nervorum et venarum. Et ideo necesse est ea non voluntarie saepe moveri, quotienscumque fuerit in eis vis spermatis, eo quod sicut in corde est humidum vitale, ita in testiculo est humidum geniturae, quod facile alteratur, et sicut cor est principium sensuum, ita testiculus finis est nervorum sensibilium et venarum, et passio universaliter a formis redundat ad ipsum. Et ideo delectabili forma motus spirat, quod in ipso est humidum, et extendit movendo praeter voluntatem genitale membrum tam in viro quam in femina. Sed in hoc est differentia quod vasa seminaria aliquando destituuntur humido et tunc non moventur, sicut in supra posse coeuntibus patet, qui tacti a mulieribus postea non moventur, quamvis multum provocentur. Aliquando autem habent humidum congelatum, quod a formis non est mobile, sicut patet in frigidis. Cor autem vitali humido subtili numquam destituitur et ideo talibus non-voluntariis motibus semper movetur.

Vorstellung, bald die einer Erkenntnisform an und bringt diese herbei, und deswegen geht dieses [das heißt das Herz] ununterbrochen von einem [Zustand] zum anderen über oder wird getrieben und wird gemäß der Notwendigkeit derselben räumlich bewegt.

Die Geschlechtsorgane aber, die vom Geist und dem Flüssigen des Hodens bewegt werden, sind ein bestimmter Teil, der sozusagen der Mittelpunkt nahezu aller Nerven und Adern ist, sowohl der stoßenden wie auch der ruhigen. Und deswegen wird dieser von den Philosophen sozusagen auch als Nerven- und Adernschwanz bezeichnet. Und deswegen geht vonseiten des Hodens ein Bestimmtes aus, was gleichsam die Bewegung oder die Kraft des Samens ist. Die Bewegung des Samens aber geht mit überschäumendem Pneuma einher und dessen Kraft geht mit dem Geist und der Wärme einher, die die Geschlechtsorgane ausdehnen: Diese Ausdehnung kann nicht ohne räumliche Bewegung geschehen. Und weil dieser [Teil] ein Punkt ist, zu dem die Veränderungen der begehrten Wahrnehmungen, Vorstellungen und Erkenntnisformen kommen, ist es nötig, nachdem eine Veränderung hinsichtlich Wärme und Kälte eingetreten ist – diese fällt notwendigerweise mit dem Erfreulichen und Schmerzlichen zusammen –, dass diese Veränderung zu den Geschlechtsorganen hinfließt, weil die Nerven und die Adern ununterbrochen fortgeführt werden. Und deswegen ist es nötig, dass diese oft unwillkürlich bewegt werden, sooft nur in diesen die Kraft des Samens liegt, weil so, wie es im Herzen ein Lebenskraft verleihendes Flüssiges gibt, so ist im Hoden die Zeugungsflüssigkeit, die leicht verändert wird. Und so wie das Herz das Prinzip der Sinneswahrnehmung ist, so ist der Hoden das Ziel der zur sinnlichen Wahrnehmung gehörigen Nerven und der Adern, und das von den Formen [ausgehende] Erleiden fließt allgemein zu demselben hin. Und deswegen strömt infolge der erfreulichen Form der Bewegung das, was in demselben flüssiger Natur ist, ein und dehnt das Geschlechtsteil unwillkürlich durch Bewegung aus, und zwar sowohl beim Mann als auch bei der Frau. Aber ein Unterschied besteht [bei den unwillkürlichen Bewegungen]: Denn die Samengefäße werden zuweilen vom Flüssigen verlassen und werden dann nicht mehr bewegt. Dies ist bei denen offensichtlich, die über ihr Vermögen Geschlechtsverkehr hatten, denn sie werden bei einer nachfolgenden Berührung durch Frauen nicht bewegt, wie sehr sie auch immer herausgefordert werden. Zuweilen ist in den Samengefäßen aber auch gefrorenes Flüssiges, welches infolge der Formen nicht

Sic igitur de causa, quare quaedam membra non voluntarie secundum locum moventur, a nobis dictum est.

Cap. 10. Qualiter motus partium procedit a principio motivo et ad ipsum et qualiter est de parte in partem

Quia autem diximus in partibus quibusdam istos motus fieri et a partibus quibusdam sicut ab organis sensuum hos motus incohare, ideo oportet scire, quod motus, qui in principio sunt in quibusdam partibus et a partibus quibusdam rationabiliter a quodam sicut a principio accidunt, eo quod omnis multitudo eorum quae unius generis sunt, ad unum aliquod principium habet reduci. A principio igitur, quod omnium quae moventur, principium est, venientes sic deinceps ad invicem de parte in partem veniunt. Primo enim oportet movere in motu primum principium totius ordinis moventium et motorum, quia non nisi in virtute primi principii movent alia. Et de hoc ponemus figuram et ostendemus, quod motus, qui sunt secundum singula elementa sive litteras, quae sunt signa partium motivarum, veniunt ad principium, quod primo movet, et sic veniunt ad alia membra omnia a principio moto prius et permutato. Huius autem causa est, quam diximus, quod principium est multae potentiae sive virtutis, vel ut magis proprie loquamur, est multiplex in virtute et potentia, sicut omnis forma multarum efficitur potentiarum per hoc quod multis instrumentis materialibus attribuitur, sicut una et eadem ars architectonica alterius est virtutis in serra et alterius in securi et alterius in dolabro, et sic de ascia et terebro et omnibus aliis instrumentis.

Propter quod, si principium, quod est sicut cor, ponamus in me-

beweglich ist, wie es bei den nicht Erregbaren offensichtlich ist. Das Herz aber wird hinsichtlich des belebten feinen Flüssigen niemals verlassen; und deswegen wird es immer gemäß dieser unwillkürlichen Bewegungen bewegt.

So haben wir also über den Grund gehandelt, warum gewisse Glieder unwillkürlich räumlich bewegt werden.

Kapitel 10: Wie die Bewegung der Teile von dem bewegenden Prinzip ausgeht und zu demselben [zurückkehrt] und wie diese von Teil zu Teil [fortschreitet]

Weil wir aber gesagt haben, dass diese Bewegungen in bestimmten Teilen auftreten und dass diese Bewegungen von bestimmten Teilen, wie zum Beispiel den Sinnesorganen, ausgehen, deswegen muss man wissen, dass die Bewegungen, die am Anfang in bestimmten Teilen sind und die von gewissen Teilen herkommen, vernunftgemäß von einem bestimmten Glied als Prinzip ausgehen, weil die ganze Menge derer, die von einer Art sind, auf nur ein Prinzip zurückgeführt werden muss. Das, was dann von dem Prinzip ausgeht, welches das Prinzip von allem ist, was bewegt wird, kommt wechselweise nacheinander von Teil zu Teil. Zuerst muss bei einer Bewegung nämlich das erste Prinzip in der ganzen Reihe von Bewegenden und Bewegern bewegen. Denn die anderen bewegen sich nur in der Kraft des ersten Prinzips. Dazu wollen wir eine Figur zeichnen und darstellen, dass diese Bewegungen [im Bereich der Sinneswahrnehmungen], die bezüglich der bewegten Teile geschehen – für sie stehen symbolisch einzelne Elemente bzw. Buchstaben –, zum Prinzip kommen, das ursprünglich bewegt, und so kommen sie von dem vorher bewegten und veränderten Prinzip zu allen anderen Gliedern. Der Grund dafür ist aber, wie wir sagten, dass das Prinzip große Kraft besitzt, oder um es treffender zu sagen, vielfältig hinsichtlich der Kraft ist, so wie jede Form, der viele Kräfte eigen sind, dadurch gekennzeichnet ist, dass sie vielen materiellen Werkzeugen zugeschrieben wird. Beispielsweise ist ein und dieselbe Baukunst eine andere Kraft beim Sägen und eine andere Kraft beim Arbeiten mit der Handaxt und eine andere mit der Brechaxt und mit der Zimmeraxt und mit dem Bohrer und allen anderen Werkzeugen.

Deswegen, wenn wir das Prinzip, welches dem Herz entspricht, in

dio esse, quod significetur per a, et dicamus, quod b aliqua pars quae sit sicut sensuum organa, c autem sit sicut organa motiva, dicemus quidem, quod b sensus sive sensibilis forma est principium b sive motus sensibilis et id quod c, quod est forma movens, est principium c, hoc est motus voluntatis per membrum unum vel plura. Ambo autem haec, hoc est sensibilis forma sive sensibilis alteratio et forma motus vel delectationis aut tristitiae alteratio erunt principia amborum dupliciter, scilicet quod aut sensibilis alteratio sit principium sensus et delectatio aut tristitia sit causa motus aut ad invicem, quod sensus alteratio sit causa motus et delectatio sit causa sensus vel imaginationis alicuius; venit enim permutatio aliquando ex b in b et etiam aliquando non deficit venire ex b in c.

Amplius, motus quidem iste ab his aliquando a partibus veniet ad a, quod est sicut principium universale in medio loco cordis positum, et tunc veniet a partibus ad a tamquam ad principium. Aliquando autem veniet ab a, quod est principium, ad c aut ad b sicut ad partes motas, sicut dicimus, quod motus aliquando venit a sensuum organis ad cor, aliquando autem moventur localiter sensuum organa a corde.

Quoniam autem aliquando quidem delectabilibus vel contristabilibus intellectis aut quocumque modo apprehensis motus ille quem rationis aut voluntatis esse dicimus, aliquando fit in partibus, quae sunt organa illorum motuum, aliquando autem non fit, oportet etiam huius nos assignare causam. Dicimus igitur, quod huius causa est, quod apprehensione facta aliquando in membris a formis apprehensis est passiva materia, aliquando autem non est aut non tanta est, quod movere possit membrum, sicut supra[a] diximus de motu, qui est a testiculo; aliquando etiam non est talis dispositionis, quod a forma apprehensa moveri possit, sicut diximus supra[b] de frigidis,

[a] Supra tr. 2 c. 9, p. 168–169. [b] Ibid.

die Mitte setzen, welche durch den Punkt A bezeichnet wird, und wir annehmen, dass B irgendein Teil ist, der den Sinnesorganen entspricht, dass C aber den bewegenden Organen entspricht, so werden wir freilich sagen, dass die Sinneswahrnehmung bzw. wahrnehmbare Form B das Prinzip B ist bzw. eine Bewegung im Bereich der Sinneswahrnehmung. Und das, was die bewegende Form ist, nämlich C, ist das Prinzip C, das heißt eine willentliche Bewegung mit einem oder mehreren Gliedern. Diese beiden aber, das heißt die wahrnehmbare Form bzw. die Veränderung im Bereich der Sinneswahrnehmung und die Form der Veränderung bzw. die Bewegung wegen Erfreulichem oder Schmerzlichem werden sich in zweifacher Weise gegenseitig Prinzipien sein, weil freilich entweder die Veränderung im Bereich der Sinneswahrnehmung das Prinzip der Sinneswahrnehmung ist und das Erfreuliche oder Schmerzliche die Ursache der Bewegung ist, oder umgekehrt, weil die Veränderung im Bereich der Sinneswahrnehmung die Ursache der Bewegung ist und das Erfreuliche die Ursache der Sinneswahrnehmung oder einer Vorstellung ist. Denn einmal kommt eine Veränderung von B nach B, oder ein anderes Mal kommt sie auch von B nach C.

Weiterhin kommt diese Bewegung gewiss von diesen Teilen nach A, was sozusagen das allgemeine, in die Mitte gestellte Prinzip ist, wo das Herz liegt, also kommt sie von den Teilen nach A, gleichsam zum Prinzip. Endlich wird sie aber von A, welches das Prinzip ist, nach C oder B, also den bewegten Teilen, kommen. Wir sagen somit, dass die Bewegung bald von den Sinnesorganen zum Herzen kommt, bald aber werden die Sinnesorgane vom Herzen räumlich bewegt.

Weil aber jene Bewegung, von der wir sagen, sie sei ein Kennzeichen der Vernunft oder des Willens, gewiss durch etwas erkanntes Erfreuliches oder Schmerzliches oder durch ein auf irgendeine andere Weise Erfasstes, einmal in den Teilen, die die Organe jener Bewegungen sind, geschieht, und einmal nicht, müssen wir die Ursache dafür näher bezeichnen. Als Ursache hierfür führen wir also an, dass nach dem Erfassen in den von den Formen ergriffenen Gliedern einmal ein erleidendes Stoffliches ist, ein anderes Mal aber nicht ist oder nicht in so hohem Maß, dass es das Glied bewegen könnte, so wie wir es oben über die Bewegung, die vom Hoden ausgeht, gesagt haben. Denn zuweilen ist dieses nicht in solcher Verfassung, dass es von einer wahrgenommenen Form bewegt werden könnte, wie wir es oben über die nicht Erregbaren ausgeführt haben, die nicht zum Ge-

qui ad coitum non moventur, etiam quantumcumque formas venereas apprehendant.

Figura igitur, quam descripsimus, est haec quae est subscripta.

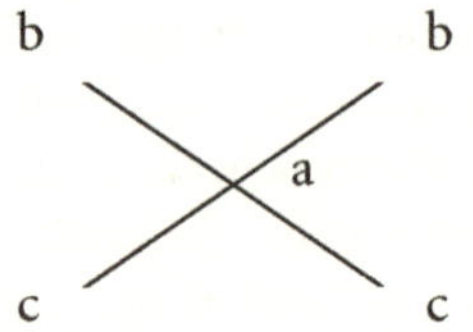

De partibus igitur motivis singulorum animalium et de anima movente et de communi causa motus dictum est a nobis hic. Alibi autem diximus *De sensu et sensato* et *De somno et vigilia* et de aliis potentiis et passionibus et operibus animae.

Cap. 11. Et est digressio declarans, quod omnis multitudo virtutum animae exit a corde et reducitur ad ipsum sicut ad causam

In omnibus quae de motu animalium induximus, capitulis clare satis percipi potest animam primo et per se in corde esse et cor esse in animali, sicut primum mobile, ex motore immobili et moto corpore compositum, est in ordine caelorum, virtutes autem, quae sunt propriae membris, et maxime eas quae sunt propriae principalium membrorum, esse, sicut sunt secundi et tertii motores caelorum aut etiam stellarum. Et ideo oportet nos hic investigare, utrum illae virtutes quae sunt membrorum, sint separatae animae per se, sicut sunt motores corporum superiorum, vel non. De hoc enim Stoici a Peripateticis dissentiunt, et quia nos de hoc alibi[a] satis disputavimus, ideo hic non inducemus, nisi quod ad propositam quaestionem de animatione animalium corporum videtur esse necessarium. Hoc autem est quod nequaquam potestates membrorum principalium sunt animae separatae aut substantiae separatae ab invicem, opera vitae in

[a] alibi: Albertus Magnus, *Physica* l. 8 tr. 2 c. 8–9, ed. cit., p. 605–610; *De caelo et mundo* l. 2 tr. 1 c. 5, ed. cit., p. 113–118.

schlechtsverkehr bewegt werden, unabhängig davon, wie viele geschlechtliche Formen sie erfassen.

Deshalb ist die Figur, die wir beschrieben haben, die unten stehende.

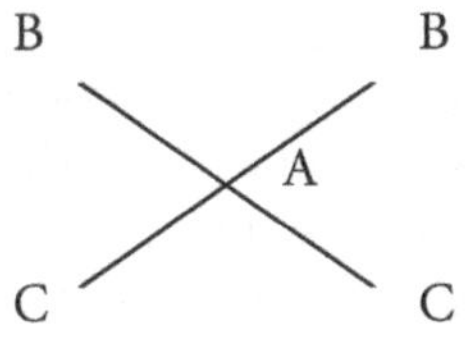

Wir haben hier über die beweglichen Teile der einzelnen Sinnenwesen, über die bewegende Seele und über den allgemeinen Grund der Bewegung gehandelt. Anderswo haben wir aber *Über die Sinneswahrnehmung und das Wahrgenommene*, *Über Schlafen und Wachen* und über die anderen Kräfte, Leiden und Tätigkeiten der Seele gehandelt.

Kapitel 11: Es ist der erläuternde Exkurs darüber, dass die ganze Vielzahl der Kräfte der Seele vom Herzen ausgeht und zu diesem wie zu ihrer Ursache zurückgeführt wird

Aus allen Kapiteln, die wir über die Bewegung der Sinnenwesen angeführt haben, kann genügend klar erkannt werden, dass die Seele ursprünglich und an sich im Herzen ist und dass das Herz in der Weise im Sinnenwesen ist, wie das erste Bewegliche in der Himmelsordnung, das aus einem unbeweglichen Beweger und einem bewegten Körper zusammengesetzt ist. Die Kräfte aber, die den einzelnen Gliedern und besonders den Hauptgliedern eignen, verhalten sich sinngemäß so, wie dies die sekundären und drittrangigen Beweger des Himmels und der Sterne tun. Und deswegen müssen wir hier untersuchen, ob jene Kräfte, die in den Gliedern liegen, getrennte Seelen für sich sind, wie dies die Beweger der oberen Körper sind, oder nicht. Darüber sind die Stoiker und die Peripatetiker nämlich unterschiedlicher Meinung; und weil wir dies an anderer Stelle ausreichend erörtert haben, deswegen führen wir hier nur das an, was zur vorgelegten Frage über die Beseelung der Körper der Sinnenwesen nötig zu sein scheint. Dies aber ist, dass die Kräfte der Hauptglieder keineswegs getrennte Seelen sind oder voneinander getrennte Wesen, die die Lebenstätigkeiten in den Gliedern ausführen. Dass

membris exercentes. Quod enim quidam[a] distinguentes dicebant esse quidem omnes has unam animam, plures autem substantias, nihil omnino habet convenientiae aut rationis, quoniam verius contrarium dicere debebant, quoniam anima est substantia, quae est forma, opera vitae exercens in corpore organico; et ideo cum in principalibus multa et differentia exerceat opera vitae, potius debebant illi dixisse, quod essent plures animae, sicut et Stoici dicebant, quam quod essent plures substantiae, cum substantia forma dicatur, quae facit substantiam esse hoc quod est, et scimus, quod talis substantia non est nisi una in eo quod est unum numero.

His autem quasi contra rationem dictis praetermissis dicimus, quod multitudo, quae est organorum in corpore, est propter multitudinem potestatum in anima. Propter quod etiam, sicut est relatio et colligatio membrorum ad unum et generatio ab uno, quod est cor, ita est relatio potestatum et effluxus ab una anima, quae est cordis; propter quod etiam cor est, quod primum et ultimum vivit in animalibus.

Amplius, cum omnem multitudinem necesse sit reduci ad unum aliquid quod est causa multitudinis illius, patet, quod omnis multitudo potestatum animae necessario reducetur ad unum, quod est causa omnium potestatum quae exercent opera vitae in animalibus. Videmus enim omnes sensus in uno communi convenire univoce, quod est accipere sensibilem formam sine materia, et ideo oportet, quod ab uno exeant omnes, quod est formale respectu omnium ipsorum, sicut etiam in libro *De anima* nos dixisse meminimus.[b] Divisio namque sensuum per organa divisio est formae per formata et per materiam; et quod efficitur ibi apprehensiva coloris vel soni, ab harmonia est organi potius quam a virtute sensitiva formali communi.

---

[a] quidam: Vgl. Albertus Magnus, *De anima* l. 3 tr. 5 c. 4, ed. cit., p. 248–250.
[b] Albertus Magnus, *De anima* l. 2 tr. 1 c. 3, ed. cit., p. 67–69; vgl. *De spiritu et respiratione* l. 1 tr. 2 c. 1, ed. cit., p. 232–234.

aber einige einen Unterschied einführten und sagten, dass dies freilich alles eine Seele sei, aber viele Substanzen, hat nichts [mit der Wahrheit] Übereinstimmendes oder Vernünftiges, weil sie vielmehr das Gegenteil hätten sagen müssen, da ja die Seele eine Substanz ist, welche die Form ist, die die Lebenstätigkeiten im organischen Körper ausübt. Weil die Seele in den Hauptgliedern viele und verschiedene Lebenstätigkeiten ausübt, deswegen hätten jene eher sagen müssen, dass es viele Seelen sind, wie es auch die Stoiker taten, als zu sagen, dass es mehrere Substanzen sind. Denn als Substanz wird die Form bezeichnet, die es ausmacht, dass die Substanz ist, was sie ist, und wir wissen, dass eine solche Substanz nur eine ist in jedem, das [– trotz vieler Kräfte und Fähigkeiten –] eins an der Zahl ist.

Wir übergehen dies, was sozusagen gegen die Vernunft gesagt wurde, und sagen, dass die Vielzahl der Organe im Körper wegen der Vielzahl der Kräfte der Seele existiert. Denn so, wie das Verhältnis und die Verbindung der Glieder zu dem Einen ist und die Erzeugung von dem Einen ausgeht, welches das Herz ist, so ist auch das Verhältnis der Kräfte zu der einen Seele und das Ausströmen der Kräfte von der einen Seele, die ein Kennzeichen des Herzens ist. Deswegen ist es auch das Herz, welches als Erstes und als Letztes in den Sinnenwesen die Lebenstätigkeiten vollbringt.

Außerdem: Weil es nötig ist, dass die ganze Vielzahl auf irgendein Einziges, das Ursache jener Vielzahl ist, zurückgeführt wird, ist es klar, dass die ganze Vielzahl der Kräfte der Seele notwendigerweise auf ein Einziges zurückgeführt wird, das die Ursache aller Kräfte ist, die die Lebenstätigkeiten in den Sinnenwesen ausüben. Wir erkennen nämlich, dass alle Sinneswahrnehmungen in einem Gemeinsamen auf univoke Weise zusammenkommen, das dadurch zu charakterisieren ist, dass es eine sinnenhaft wahrnehmbare Form ohne Materie empfängt. Und deswegen ist es nötig, dass alle von dem Einen, das das Formale im Hinblick auf alle diese selbst ist, ausgehen, wie wir uns erinnern auch im Buch *Über die Seele* gesagt zu haben. Denn die Unterscheidung der Sinneswahrnehmungen durch Organe ist eine Unterscheidung der Form durch das Geformte und durch die Materie, und was dort durch die Wahrnehmung der Farbe oder des Tones vollendet wird, entspricht eher dem Sinnesorgan als der allgemeinen, formalen Wahrnehmungskraft.

Amplius, omnis sensibilium acceptio in uno communi formali univoco convenit cum imaginaria et phantastica et memoriali acceptione et aestimativa. In hoc enim omnes istae conveniunt quod accipiunt formam, non prout est actus materiae, sed prout est totius rei intentio[a] et cum re ipsa idem, quia aliter res per ipsam non cognosceretur. Ex quo igitur sic in uno conveniunt, oportet et ipsas omnes unam naturam formalem univocam in omnibus eis habere per eandem quam supra diximus, rationis necessitatem, quia quaecumque multa sunt unum univoce participantia, omnia primo sunt in uno, quod est causa omnium ipsorum, sicut omnia calida causantur ab ignis calore. Omnes igitur istae potestates exeunt ab anima, quae est perfectio primi organi in animalibus, et hoc est cor, et reducuntur ad ipsum, et causa multiplicationis ipsarum sunt organa, sicut et in sensibus diximus esse causam multiplicationis sensuum organa sensuum. Cum autem his potestatibus coniuncta sit motiva potestas secundum omnes suas differentias, patet, quod ipsarum multiplicatio et exit ab eodem et reducitur in idem vitae principium. Est enim invincibilis demonstratio, omnium horum dans causam, quod videlicet

---

[a] intentio rei: Vgl. Albertus Magnus, *De anima* l. 2 tr. 3 c. 4, ed. cit., p. 102 v. 28–39: »notandum est, quod differunt forma rei et intentio rei; forma enim proprie est, quae informando dat esse actu materiae et composito ex materia et forma. Intentio autem vocatur id per quod significatur res individualiter vel universaliter secundum diversos gradus abstractionis; et haec non dat esse alicui nec sensui, quando est in ipso, nec etiam intellectui, quando est in illo, sed signum facit de re et notitiam. Et ideo intentio non est pars rei sicut forma, sed potius est species totius notitiae rei; et ideo intentio, quia abstrahitur de toto et est significatio totius, de re praedicatur« (»man muss wissen, dass sich die Form einer Sache und die Intention einer Sache unterscheiden. Die Form ist eigentlich die, die durch die Einformung das Sein der Materie und dem aus Materie und Form Zusammengesetzten wirklich verleiht. Die Intention aber nennt man das, wodurch eine Sache individuell oder allgemein gemäß den unterschiedlichen Abstraktionsstufen bezeichnet wird; und diese verleiht einer Sache und einer Sinneswahrnehmung kein Sein, wenn sie in dieser ist, und nicht dem Verstand, wenn sie in ihm ist, sondern sie erzeugt ein Zeichen und eine Kenntnis von der Sache. Und deshalb ist die Intention kein Teil der Sache, so wie die Form, sondern vielmehr ist sie die Art der ganzen Kenntnis von der Sache. Daher wird die Intention, da sie vom Ganzen [einer Sache] abstrahiert wird und die Bezeichnung des Ganzen ist, von der Sache ausgesagt.« [Der lat. Terminus »intentio« wird an dieser Stelle absichtlich nicht übersetzt, damit der begrifflich-terminologische Kontrast von »forma« und »intentio« deutlicher hervortritt.]).

Außerdem: Jede Wahrnehmung des Sinnenhaften in der einen allgemeinen einheitlichen Form stimmt mit dessen Wahrnehmung in der Vorstellung, in der Einbildung, der Erinnerung und der Einschätzung überein. Darin stimmen nämlich alle diese zusammen, dass sie eine Form wahrnehmen, nicht sofern sie Akt der Materie ist, sondern sofern sie der Wahrnehmungsgehalt der ganzen Sache und identisch mit dem Gegenstand selbst ist, denn anders würde der Gegenstand durch dieselbe nicht erkannt. Weil sie also so in Einem zusammenkommen, ist es nötig, dass sie alle selbst ein einheitliches Formales bei all diesem haben, wegen der gleichen logischen Notwendigkeit, die wir oben genannt haben, dass gleich wie viele auch immer einheitlich an dem Einen teilhaben, sie alle ursprünglich in dem Einen sind, das der Grund von all denselben ist, so wie alles Warme von der Wärme des Feuerelementes verursacht wird.[11] Daher gehen alle diese Kräfte aus der Seele hervor, welche die Vollkommenheit des ersten Organes in den Sinnenwesen ist, und dieses ist das Herz, und werden zu demselben zurückgeführt, und die Ursache der Vervielfältigung derselben sind die Organe, so wie wir beispielsweise bei der Sinneswahrnehmung gesagt haben, dass die Ursache der Vervielfachung der Sinneswahrnehmungen in der Vervielfachung der Sinnesorgane liegt. Weil aber diesen Kräften eine bewegende Kraft entsprechend aller ihrer Unterschiede verbunden ist, ist es klar, dass deren Vervielfachung ebenfalls von demselben Prinzip des Lebens ausgeht und in dasselbe Prinzip des Lebens zurückgeführt wird. Denn es gibt einen unwiderlegbaren Beweis, der für all dies den Grund angibt: Denn die Ursache des ersten und zusammengesetzten Bewegenden und Fühlenden ist nämlich, dass es sich selbst bewegt und durch sich selbst wahrnimmt, und zudem ist das erste Wahrnehmende und Bewegende allgemein Ursache der Bewegung und der Sinneswahrnehmung in allen, die auf dasselbe hingeordnet sind. Wir haben nämlich gezeigt, dass in dieser Weise auch im Himmel ein sich selbst und anderes Bewegendes ist. Das Herz aber ist das Einzige, das durch sich selbst wahrnimmt und für alle anderen der Grund der Sinneswahrnehmung ist, wenn es nicht durch ein Akzidens gehindert wird. Und ähnlich ist es sich selbst und allen anderen die Ursache der Bewegung, wenn es nicht durch ein Akzidens gehindert wird. Dies aber

[11] Jeder wahrgenommene Gegenstand ist eins, dessen Einzelwahrnehmungen in dem Einen, dem Herzen vereinigt werden.

causa primi sentientis et moventis compositi est, quod ipsum est movens seipsum et sentiens per seipsum et quod universaliter est causa motus et sensus in omnibus quae ad ipsum ordinantur. Sic enim primum movens seipsum et movens alia etiam in caelestibus esse ostendimus. Cor autem solum est, quod est sentiens per seipsum et omnibus aliis est causa sensus, si non impediatur per accidens, et similiter est causa motus sibi ipsi et omnibus aliis, nisi per accidens impediatur. Hoc autem sic probatur: Interceptis enim viis his quae a corde ferunt sensum ad organa, accidit non fieri sensum in organis, etiam si nulla prorsus alia fiat in organo corruptio. Intercepta autem quacumque via non propter hoc sensus in corde perimitur. Ex his ergo et huiusmodi patet omnes sensus et motus a corde primo effluere.

Quaeret autem fortassis aliquis, ad quid sint membra principalia secundum istam rationem. Si enim in cerebro non perficiuntur virtutes animales, videtur omnino supervacua esse natura cerebri, et praeterea videmus expresse organa virtutum animalium esse in cerebro. Et ideo videtur, quod non omnes hae virtutes a corde effluant. Sed omnia huiusmodi dubia citius solvuntur, si ad mentem revocetur, quod in *Libris animalium* de natura et anatomia cordis determinatum est.[a] Quamvis enim fons omnis virtutis sit cor, sicut necessitate demonstrationis probatum est a nobis, tamen haec virtus est indeterminata, secundum quod fluit a corde, et secundum quod fluit ad membra principalia, determinatur et specificis potestatibus et partialibus distribuitur in ipsis. Et propter hoc sunt dicta membra principalia, sicut virtus animalis specificatur et distribuitur in cerebro ad organa partialia et virtus naturalis distribuitur in hepate, et sic est de aliis virtutibus, sicut facile patet ex his quae saepius in *libris physicis* sunt determinata a nobis.[b]

Sed tunc oritur quaestio ex praedictis, utrum virtutes et potestates animae differant ab invicem tantum per materiam organorum an inter se aliquam formarum et differentiarum habeant differentiam.

---

[a] Vide supra p. 154 notam b. [b] Albertus Magnus, *De animalibus* l. 3 tr. 1 c. 5 n. 43–55, ed. cit., p. 295–301; *De spiritu et respiratione* l. 1 tr. 1 c. 4, ed. cit. p. 219–221; tr. 2, p. 231–240.

erweist sich so: Wenn die Bahnen, die vom Herzen die Sinneswahrnehmung zu den Organen tragen, abgeschnitten sind, gibt es keine Sinneswahrnehmung in den Organen, auch wenn sonst keine andere Beschädigung im Organ geschieht. Welche Bahn aber auch immer unterbrochen wird, davon ist die Wahrnehmung im Herzen nicht betroffen. Daraus ist also klar, dass alle Sinneswahrnehmungen und alle Bewegungen ursprünglich vom Herzen ausgehen.

Es fragt aber vielleicht jemand, zu welchem Zweck im Hinblick auf diese Folgerung die Hauptorgane bestehen. Wenn nämlich im Gehirn keine seelischen Kräfte vollendet werden, scheint es, dass das Gehirn gänzlich überflüssig ist; und außerdem beobachten wir deutlich, dass Organe der sinnenhaften Kräfte im Gehirn lokalisiert sind, und deswegen scheint es, dass nicht alle diese Kräfte vom Herzen ausfließen. Aber alle diese Zweifel werden ziemlich schnell gelöst, wenn wir uns in Erinnerung rufen, was im Buch *Über die Sinnenwesen* über die Natur und Anatomie des Herzens gesagt wurde. Denn wie sehr auch das Herz die Quelle aller Kraft ist, wie sich mit der Notwendigkeit unseres Beweises erwiesen hat, so ist dennoch die Art dieser Kraft, die vom Herzen fließt, nicht bestimmt. Und insofern sie zu den Hauptorganen fließt, wird sie durch die je eigentümlichen Vermögen bestimmt und in denselben verteilt. Und deswegen wurden sie Hauptglieder genannt: Beispielsweise wird die sinnenhafte Kraft hinsichtlich ihrer Eigenart im Gehirn bestimmt und zu den Teilorganen hin geordnet und verteilt, und die natürliche Kraft wird in der Leber verteilt, und so ist es mit den anderen Kräften, wie leicht aus dem klar ersichtlich ist, was wir öfters in den naturwissenschaftlichen Büchern bestimmt haben.

Aber dann entsteht aus dem Vorigen die Frage, ob sich die Kräfte und Vermögen der Seele gegenseitig nur hinsichtlich des Materiellen der Organe unterscheiden oder ob sie untereinander irgendeinen Unterschied bezüglich der Formen und des Ausdifferenzierens haben. Denn es gab gewisse Leute, die sagten, dass alle Kräfte eine Seele seien und dass diese sich nur so unterscheiden wie das Licht in der Luft und im Nebel und im Wachs [der Kerze] und in der Lehmerde,

Fuerunt enim quidam[a] qui dixerunt omnes vires unam esse animam nec differre, nisi sicut differt lux in aëre et in nube et cera et luto, in quibus propter materiae diversitatem diversa operatur. Et ideo dicunt auditum idem esse cum visu, quando abstrahuntur hi sensus ab aure et oculo. Sed si hoc est verum quod dicunt, tunc anima de se non habet diversas potestates, sed potius causa diversitatis potestatis est organorum diversitas. Et hoc est impossibile, quia materiae tota diversitas est a diversitate formae, sicut in antehabitis saepe ostendimus.[b] Propter quod dicimus, quod potestates animae sunt naturales potentiae ipsius et causantur a substantia et natura ipsius et sunt natura et causa ante organa corporis, licet forte tempore simul sint cum ipsis. Habent autem differentias formales, sicut differunt partiales potestates sub universali potestate; et hae differentiae sunt naturales animae potentiae, propter quas non potest esse perfectio nisi corporis organici tantum et non potest esse in corpore homogenio. Sed potius sicut in civilibus potestas regni constituitur ex multis partialibus potestatibus; in una potestate monarchae unitis et ab ipsa monarchia effluentibus, ita est in partialibus animae potestatibus, sicut patet per antedicta,[c] et in omnibus his, quidquid potest potentia inferior, potest superior eminentiori et excellentiori modo, sed non convertitur.[d]

Secundum hunc igitur modum anima est in corpore primo quidem per substantialem actum sedem habens in corde et ex illo influens membris omnibus partiales potestates, quae quibusdam membris influuntur magis universaliter, et illa vocantur principalia, quibusdam autem magis particulariter, et illa non-principalia membra vocantur. Et sic unitur corpori sicut monarchiae potestas unitur civitati, sicut in praehabitis dictum est.[e]

---

[a] quidam: Vgl. Albertus Magnus, *De anima* l. 2 tr. 1 c. 8, ed. cit., p. 77 v. 1–18.
[b] Albertus Magnus, *De animalibus* l. 12 tr. 1 c. 1 n. 1–16, ed. cit., p. 798–804.
[c] Ibid. [d] Vgl. Albertus Magnus, *De homine*, ed. cit., p. 289 v. 4–5 cum nota; *De anima* l. 2 tr. 1 c. 4, ed. cit., p. 70 v. 23–24 cum nota; c. 11, p. 79–82.
[e] Supra c. 8.

in welchen es wegen der Verschiedenheit der Materie verschieden tätig ist. Und somit sagen sie, das Hören sei dasselbe wie das Sehen, wenn man diese Sinneswahrnehmungen von Ohr und Auge trennt. Aber, wenn dies wahr ist, was sie sagen, dann hätte die Seele nicht durch sich die verschiedenen Kräfte, sondern vielmehr wäre die Verschiedenheit der Organe der Grund für die Verschiedenheit der Kräfte. Und dies ist unmöglich, weil [vielmehr umgekehrt] die ganze Verschiedenheit der Materie von der Verschiedenheit der Form herstammt, wie wir im Vorhergehenden mehrfach gezeigt haben. Deswegen sagen wir, dass die Kräfte der Seele natürliche Vermögen derselben sind und vom Wesen und der Natur derselben verursacht sind und dass diese von Natur und Ursache her vor den Organen des Körpers sind, auch wenn sie zeitlich vielleicht zusammen mit diesen auftreten. Diese Kräfte haben aber Unterschiede hinsichtlich der Form, so wie sich Teilkräfte unter einer universellen Kraft unterscheiden. Und diese unterschiedlichen Teilkräfte sind die natürlichen Vermögen der Seele, und wegen dieser kann es nur die Vollendung eines organischen Körpers geben und nicht eines undifferenzierten Körpers. Wie aber in staatlichen Belangen die Kraft des Königreiches vielmehr aus vielen in der einen Kraft des Herrschers vereinten und aus der Herrschaft ausfließenden Teilkräften aufgestellt wird, so ist es auch mit den Teilkräften der Seele, wie aus dem Vorigen hervorgeht. Für alle diese gilt, dass das, was auch immer eine niedrigere Kraft vermag, dies eine höhere Kraft auf herausragendere und ausgezeichnetere Art auch vermag, aber nicht umgekehrt.

Auf diese Weise ist die Seele im Körper – ursprünglich freilich durch substanzialen Akt –, wobei sie ihren Sitz im Herzen hat und von dort aus allen Gliedern die Teilkräfte einflößt, welche bestimmten Glieder mehr allgemein eingeflößt werden, und jene werden die Hauptorgane genannt und bestimmten Gliedern werden sie gesondert eingeflößt, und jene werden die untergeordneten Organe genannt. Und somit wird die Seele dem Körper so vereint, wie die Kraft der Königsherrschaft dem Staat vereint wird, wie im Vorigen gesagt wurde.

Et ideo patet omnino frivolam esse distinctionem, quam quidam[a] dederunt dicentes animam dupliciter considerari, ut actum videlicet sive formam materiae et ut motorem, et dicunt, quod si consideratur ut actus materiae, sic est in toto tota anima; si autem ut motor, tunc non est in toto tota, sed potius secundum unam partem est in membro uno et secundum aliam partem potestatis suae est in membro alio. Anima enim numquam habet aliam considerationem nisi sicut actus, quia et diffinitur per hoc quod ipsa est actus. Sed cum dicitur actus, non est ipsa actus nisi sicut motor potestates suas exercens in organis. Non enim possibile est, quod ipsa sit actus simplex sicut forma, quae nihil habet amplius, nisi quia forma est materiae. Differt enim ab ipsa et ideo dicitur anima et non forma naturae, et ideo animatio sua, qua animat corpus, est per potestates ipsius. Et ideo diximus et probavimus in praemissis, quod si quodlibet membrum esset separatum, potestas, quae est in ipso, esset anima eius.

Propter quod patet, quod anima non habet aliam unionem cum ipso nisi unionem potestatis. Nam si aliter uniretur ei anima, potestas membri non esset anima eius, sed partialis potentia animae. Et ideo errant omnes sic distinguentes, et tamen multi adhaerent huiusmodi distinctionibus, eo quod imperiti nostri temporis homines magis quasdam fingunt distinctiones quam veritatem philosophiae. Ex his etiam patet immediate animam uniri corpori per huiusmodi potestates et spiritum non esse nisi instrumentum ipsius et vehiculum virtutum. Sed de hoc alibi dictum est a nobis.[b]

Eo autem modo quo diximus potentias animales a corde oriri, oriuntur a corde etiam naturales per eundem modum necessitatis. Si enim omnis potentia vitae necessario a vitae principio et omnes potentiae vegetabilis sunt potentiae secundum opera vitae, oportet,

---

[a] quidam: Vgl. Albertus Magnus, *De anima* l. 2 tr. 1 c. 7, ed. cit., p. 75 v. 56–66. [b] Albertus Magnus, *De animalibus* l. 9 tr. 2 c. 4 n. 112–119, ed. cit., p. 719–722.

Und deswegen ist es klar, dass die Unterscheidung, die manche gemacht haben, indem sie sagten, dass die Seele zweifach betrachtet werden müsse, nämlich als Akt oder Form der Materie und als Beweger, völlig nichtig ist. Sie sagen, dass, wenn man die Seele als Akt der Materie betrachte, sie in ganzem [Körper] eine ganze Seele sei, wenn man sie aber als Beweger betrachte, dann sei sie nicht in ganzem [Körper] eine ganze Seele, sondern vielmehr sei sie hinsichtlich eines Teiles ihrer Kraft in einem Glied und hinsichtlich eines anderen Teiles ihrer Kraft sei sie im anderen Glied. Die Seele kann aber niemals anders betrachtet werden außer als Akt, weil sie dadurch bestimmt ist, dass sie selbst Akt ist. Aber, wenn man sie als Akt bezeichnet, so ist dieselbe nur so Akt wie der Beweger, der seine Macht in den Organen ausübt. Denn es ist nicht möglich, dass dieselbe ein einfacher Akt ist wie die Form, die nichts weiter umfasst, als dass sie die Form der Materie ist. Von dieser selbst unterscheidet sie sich nämlich und deswegen wird sie Seele und nicht natürliche Form genannt und ihre beseelende Wirkung – mit der sie den Körper beseelt – kommt aus ihren Kräften selbst. Und deswegen haben wir weiter oben ausgeführt und bewiesen, dass, wenn ein beliebiges Glied abgetrennt wäre, die Kraft, die in demselben liegen würde, dessen Seele wäre.

Deswegen ist es klar, dass die Seele keine andere Vereinigung mit demselben hat als eine Vereinigung hinsichtlich der Kraft. Denn wenn die Seele anders mit diesem vereinigt wäre, wäre die Kraft des Gliedes nicht dessen Seele, sondern eine Teilkraft der Seele. Und deswegen irren alle, die diese Unterscheidung machen; und dennoch hängen viele an solchen Unterscheidungen, weil unkundige Leute unserer Zeit mehr irgendwelche Unterscheidungen erdichten, als die Wahrheiten der Philosophie zu suchen. Aus diesem folgt, dass die Seele dem Körper hinsichtlich dieser Kräfte unmittelbar vereinigt ist und dass der Geist nichts anderes ist als das Werkzeug derselben und das Gefährt der Kräfte; aber das haben wir an anderer Stelle ausgeführt.

Auf die gleiche Weise aber, wie wir beschrieben haben, dass die sinnenhaften Kräfte vom Herzen ausgehen, gehen vom Herzen auch die natürlichen Kräfte aus, und dies wegen der gleichen Notwendigkeit. Wenn nämlich jede Lebenskraft notwendigerweise vom Prinzip des Lebens herstammt und alle Kräfte der vegetativen Seele in unmittelbarer Beziehung zu den Lebenstätigkeiten stehen, ist es nötig, dass auch dieselben aus der Quelle des Lebens entspringen. Und weil Galienus diese beweiskräftigen Argumente nicht bedachte, verfiel er in

quod et ipsae a fonte vitae oriantur. Et quia has rationes demonstrationis vim habentes non consideravit Galienus,[a] ideo aberravit mirabili errore, ita quod ex dicto suo sequitur in una et eadem et eiusdem naturae multitudine diversa esse principia, et quod ea quae ex uno generantur, virtutem ex ipso non accipiant, et quod virtutes plures, quas nihil unit, perficiant et constituant unum et idem animal, et alia multa et absurda, quae medici sequentes Galienum defendunt, non subtiliter investigantes naturam animalis, sicut nos saepius in antehabitis diximus.[b]

Cap. 12. Et est digressio declarans, utrum intellectus practicus et prohaeresis et voluntas fluant a corde vel non

De parte autem intellectiva animae forte dubium est, utrum cum aliis exeat ab eodem fonte vel non. Videtur autem maxime a corde fluere cum aliis propter hoc quod intellectus et voluntas et prohaeresis sunt motivarum partium animae; motus autem omnis est a corde, et cum idem moveat, cui fit nuntium de delectabili et tristi, videntur istae potentiae a corde fluere. E contrario autem videtur esse, quod in libro *De anima* bene determinatum est, quod intellectus nullius corporis est actus,[c] et si nullius corporis est actus, non videtur esse actus cordis, et eadem ratione neque prohaeresis et voluntas.

Amplius, cum intellectus universalis sit in agendo sicut et prohaeresis in eligendo et voluntas in volendo, nulla autem potentiarum organicarum sit universalis, videtur, quod nulla istarum sit organica; quaecumque autem est in corde aut in alio corpore, est organica; videtur igitur, quod nulla istarum sit in corde.

Ad horum autem et similium determinationem oportet scire, quod primus motor intellectualis et non organicus, sed omnino in-

---

[a] Vgl. Albertus Magnus, *De animalibus* l. 3 tr. 1 c. 3 n. 29–32, ed. cit., p. 289–291. [b] Ibid. [c] Albertus Magnus, *De anima* l. 3 tr. 2 c. 15, ed. cit., p. 198–199.

einen erstaunlichen Irrtum, sodass aus seiner Aussage folgt, dass in ein und derselben naturidentischen Vielzahl verschiedene Prinzipien vorhanden sind und dass das, was aus dem Einen geschaffen wird, aus demselben keine Kraft empfängt und dass viele Kräfte, die nichts eint, ein und dasselbe Sinnenwesen vollenden und bewirken. Und es folgt vieles andere und Sinnlose, was die Ärzte, die dem Galienus folgen, verteidigen, ohne die Natur des Sinnenwesens genau zu untersuchen, wie wir es öfters im Vorigen gesagt haben.

Kapitel 12: Es ist der erläuternde Exkurs, ob der praktische Intellekt und das Auswählen und der Wille vom Herzen ausgehen oder nicht

Über den erkennenden Teil der Seele ist aber vielleicht zweifelhaft, ob er mit den anderen [Kräften] aus der gleichen Quelle hervorgeht oder nicht. Dieser scheint aber deswegen besonders mit den anderen vom Herzen auszugehen, weil der Verstand und der Wille und das Auswählen zu den bewegenden Teilen der Seele gehören; alle Bewegung aber geht vom Herzen aus. Und weil dasselbe bewegt, dem auch Kunde über Erfreuliches und Schmerzliches zukommt, scheinen diese Kräfte vom Herzen auszugehen. Dagegen aber scheint zu sprechen, was im Buch *Über die Seele* gut charakterisiert wurde, dass der Intellekt Akt keines Körper[teiles] ist. Und wenn er nicht Akt eines Körperteiles ist, scheint er auch kein Akt des Herzens zu sein, und in der gleichen Weise auch nicht das Auswählen und der Wille.

Außerdem: Weil der allgemeine Intellekt im Handeln anwesend ist so wie auch das Auswählen bei der Wahlentscheidung und der Wille beim Wollen, aber keine organische Kraft allgemein ist, scheint es, dass keine von diesen organischer Art ist; welche aber auch immer im Herzen oder einem anderen Körperteil ist, ist organischer Art; es scheint daher, dass keine von diesen im Herzen liegt.

Zur Bestimmung von diesem und Ähnlichem muss man wissen, dass der erste verständige und nicht organische, sondern völlig unteilbare Beweger im ersten Beweglichen sitzt, nicht wie eine organische Kraft in einem Organ, sondern vielmehr als Beweger in dem, was er bewegt; diesem flößt er eine bewegende Form ein, welche nicht von demselben stammt. Denn ein Beweger kann mit dem Beweg-

divisibilis et impartibilis est in primo mobili non sicut virtus organica in organo, sed potius sicut motor in eo quod movet, cui influit formam moventem, quam non habet ab ipso. Tripliciter enim unitur motor mobili, scilicet cuius esse et actus movendi est secundum naturam mobilis, et cuius esse non est secundum naturam mobilis, sed actus, et cuius nec esse nec actus est secundum naturam mobilis, sed forma motus influitur per motum, quo motor movet mobile. Et primi exemplum est in sensibilibus et vegetativis. Secundi autem exemplum est in nauta in comparatione ad navim, sicut diximus superius.[a] Tertii autem exemplum est in arte et in instrumento artis. Artifex enim nec esse nec actum artis habet a dolabro, sed tamen per dolabrum inducit formam artis in materiam artificiati. Et hoc modo unitur intellectus corpori, et ex hoc non sequitur, quod sit corporis actus, sed potius separatus, sicut ars separata est ab instrumento artificis.

Est igitur intellectus et similiter prohaeresis et voluntas potentia quaedam animae, quae est in corde, sed non fluunt ab anima hae potentiae, inquantum est in corde, sed potius inquantum est separata sub forma naturae intellectualis, sicut in antehabitis dictum est, et tamen intellectus movet per modum, quem diximus, sicut ars separata movet instrumentum. Tota enim materia corporis se habet ad intellectum, sicut instrumenta se habent ad artem, sicut saepius in antehabitis determinatum est.[b] Cum autem una sit substantia animae, quae habet potentias separatas et coniunctas corpori, ad formam separatam intellectualem sequitur motus in corde propter unionem potentiarum separatarum cum his quae unitae sunt organo in una et eadem animae substantia, praecipue cum forma movens sit forma ad rem comparata, in qua comparatione particulatur forma et determinatur ad materiam, eo quod in universali nihil est imitandum vel fugiendum vel delectabile aut triste; et ideo in universalibus nihil est de imitando aut fugiendo. Propter quod etiam, cum univer-

---

[a] Supra tr. 1 c. 3, p. 88–89 (nauta); tr. 2 c. 11, p. 184–185 (motor). [b] Vgl. Albertus Magnus, *Liber de natura et origine animae* tr. 1 c. 1, Ed. Colon. XII, p. 3–4; lat.-dt.: Albert der Große, *Liber de natura et origine animae / Über die Natur und den Ursprung der Seele* tr. 1 c. 1, übersetzt und eingeleitet von H. Anzulewicz, Freiburg – Basel – Wien 2006, 40–45.

lichen auf dreifache Art vereint sein. Erstens: Das Sein des Bewegers und die Tätigkeit des Bewegens entsprechen der Natur des Beweglichen. Zweitens: Das Sein des Bewegers ist nicht gemäß der Natur des Beweglichen, aber seine Tätigkeit. Drittens: Weder das Sein des Bewegers noch seine Tätigkeit ist gemäß der Natur des Beweglichen, sondern die Form der Bewegung wird durch einen Impuls, durch welchen der Beweger das Bewegliche bewegt, eingeflößt. Ein Beispiel für das Erste ist in den sinnlich wahrnehmenden und ernährenden [Tätigkeiten der Seele] gegeben. Ein Beispiel für das Zweite ist der Seemann im Verhältnis zum Schiff, wie wir oben gesagt haben. Ein Beispiel für das Dritte aber ist in der Kunst und im Werkzeug der Kunst gegeben. Denn der Künstler hat weder das Sein noch die Tätigkeit der Kunst von der Brechaxt, aber dennoch führt er die Form der Kunst mit der Brechaxt in den Grundstoff des Kunstwerkes ein. Und auf diese Weise wird der Intellekt mit dem Körper vereint. Daraus folgt nicht, dass er Akt des Körpers ist, sondern eher, dass er getrennt ist, so wie die Kunst vom Werkzeug des Künstlers getrennt ist.

Daher ist der Intellekt und in ähnlicher Weise auch das Auswählen und der Wille eine bestimmte Kraft der Seele, die im Herzen liegt. Aber diese Kräfte fließen nicht von der Seele aus, insofern diese im Herzen ist, sondern vielmehr, insofern diese getrennt unter der Form einer intellektuellen Natur ist, wie wir im Vorigen gesagt haben. Und dennoch bewegt der Intellekt auf die Weise, die wir vorgebracht haben, nämlich so, wie die [vom Werkzeug] getrennte Kunst das Werkzeug bewegt. Denn die ganze Materie des Körpers verhält sich so zum Intellekt, wie sich die Werkzeuge zur Kunst verhalten, wie öfters im Vorigen bestimmt wurde. Weil aber die Substanz der Seele, die Kräfte hat, die vom Körper getrennt, und solche, die mit diesem vereinigt sind, eins ist, folgt auf die getrennte, intellektuelle Form die Bewegung im Herz, denn die getrennten Kräfte werden mit denen, die einem Organ zugehören, in ein und derselben Substanz der Seele vereinigt. Dies gilt besonders, weil die bewegende Form eine auf einen konkreten Gegenstand hin bezogene Form ist und in dieser Bezogenheit die Form individualisiert und auf die Materie hin bestimmt wird, denn im Bereich des Allgemeinen ist nichts nachzuahmen oder zu fliehen, nichts Erfreuliches oder Schmerzliches; und deswegen tritt tatsächlich im Bereich des Allgemeinen kein Nachahmen oder Fliehen auf. Deswegen nimmt, wenn das Allgemeine auf einen Gegenstand hin bestimmt wird, das Einbildungsvermögen

sale ad rem determinatur, accipit formam particularem in phantasia de fugiendo aut imitando, et quia illae tales sunt virtutes organicae, non est mirum, si cor movetur in talibus dilatando se et contrahendo. Omnis enim intellectus practicus sive operativus formam, quam habet, et scientiam determinat ad particulare bonum, circa quod est opus, et ideo sua forma non est per modum resolutionis, sed per modum comparationis et in comparatione illa forma determinatur ad imaginationem et sensum, sicut patet in operationibus medicorum et architectonicorum et omnium eorum qui ex arte aliquid operis perficiunt.

Sic igitur anima unitur corpori et movet et regit corpus.

Cap. 13. Et est digressio declarans, secundum quot et quos actus anima movet corpus et unde habet potentias operum ipsorum

Oportet autem scire, quod anima, sicut in superioribus determinatum est,[a] producitur a causa prima sub lumine intellectus caelestium substantiarum ex semine habente in se virtutem animae et corporis generantis et virtutem totius caelestis periodi et virtutem commixtionis omnium elementorum, quae praecedentia animam reducuntur ad quinque. Et ideo quattuor modis se habet ad corpus omnis anima. A causa enim prima, cuius ipsa est resultatio aliqua propinquior vel distantior, potestates et virtutes habet creatrices in corpore, a lumine autem intellectuum caelestium, cuius etiam est resonantia quaedam clarior vel obscurior, habet aliquam maiorem vel minorem super materiam corporis elevationem, ab anima autem generantis habet virtutem formantem et assimilantem et a corpore generantis habet materiam et vasa, in quibus potest ex facultate ipsorum vasorum operari partes similes et dissimiles, congruas organice operibus suis, a virtutibus autem caelestibus virtutem habet figurativam, et a virtutibus elementorum virtutes habet depurativas nutrimentorum

---

[a] Albertus Magnus, *De animalibus* l. 16 tr. 1 c. 11 n. 60–64, ed. cit., p. 1091–1094.

auch eine spezielle Form hinsichtlich des Fliehens oder Nachahmens auf, und weil jene solche organische Kräfte sind, ist es nicht verwunderlich, wenn das Herz sich in Bezug auf Derartiges durch Ausdehnen und Zusammenziehen bewegt. Denn jeder praktische Intellekt bezieht eine in ihm befindliche Form und das Wissen auf ein spezielles Gutes, in Bezug auf welches die Tätigkeit geschieht. Und deswegen kommt seine [bewegende] Form nicht in der Weise der Auflösung, sondern des Vergleichens zur Wirkung, und durch den Vergleich wird jene Form auf die Vorstellung und die Sinneswahrnehmung bestimmt, wie es bei den Tätigkeiten der Ärzte und Architekten offensichtlich ist, und bei all denen, die aus einer Kunst heraus irgendein Werk vollenden.

So wird also die Seele mit dem Körper vereinigt, und so bewegt sie und lenkt den Körper.

Kapitel 13: Es ist der erläuternde Exkurs notwendig, hinsichtlich wie vieler und welcher Tätigkeiten die Seele den Körper bewegt und woher sie die Kräfte zu diesen Tätigkeiten hat

Man muss aber wissen, dass die Seele, so wie sie oben bestimmt wurde, von der ersten Ursache unmittelbar unter dem Licht des Intellektes der himmlischen Wesen aus dem Samen hervorgebracht wird, der in sich die erzeugende Kraft der Seele und des Leibes hat und die Kraft des ganzen himmlischen Umlaufs sowie die Kraft der Mischung der Elemente; diese [Genannten] gehen der Seele voran und werden auf fünf zurückgeführt. Und deswegen verhält sich die Seele als Ganzes in vierfacher Weise zum Körper. Von der ersten Ursache, deren näherer oder entfernterer Widerhall sie irgendwie ist, hat sie die erzeugenden Kräfte im Körper. Vom Licht der himmlischen Intellekte aber, deren hellerer oder dunklerer Widerschein sie ebenfalls ist, hat sie eine bestimmte, mehr oder weniger herausgehobene Stellung über die Materie des Körpers. Von der Seele aber des Zeugenden hat sie die formende Kraft und die Kraft, [sich in sich Aufgenommenes] ähnlich zu machen. Vom Körper aber des Zeugenden hat sie den Stoff und die Gefäße, in denen sie infolge des Vermögens dieser Gefäße selbst gleichartige oder ungleichartige Teile ausführen kann, die hinsichtlich ihrer Tätigkeiten organisch passend sind. Von den himmlischen Kräften aber hat sie die [in Proportionen] gestaltende Kraft. Und von

et eductiones superfluitatum. Haec autem ad quinque in communi reducta, scilicet divina et intellectualia, animalia, caelestia et naturalia vocata, a plerisque philosophis praedicto modo distinguuntur.

Virtus igitur divina creatrix est et eductrix formarum, eo quod omne quod in seminis materia est, oportet formari ad esse, et similiter, quod per modum nutrimenti et augmenti ingreditur, formam accipit animati, et similiter, quod per generationem egreditur de animato, virtutem formantem accipit, et haec omnia omni conveniunt animato. In sensibilibus autem formantur formae imaginationum, et in rationalibus formantur formae intelligibilium, et omnis huiusmodi formarum creatio non potest esse in anima nisi una communi virtute, quae ideo divina vocatur, quia divinitatis est ista virtus per se, nec potest participari haec virtus nisi per aliquam divinae virtutis in anima resultationem. Et haec est virtus quam primo manifestat anima in corpore et ad quam omnes aliae referuntur virtutes, et ipsa propter hoc est formalis et prima.

Intelligentiae autem virtus est in elevatione sui supra materiam, et haec manifestatur secundo post primam in duobus actibus. Intellectus enim separatus est secundum se ab omni materia et materiae appendiciis. Et ideo resultatio sua aliquam habebit separationem, quam quidem omnis anima assequitur in hoc quod ipsa est super materiam, non oppressa ab ea, sicut opprimitur forma naturae. Cognoscitur autem in hoc quod agit ad formam non materiae, sed separati, quia agit ad vitam et nutrimentum et augmentum, quod nulli omnino materiae corporum per virtutem materiae convenit. Secunda autem operatio est distinguere in diversas formas id circa quod et in quo operatur, sicut in folium et ramum et radicem et stipitem et alam et pedem et os et nervos et huiusmodi. Haec enim distinctio primo et per se convenit intellectui et per ipsum convenit ei quod est resultatio intellectus in animatis, et quo fuerit resultatio expressior, eo magis est distinctiva, et quo fuerit resultatio obscurior, eo est minus distinctiva. Et ideo magis est distinctiva rationalis quam sensibi-

den Kräften der Elemente hat sie die Kräfte, die Nahrung zu reinigen und das Überflüssige abzuführen. Diese allgemein zu fünf Grundprinzipien zusammengefassten aber – also das göttlich, das intellektuell, das sinnenhaft, das himmlisch und das natürlich Genannte – werden von sehr vielen Philosophen in der vorgenannten Weise unterschieden.

Es ist also die göttliche Kraft die Schöpferin, welche die Formen hervorbringt, denn alles, was als ein Keim in der Materie vorhanden ist, muss zum Sein geformt werden; und ähnlich empfängt das, was durch Ernähren und Erweitern dazukommt, die Form des Beseelten. In ähnlicher Weise erhält das, was durch Zeugung aus dem Sinnenwesen hervorgeht, die formende Kraft, und dies alles ist jedem Sinnenwesen eigen. Im Bereich des sinnlich Wahrnehmbaren aber werden die Formen der Vorstellungen und im Bereich des Vernunftfähigen werden die Erkenntnisformen gebildet, und jede Erzeugung von Formen dieser Art kann in der Seele nicht stattfinden außer durch eine allgemeine Kraft, die deswegen göttlich genannt wird, weil diese Kraft durch sich selbst ein Kennzeichen der Göttlichkeit ist; auch kann man an dieser Kraft nicht teilhaben außer durch irgendeinen Widerschein der göttlichen Kraft in der Seele. Und diese Kraft ist es, welche die Seele als Erste im Körper erscheinen lässt und auf die alle anderen Kräfte zurückgeführt werden; und deswegen ist dieselbe zur Form gehörig und ursprünglich.

Die Kraft der Intelligenz aber besteht darin, sich über die Materie hinauszuheben. Und dies zeigt sich – die zweite folgt dabei nach der ersten – in zwei Tätigkeiten. Denn der Intellekt ist hinsichtlich seiner selbst von aller Materie und allem mit ihr Verbundenen getrennt. Und deshalb wird sein Widerschein eine gewisse Abtrennung aufweisen, welcher jede Seele freilich darin folgt, dass sie selbst über der Materie steht und von dieser nicht herabgedrückt wird, so wie dies bei einer rein natürlichen Form geschieht. Das erkennt man aber daran, dass sie nicht als Form des rein Materiellen, sondern als Form, die vom rein Materiellen getrennt ist, tätig ist, denn sie ist hinsichtlich des Lebens, der Ernährung und der Vermehrung tätig, was überhaupt keinem materiellen Körper durch die Kraft der Materie zukommt. Die zweite Tätigkeit ist aber, das in verschiedene Formen zu trennen, hinsichtlich dem und in dem er tätig ist, wie beispielsweise in Blatt, Ast, Wurzel und Stamm oder in Flügel, Fuß, Mund und Sehnen und in Derartigem. Denn dieses Trennen kommt ursprünglich und durch

lis, et magis est distinctiva sensibilis quam vegetabilis, forma autem naturalis omnino deficit ab huiusmodi distinctione; et hanc virtutem manifestat anima in formativa, quae est in semine, in distinctione organorum et membrorum similium unum faciendo corticem et aliud lignum et aliud os et aliud carnem et sic de aliis, et in corpore animato distinguit nutrimentum secundum differentias membrorum. Sensibilis autem insuper confert et distinguit intentiones et sensibilia, et rationalis distinguit veritates et quiditates rerum ex huiusmodi virtute.

Ea autem virtus quam habet ab anima generantis, est, quae est secundum rationem animae, et haec est potentia assimilandi organa, ut agant operationes, quae non sunt nisi vitae operationes, sicut sentire, videre et audire – omnia enim haec sunt opera vitae –, similiter autem nutrire et augere et generare et huiusmodi; omnia enim haec sunt opera secundum potentiam vitae perfecta, sicut in libro nostro *De anima* diximus,[a] quae opera non habet nisi ab eo quod per se in tali corpore organico est causa et principium vitae, et hoc est anima, sicut in secundo *De anima* probavimus.[b] Virtus tamen, quae est a generante, gemina est, quia una est ab anima, sicut diximus, et alia est a corpore, quae est, quod ipsa materia virtutem habeat vasorum, ut in ipsa assimilata ad finem veniant animati agentis opera vitae. Hoc enim non habet calidum, inquantum calidum, nec frigidum nec humidum nec siccum, inquantum huiusmodi sunt; neque habet hoc mixtum, inquantum est mixtum ex omnibus, quia omne mixtum ex omnibus haberet, sed hoc est organorum corporis, inquantum ratio organi proportionem habet ad animam. Et ideo cum haec proportio varietur secundum diversas relationes ad diversas animas,

---

[a] Albertus Magnus, *De anima* l. 2 tr. 1 c. 6, ed. cit., p. 72–74; tr. 2 c. 1 sqq., p. 83 sqq. [b] Ibid.

ihn selbst dem Intellekt zu und durch denselben kommt es demjenigen zu, was Widerschein des Intellektes in den Sinnenwesen ist. Je deutlicher der Widerschein ist, desto mehr trägt es unterscheidenden Charakter, und je undeutlicher der Widerschein ist, desto weniger trägt es unterscheidenden Charakter. Und deswegen unterscheidet das Vernunftbegabte klarer als das sinnlich Wahrnehmende, das sinnlich Wahrnehmende klarer als das Vegetative; einer natürlichen Form fehlt aber überhaupt die Möglichkeit zu solcher Unterscheidung. Auch lässt die Seele diese Kraft in der formenden Stärke, die im Keim liegt, und in der Unterscheidung der ähnlichen Organe und Glieder deutlich werden, indem sie das eine Mal Rinde, das andere Mal Holz, wieder das andere Mal einen Mund und das andere Mal Fleisch und so weiter macht. Und im beseelten Körper unterteilt sie die Nahrung gemäß der Unterschiede der Glieder. Darüber hinaus trägt das sinnlich Wahrnehmende die Wahrnehmungsgehalte [in den Sinnesorganen] und das sinnlich Wahrnehmbare zusammen und unterscheidet diese; und das Vernunftbegabte unterscheidet durch diese Kraft die Wahrheiten und die Washeiten der Dinge.

Die Kraft aber, die sie von der Seele des Zeugers hat – diese entspricht der Gesetzmäßigkeit der Seele –, ist das Vermögen, das die Organe anpasst, damit sie ihre Tätigkeiten ausführen, die nichts anderes als Lebenstätigkeiten sind, so zum Beispiel das Fühlen, Sehen und Hören – denn dies alles sind Lebenstätigkeiten –, aber in ähnlicher Weise auch das Ernähren, Vermehren und Zeugen und alles dieser Art. Denn alle diese sind hinsichtlich des Vermögens vollkommene Lebenstätigkeiten, wie wir in unserem Buch *Über die Seele* gesagt haben. Diese Tätigkeiten stammen von nichts anderem her als von dem, das durch sich die Ursache und das Prinzip des Lebens in einem solchen organischen Körper ist, und das ist die Seele, wie wir im zweiten Buch von *Über die Seele* bewiesen haben. Dennoch ist die Kraft des Zeugers eine zweifache; denn die eine stammt von der Seele her, wie wir schon sagten, und die andere stammt vom Körper und besteht darin, dass der materielle Stoff selbst die Kraft der Gefäße hat, sodass nach seiner Eingliederung [im Körper] die Lebenstätigkeiten des Beseelten [in ihm] zur Ausführung kommen. Denn dieser [Kraft] ist weder Wärme als solche eigen noch Kälte noch Feuchte noch Trockenheit. Noch hat sie [einfach] eine Mischung, sofern sie aus diesen allen gemischt ist, weil ihr dann [nur] alles aus allem gemischt eigen wäre. Aber diese ist den Organen des Körpers eigen, sofern die Ge-

non potest esse organum unius animae hoc quod est organum alterius.

A virtutibus autem periodi totius habet potestatem figurandi, et quando primo format figuras membrorum, et etiam postea, quando nutrimentum terminat ad figuram membrorum et augmenti quantitatem distribuit secundum congruam uniuscuiusque membri figuram secundum proportionem quantitatis, quae debetur omni figurae. Habet autem adhuc aliam a periodo operationem, quae est commensuratio potentiarum ad augmentum et statum et declinationem et terminum omnis animati.

A potentiis autem elementorum digestivae virtutes accipientes posse movent corpus animatum quoad quasdam partes ad decoquendum et assimilandum et quoad quasdam ad convertendum et uniendum et quoad quasdam ad expellendum id quod est impurum. Et his modis et secundum dictas potestates omnis anima movet corpus, differenter tamen vegetabilis et sensibilis et rationalis, sicut praedictum est.

Motum autem localem, sive in membro uno sive in toto fiat animali, non perficit anima ex potentia una, sed potius aut duo aut tria sunt principia moventia, sicut et in antehabitis et in tertio *De anima* dictum est.[a] Et ideo ad motum oportet concurrere eam quae est formarum creativa, et haec est divina, et causa, quae participat lumen intelligentiae aut est resultatio ipsius sicut phantasia, et haec est intellectus quaedam similitudo; et oportet concurrere distinctivam eius quod quaeritur, ab aliis quaesitis, quae est sicut eligentia; et oportet convenire animalem in appetitu; et haec sufficiunt quoad moventem, dummodo sit in hoc etiam similitudo quaedam intelligentiae quod elevetur super materiam, quia aliter non movebit eam. Et ex his quattuor virtutibus componitur movens in movendo et ab ipsis habet et quod movet et quod movere potest. Membra autem mobilitatem habent a ratione illa et proportione organizationis, et non inquantum

[a] Supra tr. 2 c. 1–2; Albertus Magnus, *De anima* l. 3 tr. 4 c. 2–3, ed. cit., p. 230–232.

setzmäßigkeit eines Organs im Proportionsverhältnis zur Seele steht. Und weil dieses Verhältnis bei verschiedenen Seelen hinsichtlich verschiedener Korrelate wechselt, kann ein Organ einer Seele nicht so sein wie das Organ einer anderen Seele.[12]

Von den Kräften der ganzen Umlaufbahn des Himmels hat sie die Kraft, [in Proportionen] zu gestalten. Dies gilt sowohl, wenn sie ursprünglich die Gestalt der Glieder formt, als auch später, wenn sie die Nahrung in Bezug auf die Gestalt der Glieder zuordnet und sie die Größe des Wachstums einteilt, je nachdem, wie es der Gestalt jedes einzelnen Gliedes hinsichtlich der Menge, welche jede Gestalt benötigt, angemessen ist. Sie hat aber noch eine andere Tätigkeit vom Himmelsumlauf her, welche ist, die Kräfte jedes beseelten Wesens in Bezug auf Wachstum, Bestand, Abnahme und Ende zu bemessen.

Die verdauenden Kräfte aber, die ihr Vermögen von den Kräften der Elemente empfangen, bewegen den beseelten Körper hinsichtlich einiger Teile, um die Nahrung zu verdauen und zu assimilieren, hinsichtlich einiger Teile, um umzuwandeln und zu vereinigen, und hinsichtlich einiger, um das auszuscheiden, was unrein ist. Auf diese Weise und gemäß den genannten Kräften bewegt die Seele als Ganzes den Körper; dennoch [bewegt] die vegetative, die sinnenhafte und die vernunftbegabte Seele in je unterschiedlicher Weise, wie wir oben gesagt haben.

Die Seele vollbringt die räumliche Bewegung aber – wobei es nicht entscheidend ist, ob diese in einem Glied oder im ganzen Sinnenwesen geschieht – nicht aus nur einem Vermögen heraus, sondern es gibt entweder zwei oder drei Prinzipien der Bewegung, wie wir im Vorigen und im dritten Buch *Über die Seele* gesagt haben. Und deswegen muss zu einer Bewegung das zusammenkommen, was das Erzeugende der Formen ist, und dieses ist göttlicher Natur und außerdem die Ursache, die am Licht der Intelligenz teilhat oder zumindest ihr Widerschein ist, so wie beispielsweise die Einbildung, und dabei handelt es sich um eine Ähnlichkeit zum Intellekt. Und es muss dasjenige dazukommen, welches das, was gesucht wird, von den anderen Gesuchten unterscheidet, was einem Auswählen entspricht. Und dieses muss mit dem Streben des Sinnenwesens übereinstimmen. Die

[12] Die Organe werden hier unter dem Gesichtspunkt der elementarischen Mischung betrachtet. Die Lebenstätigkeiten vollziehen sich in der charakteristischen Mischung der Elemente, die für die Organe der verschiedenen Seelen je unterschiedlich ist.

sunt mixta vel inquantum sunt ex elementis. Organum enim inquantum organum diffinitur ad motorem, et ipsa sua perfectio est virtus organica, sicut nauta perfectio est navis, et sic ab uno solo habet mobilitatem talis motus, et motor, quod movere potest, habet a quattuor virtutibus, quas diximus.

Quod autem motus secundum actum fiat, perficitur a tribus, quorum unum est movens extra, quod est delectabile vel, ut universaliter dicamus, bonum; alterum est carentia ipsius; tertium autem est possibilitas habendi ipsum per motum. Et primum quidem horum est ab eo quod est extra, ut diximus; secundum autem ab imperfectione commixti et materialis et elementalis corporis; tertium autem est a periodo, cuius extensio secundum mensuram eorum quae moventur, causat, quod ea quae sunt de perfectione animati, non simul, sed per motum et successionem acquiruntur. Sic igitur et per haec et dictis modis anima movet corpus. Virtus autem elementalis, quamvis non moveat, operatur tamen ad mobilitatem ex parte membrorum, sicut patet, quod calor adducit spiritum et laxat nervos moventes et cordas et lacertos; humidum autem mollificat, ut flexibilia sint in gyrationibus et motu; siccum autem tenet, ne nutent et flectantur sustentantia, et frigidum complexionale continet, ne evaporent spiritus et virtutes ex calore motus. Et secundum hunc modum patet, qualiter omnes superius dictae virtutes ad motum animalium operantur. Qualiter autem motus animalis gyrativus est et circularem imitatur, in libro *De motibus animalium* iam a nobis determinatum est.[a]

---

[a] Albertus Magnus, *De motibus animalium* l. 2 tr. 1 c. 2, ed. cit., p. 286–288.

Genannten genügen, um ein sich Bewegendes zu begründen, sofern eben in diesem auch eine bestimmte Ähnlichkeit der Intelligenz vorhanden ist, was ein Hinausheben über die Materie bewirkt: Andernfalls wird der Beweger die Materie nicht bewegen. Aus diesen vier Kräften ist also das Bewegende beim Bewegen zusammengesetzt, und von denselben hat er sowohl das, dass er bewegt, als auch das, dass er sich bewegen kann. Die Glieder aber haben ihre Fähigkeit zur Bewegung von jener Gesetzmäßigkeit und den Verhältnissen ihrer Organisation her und nicht, insofern sie gemischt sind oder insofern sie aus den Elementen bestehen. Denn ein Organ als solches wird in Bezug auf den Beweger definiert, und seine Vollkommenheit selbst ist eine organische Kraft in dem Sinn, wie der Seemann die Vollkommenheit des Schiffes ist, und so hat eine derartige Bewegung ihre Fähigkeit zur Bewegung von einem einzigen, und der Beweger, der bewegen kann, hat diese von den vier Kräften, die wir genannt haben.

Dass die Bewegung aber wirklich zustande kommt, wird von dreien zustande gebracht, von denen das eine ein außerhalb Bewegendes ist, welches ein Erfreuliches, oder allgemeiner, ein Gutes ist. Das andere ist, dass dasselbe entbehrt wird. Das Dritte aber ist die Möglichkeit, dasselbe durch die Bewegung zu erreichen. Das Erste von diesen stammt freilich von dem her, was außerhalb ist, wie wir sagten; das Zweite aber von der Unvollkommenheit des gemischten, materiellen und elementarischen Körpers; das Dritte aber hängt mit den zeitlich-räumlichen Verhältnissen[13] zusammen, deren Ausdehnungsgröße im Hinblick auf das Maß derer, die bewegt werden, verursacht, dass das, was mit der Vervollkommnung des Sinnenwesens zusammenhängt, nicht gleichzeitig, sondern durch die Bewegung und das Verfolgen zu erreichen gesucht wird. So also und durch dieses und auf die genannten Weisen bewegt die Seele den Körper. Die elementarische Kraft aber, auch wenn sie nicht bewegt, ist trotzdem, wie offensichtlich ist, hinsichtlich der Beweglichkeit vonseiten der Glieder her tätig. Denn die Wärme begleitet den Geist und lockert die sich bewegenden Sehnen, Bänder und Muskeln. Das feuchte Element aber trägt Weichheit bei, sodass diese in der Drehung bzw. in der Bewegung biegsamer sind. Das Trockene aber hält gerade, damit das Stützende nicht schwankt und gebeugt wird. Und das Kalte in der elementaren Zu-

---

[13] Albert fasst diese Verhältnisse unter dem Begriff der Periode zusammen und meint damit den Himmelslauf.

Qualiter igitur anima unitur corpori et qualiter movet ipsum, a nobis determinatum sit hoc modo. Haec enim coniuncta aliis quae de hoc dicta sunt, satis sufficere videntur secundum intentionem praesentis operis.

sammensetzung hat zusammenhaltende Funktion, damit der Geist und die Kräfte nicht aus der Wärme der Bewegung ausdünsten. Und demgemäß ist es klar, wie alle oben genannten Kräfte hinsichtlich der Bewegung der Sinnenwesen tätig sind. Wie aber die drehende Bewegung der Sinnenwesen beschaffen ist und wie sie die Kreisbewegung nachahmt, haben wir schon im Buch *Über die Bewegung der Sinnenwesen* bestimmt.

Wie also die Seele mit dem Körper vereinigt ist und denselben bewegt, sei von uns auf diese Weise bestimmt. Denn dies, verbunden mit dem, was an anderer Stelle darüber gesagt wurde, scheint gemäß der Absicht dieses Werkes genügend zu sein.

Literaturverzeichnis

Werkausgaben

Alberti Magni Ordinis Fratrum Praedicatorum Liber de principiis motus processivi. Ad fidem autographi edidit Bernhardus Geyer (Alberti Magni Opera Omnia, Ed. Colon. XII), Münster 1955, XXI–XXXII + 47–75 (76: Tabula Tractatuum et Capitulorum).

Alberti Magni liber de principiis motus processivi ad fidem Coloniensis archetypi, ed. Hermann Stadler (Programm des Königlichen Maximilians-Gymnasium für das Schuljahr 1908/1909), München 1909.

D. Alberti Magni Liber de motibus progressivis, ed. Augustus Borgnet (Alberti Magni Opera Omnia, Ed. Paris. X), Paris 1891, 321–358 (359–360: Index Tractatuum et Capitum).

D. Alberti Magni Ordinis Praedicatorum Liber de motibus progressivis, ed. Petrus Iammy (Alberti Magni Opera, Ed. Lugdun. V), Lyon 1651, 508–527.

Alberti Magni episcopi Ratisponensis de ordine Predicatorum liber de principiis motus processivi, in: Parva naturalia Alberti Magni. Venetiis impensa heredum quondam domini Octaviani Scoti civis Modoetiensis ac sociorum. Die io. Martii 1517, f. 179r–185v.

Quellen

Albertus Magnus, *De anima*, ed. Clemens Stroick (Alberti Magni Opera Omnia, Ed. Colon. VII/1), Münster 1968.

–, *De animalibus libri XXVI*, ed. Hermann Stadler, Bd. I: Buch I–XII, Bd. II: Buch XIII–XXVI (BGPhMA XV–XVI), Münster 1916–1920.

–, *De bono*, edd. Henricus Kühle, Carolus Feckes, Bernhardus Geyer, Wilhelmus Kübel (Alberti Magni Opera Omnia, Ed. Colon. XXVIII), Münster 1951.

–, *De caelo et mundo*, ed. Paulus Hossfeld (Alberti Magni Opera Omnia, Ed. Colon. V/1), Münster 1971.

–, *De homine*, edd. Henryk Anzulewicz et Joachim R. Söder (Alberti Magni Opera Omnia, Ed. Colon. XXVII/2), Münster 2008.

–, *De intellectu et intelligibili*, ed. Augustus Borgnet (Alberti Magni Opera Omnia, Ed. Paris. IX), Paris 1890, 477–521 (523–525: Index Librorum, Tractatuum et Capitum).

–, *De motibus animalium*, ed. Augustus Borgnet (Alberti Magni Opera Omnia, Ed. Paris. IX), Paris 1890, 257–300 (301–303: Index Librorum, Tractatuum et Capitum).

–, *De IV coaequaevis* (*Summa de creaturis* I), ed. Augustus Borgnet (Alberti Magni Opera Omnia, Ed. Paris. XXXIV), Paris 1895, 307–761 (763–773: Index Tractatuum, Quaestionum, Articulorum).

–, *De resurrectione*, ed. Wilhelmus Kübel (Alberti Magni Opera Omnia, Ed. Colon. XXVI), Münster 1958, V–XIX + 237–354 (XXIX–XIII: Tabula quaestionum).

–, *De sensu et sensato*, ed. Augustus Borgnet (Alberti Magni Opera Omnia, Ed. Paris. IX), Paris 1890, 1–93 (95–96: Index Tractatuum et Capitum).

– *De somno et vigilia*, ed. Augustus Borgnet (Alberti Magni Opera Omnia, Ed. Paris. IX), Paris 1890, 121–207 (209–212: Index Librorum, Tractatuum et Capitum).

– *De spiritu et respiratione*, ed. Augustus Borgnet (Alberti Magni Opera Omnia, Ed. Paris. IX), Paris 1890, 213–251 (253–255: Index Tractatuum et Capitum).

–, *Ethica*, ed. Augustus Borgnet (Alberti Magni Opera Omnia, Ed. Paris. 7), Paris 1891.

–, *Liber de natura et origine animae*, primum ad fidem autographi ed. Bernhardus Geyer (Alberti Magni Opera Omnia, Ed. Colon. XII), Münster 1955, VI–XX + 1–44 (45–46: Tabula Tractatuum et Capitulorum).

–, *Liber de natura et origine animae / Über die Natur und den Ursprung der Seele*, Lateinisch-Deutsch, übersetzt und eingeleitet von Henryk Anzulewicz (Herders Bibliothek der Philosophie des Mittelalters, 10), Freiburg – Basel – Wien 2006.

–, *Metaphysica*, ed. Bernhardus Geyer (Alberti Magni Opera Omnia, Ed. Colon. XVI/1–2), Münster 1960–1964.

–, *Physica*, ed. Paulus Hossfeld (Alberti Magni Opera Omnia, Ed. Colon. IV/1–2), Münster 1987–1993.

–, *Quaestio de gula*, in: Albertus Magnus, *Quaestiones*, edd. Albertus Fries, Wilhelmus Kübel, Henricus Anzulewicz (Alberti Magni Opera Omnia, Ed. Colon. XXV/2), Münster 1993, XXX–XXXII + 170–183.

–, *Quaestiones super De animalibus*, ed. Ephrem Filthaut (Alberti Magni Opera Omnia, Ed. Colon. XII), Münster 1955, XXIII–XLVII + 77–309 (310–321: Tabula Quaestionum).

–, *Super Dionysium De caelesti hierarchia*, edd. Paulus Simon et Wilhelmus Kübel (Alberti Magni Opera Omnia, Ed. Colon. XXXVI/1), Münster 1993.

–, *Super Dionysium De ecclesiastica hierarchia*, edd. Maria Burger, Paulus Simon et Wilhelmus Kübel (Alberti Magni Opera Omnia, Ed. Colon. XXXVI/2), Münster 1999.

–, *Super Ethica*, ed. Wilhelmus Kübel (Alberti Magni Opera Omnia, Ed. Colon. XIV/1–2), Münster 1968–1972–1987.

–, *Super Euclidem*, ed. Paul M. J. E. Tummers, *Albertus (Magnus)' Commentaar op Euclides' Elementen der Geometrie*, Deel II: *Uitgave van boek I van Albertus (Magnus) en van Anaritius*, Nijmegen 1984.

–, *Super Matthaeum*, ed. Bernhardus Schmidt (Alberti Magni Opera Omnia, Ed. Colon. XXI/1–2), Münster 1987.

Albertus Magnus und sein System der Wissenschaften. Schlüsseltexte in Übersetzung: Lateinisch-Deutsch, hg. vom Albertus-Magnus-Institut, eingeleitet, übersetzt und für den Druck vorbereitet von Hannes Möhle, Henryk Anzulewicz, Maria Burger, Silvia Donati, Ruth Meyer, Martin Bredenbeck und Susana Bullido del Barrio, Münster 2011.

Anonymus, *Ordo librorum naturalium secundum Albertum Magnum (Paris, BnF lat. 14709f.* 318^{va-b}*)*, ed. Henryk Anzulewicz, in: *Albertus Magnus und sein System der Wissenschaften. Schlüsseltexte in Übersetzung Lateinisch-Deutsch*, hg. vom Albertus-Magnus-Institut, Münster 2011, 158–161.

Aristoteles, *Über die Bewegung der Lebewesen*, übersetzt und erläutert von J. Kollesch (Aristoteles. Werke in deutscher Übersetzung, 17/II), Berlin 1985.

Aristoteles Graece. Ex recensione Immanuelis Bekkeri, I–II, Berlin 1831.

Aristoteles Latinus, *De motu animalium.* Fragmenta Translationis anonymae, ed. Pieter De Leemans (Aristoteles Latinus XVII 1.III), Bruxelless 2011.

Aristoteles Latinus, *De motu animalium.* Translatio Guillelmi de Morbeka, ed. Pieter De Leemans (Aristoteles Latinus XVII 2.II–III), Bruxelles 2011.

Aristoteles Latinus, *Ethica Nicomachea.* Translatio Roberti Grosseteste, ed. Renatus A. Gauthier (Aristoteles Latinus XXVI/1–3), Leiden – Bruxelles 1972.

Averroes, *Commentarium magnum in Aristotelis De anima*, ed. F. Stuart Crawford (Corpus Commentariorum Averrois in Aristotelem, VI/1), Cambridge, Mass. 1953.

–, *Commentarii in libros Physicorum Aristotelis* (Aristotelis Opera cum Averrois Commentariis, Ed. Junctina IV), Venetiis 1562 (Unveränderter Nachdruck Frankfurt: Minerva 1962).

Chartularium Universitatis Parisiensis, edd. Henricus Denifle et Aemilius Chatelain, t. II, Paris 1891.

Cicero, M. Tullius, *De inventione (Rhetorici libri duo)*, recognovit Eduard Stroebel (M. Tvlli Ciceronis scripta quae manserunt omnia, fasc. 2). Editio stereotypa editionis prioris (1915), Stuttgart 1977 (Bibliotheca scriptorum Graecorum et Romanorum Teubneriana).

Euclides, *Elementa*, ed. Hubert L. L. Busard, *A Thirteenth-Century Adaptation of Robert of Chester's Version of Euclid's* Elements, Bd. 1 (Algorismus. Studien zur Geschichte der Mathematik und der Naturwissenschaften, 17), München 1996.

[Iohannes Damascenus:] *Die Schriften des Johannes von Damaskos*, II: Ἔκδοσις ἀκριβὴς τῆς ὀρθοδόξυ πίστεως / *Expositio fidei*, ed. Bonifatius Kotter (Patristische Studien und Texte, 12), Berlin – New York 1973.

–, *De fide orthodoxa.* Versions of Burgundio and Cerbanus, ed. Eligius M. Buytaert (Franciscan Institute Publications. Text Series, 8), St. Bonaventure – Louvain – Paderborn 1955.

Isaac Israeli, *De elementis*, in: *Omnia opera Ysaac*, Lyon 1515 f. IV^v–X^v.

[Thomas de Aquino, I *Sent.*:] *Thomae Aquinatis Commentum in primum librum Sententiarum magistri Petri Lombardi*, ed. Pierre Mandonnet, Paris 1929.

Handschriftliche Überlieferung des Werkes

Anzulewicz, Henryk, »Neuaufgefundenes Textfragment von *De principiis motus proccessivi* II, 2 des Albertus Magnus im Kodex Wien, Österreichische Nationalbibliothek 2303«, *Documenti e studi sulla tradizione filosofica medievale* 5 (1994), 241–258 + Tafel I–II.

Fauser, Winfried, *Die Werke des Albertus Magnus in ihrer handschriftlichen Überlieferung, Teil I: Die echten Werke* (Alberti Magni Opera Omnia, Tomus subsidiarius I/1), Münster 1982.

–, »Albertus-Magnus-Handschriften. 1. Fortsetzung«, *Bulletin de Philosophie Médiévale* 24 (1982) 123, n. 31 (25).

–, »Albertus-Magnus-Handschriften. 2. Fortsetzung«, *Bulletin de Philosophie Médiévale* 25 (1983) 113, n. 31.

Geyer, Bernhard, »Der alte Katalog der Werke des hl. Albertus Magnus«, in: *Miscellanea Giovanni Mercati*, vol. II: Letteratura Medioevale (Studi e Testi 122), Città del Vaticano 1946, 398–413.

–, »Die handschriftliche Verbreitung der Werke Alberts des Großen als Maßstab seines Einflusses«, in: *Studia Mediaevalia in honorem Raymund J. Martin O.P.*, Brügge 1948, 221–228.

–, »Ad Librum De principiis motus processivi Prolegomena«, in: Albertus Magnus, *Liber de principiis motus processivi*, § 3, ed. Bernhardus Geyer (Alberti Magni Opera Omnia, XII), Münster 1955, XXVII–XIX.

Knaus, Hermann, »Ein rheinischer Gesamtkatalog des 15. Jahrhunderts«, *Gutenberg-Jahrbuch* 51 (1976) 509–519.

Petrus de Prussia, *Vita B. Alberti Doctoris Magni ex Ordine Praedicatorum Episcopi Ratisponensis*, Antverpiae 1621.

Planzer, Dominikus, »Albertus-Magnus-Handschriften in mittelalterlichen Bibliothekskatalogen des deutschen Sprachgebietes«, *Divus Thomas* 10 (1932) 246(378)–276(408).

Simon, Paul, »Ein Katalog der Werke des hl. Albertus Magnus in einer Handschrift der Lütticher Universitätsbibliothek«, in: Robert Haass, Joseph Hoster (Hg.), *Zur Geschichte und Kunst im Erzbistum Köln.* Festschrift für Wilhelm Neuß, Düsseldorf 1960, 80–88.

Weiss, Melchior, *Primordia novae bibliographiae B. Alberti Magni, Ratisbonensis episcopi, ordinis praedicatorum.* Editio secunda aucta et emendata, Paris 1905, 76, n. 280.

Sekundärliteratur

Anzulewicz, Henryk, »Die aristotelische Biologie in den Frühwerken des Albertus Magnus«, in: Carlos Steel, Guy Guldentops, Pieter Beullens (Hg.), *Aristotle's Animals in the Middle Ages and the Renaissance* (Mediaevalia Lovaniensia. Series I/Studia, XXVII), Leuven 1999, 159–188.

–, »Die Rekonstruktion der Denkstruktur des Albertus Magnus. Skizze und Thesen eines Forschungsprojektes«, *Theologie und Glaube* 90 (2000), 602–612.

–, »Die platonische Tradition bei Albertus Magnus. Eine Hinführung«, in: Stephen Gersh, Maarten J. F. M. Hoenen (Hg.), *The Platonic Tradition in the Middle Ages. A Doxographic Approach*, Berlin – New York 2002, 207–277.

–, »Einleitung«, in: Albert der Große, *Liber de natura et origine animae / Über die Natur und den Ursprung der Seele.* Lateinisch-Deutsch, übersetzt und eingeleitet von Henryk Anzulewicz (Herders Bibliothek der Philosophie des Mittelalters, 10), Freiburg – Basel – Wien 2006, 9–34.

–, »Prolegomena«, in: Albertus Magnus, *De homine*, edd. Henryk Anzulewicz et Joachim R. Söder (Alberti Magni Opera Omnia, Ed. Colon. XXVII/2), Münster 2008, V–XLIII.

–, »Albertus Magnus und die Tiere«, in: Sabine Obermaier (Hg.), *Tiere und Fabelwesen im Mittelalter*, Berlin – New York 2009, 29–54.

–, »Albertus Magnus-Editionen. Von den frühen Drucken bis zur Gesamtausgabe von A. & É. Borgnet«, in: Georgi Kapriev (Hg.), *Nomina essentiant res* [Festschrift Tzotcho Boiadijev], Sofia 2011, 223–243.

–, »›Bonum‹ als Schlüsselbegriff bei Albertus Magnus«, in: Walter Senner et al. (Hg.) *Albertus Magnus. Zum Gedenken nach 800 Jahren. Neue Zugänge, Aspekte und Perspektiven*, Berlin 2001, 113–140.

Bono, James J., »Medical Spirits and the Medieval Language of Life«, *Traditio* 40 (1984) 91–130.

Craemer-Ruegenberg, Ingrid, »Das Naturverständnis des Aristoteles«, in: L. Schäfer, E. Ströker (Hg.), *Naturauffassungen in Philosophie, Wissenschaft, Technik.* Bd. I: *Antike und Mittelalter*, Freiburg – München 1993, 85–106.

De Leemans, Pieter, »The Discovery and Use of Aristotle's *De Motu Animalium* by Albert the Great«, in: Jan A. Aertsen, Andreas Speer (Hg.), *Geistesleben im 13. Jahrhundert* (Miscellanea Mediaevalia, 27), Berlin – New York 2000, 170–188.

–, »*Secundum viam naturae et doctrinae.* Lire le *De motu animalium* et les *Parva naturalia* d'Aristote au Moyen Âge«, in: Ch. Grellard, P.-M. Morel (Hg.), *Les* Parva naturalia *d'Aristote. Fortune antique et médiévale*, Paris 2010, 197–220.

–, »Introduction« [and *Prolegomena*], in: Aristoteles Latinus XVII/1.III: *De Motu Animalium. Fragmenta Translationis anonymae*, ed. Pieter De Leemans, Brepols 2011, IX–XVIII; XIX–XCII.

Dod, Bernard G., »Aristoteles latinus«, in: Norman Kretzmann, Anthony Kenny, Jan Pinborg, Eleonore Stump (Hg.), *The Cambridge History of Later Medieval Philosophy from the Rediscovery of Aristotle to the Disintegration of Scholasticism 1100–1600*, Cambridge 1982 (Reprint 1997), 45–79.

Endres, J. A. »War Albertus Magnus in Griechenland?«, *Historisch-politische Blätter für das katholische Deutschland* 166 (1920) 645–651.

Filthaut, Ephrem, »Ad Quaestiones super De animalibus Prolegomena«, in: Albertus Magnus, *Quaestiones super De animalibus*, ed. Ephrem Filthaut (Alberti Magni Opera Omnia, Ed. Colon. XII), Münster 1955, XXXV–XLVII.

Fries, Albert, Illing, Kurt, »Albertus Magnus«, in: *Verfasserlexikon*, Bd. 1, Berlin – New York 1978, 124–139.

Garreau, A., *Saint Albert le Grand*, Paris 1942.

Geyer, Bernhard, »Die ursprüngliche Form der Schrift Alberts des Großen *De animalibus* nach dem Kölner Autograph«, in: Albert Lang, Joseph Lechner, Michael Schmaus (Hg.), *Aus der Geisteswelt des Mittelalters* (BGPhMA. Supplementband III/1), Münster 1935, 578–590.

–, »Der alte Katalog der Werke des hl. Albertus Magnus«, in: *Miscellanea Giovanni Mercati*, vol. II (Studi e Testi, 122), Città del Vaticano 1946, 398–413.

–, »Ad Librum De natura et origine animae Prolegomena«, in: Albertus Magnus, *Liber de natura et origine animae*, ed. Bernhard Geyer (Alberti Magni Opera Omnia, Ed. Colon. XII), Münster 1955, VII–XX.

–, »Ad Librum De principiis motus processivi Prolegomena«, in: Albertus Magnus, *Liber de principiis motus processivi*, ed. Bernhardus Geyer (Alberti Magni Opera Omnia, Ed. Colon. XII), Münster 1955, XXIII–XXXI.

Grellard, Christophe, Morel, Pierre-Marie, »Présentation«, in: dies. (Hg.), *Les* Parva naturalia *d'Aristote. Fortune antique et médiévale* (Série Philosophie, 28. Université Paris 1, Panthéon-Sorbonne), Paris 2010.

Grönemann, Olaf, »Das Werk Alberts des Großen und die Kölner Ausgabe der Opera Omnia«, *Recherches de Théologie ancienne et médiévale* 59 (1992) 125–154.

Hertling, Georg Freiherr von, »Über die Benützung der Aristotelischen Schriften und die Gestalt der Aristotelischen Philosophie bei Albert dem Großen«, in: ders., *Albertus Magnus. Beiträge zu seiner Würdigung*, Köln 1880, 43–125.

Höffe, Otfried, *Aristoteles* (Beck'sche Reihe. Denker, 535), München ^{2}1999.

Hünemörder, Christian, »Die Zoologie des Albertus Magnus«, in: Gerbert Meyer, Albert Zimmermann, Paul-Bernd Lüttringaus (Hg.), *Albertus Magnus Doctor universalis 1280/1980* (Walberberger Studien. Philosophische Reihe, 6), Mainz 1980, 235–248.

Jessen, Karl, »Appendices editorum«, c. 3–4, in: Albertus Magnus, *De vegetabilibus libri VII*, ed. Ernst Meyer, Karl Jessen, Berlin 1867, 672–684.

Jourdain, Amable, Jourdain, Charles, *Recherches critiques sur l'âge et l'origine des traductions latines d'Aristote et sur des commentaires grecs ou arabes employés par les docteurs scolastiques*, Paris ^{2}1843 (Reprint New York 1960).

Kirchhoff, Raina, *Die* Syncategoremata *des Wilhelm von Sherwood* (Studien und Texte zur Geistesgeschichte des Mittelalters, 98), Leiden 2008.

Klünker, Wolf-Ulrich, »Nur der Mensch. Menschliche Seele und Erde im Werk des Albertus Magnus«, in: Rolf Dorka et al. (Hg.), *Zum Erstaunen bin ich da. Forschungswege in Goetheanismus und Anthroposophie*, Dornach 1998, 80–83.

Koeniger, Albert M., »Albert von Lauingen«, in: Josef Deißer (Hg.), *Der heilige Kirchenlehrer Albertus Magnus Lauingens Sohn und Schutzpatron.* Offizielle Festschrift zur Feier der Heiligsprechung von Albertus Magnus am 16. Mai 1932 in Lauingen, Dillingen-Donau 1932, 25–38.

Köhler, Theodor W., »*Processus narrativus.* Zur Entwicklung des Wissenschafts-

konzepts in der Hochscholastik«, *Salzburger Jahrbuch für Philosophie* 39 (1994) 109–127.

Kübel, Wilhelm (et al.), »Albertus Magnus«, in: *Lexikon des Mittelalters*, Bd. I, München – Zürich 1980, 294–299.

Lennox, James G., *Aristotle's Philosophy of Biology. Studies in the Origins of Life Science* (Cambridge Studies in Philosophy and Biology), Cambridge: Cambridge University Press 2001.

Lohrum, Meinolf, *Albert der Große. Forscher – Lehrer – Anwalt des Friedens*, (Topos-Taschenbücher, 216), Mainz 1991.

Meersseman, Gilles, *Introductio in Opera omnia B. Alberti Magni*, Brugge 1931.

Murano, Giovanna, *Opere diffuse per* exemplar *e pecia* (Textes et études du Moyen Âge, 29), Turnhout 2005.

Nussbaum, Martha, *Aristotle's De Motu Animalium. Text with Translation, Commentary, and Interpretive Essays*, Princeton 1978 (First Princeton Paperback printing, with corrections 1985).

Pelster, Franz, *Kritische Studien zum Leben und zu den Schriften Alberts des Großen* (Ergänzungshefte zu den Stimmen der Zeit. Zweite Reihe: Forschungen. 4 Heft), Freiburg im Breisgau 1920.

–, »Zur Datierung der Aristotelesparaphrase des hl. Albert des Großen«, *Zeitschrift für katholische Theologie* 56 (1932) 423–436.

–, »Die ersten beiden Kapitel der Erklärung Alberts des Großen zu *De animalibus* in ihrer ursprünglichen Fassung. Nach Cod. Vat. Lat. 718«, *Scholastik* 10 (1935) 229–240.

Scheeben, Heribert Christian, *Albert der Große. Zur Chronologie seines Lebens* (Quellen und Forschungen zur Geschichte des Dominikanerordens in Deutschland, 27), Vechta – Leipzig 1931.

Schmidt, Bernhard, »Prolegomena«, in: Albertus Magnus, *Super Matthaeum*, ed. Bernhard Schmidt (Alberti Magni Opera Omnia, Ed. Colon. XXI/1), Münster 1987, VII–LXVII.

Simon, Paul, »Albert der Große«, in: *Theologische Realenzyklopädie*, Bd. II, Berlin – New York 1977, 177–184.

Stadler, Hermann, »Albertus Magnus von Cöln als Naturforscher und das Cölner Autogramm seiner Tiergeschichte« (Verhandlungen der Gesellschaft Deutscher Naturforscher und Ärzte 1908), Leipzig 1908, 29–37 (Sonderabdruck 1–11).

–, [Prolegomena], in: *Alberti Magni Liber de principiis motus processivi ad fidem Coloniensis archetypi*, ed. Hermann Stadler, München 1909, 3–6.

–, *Vorbemerkungen zur neuen Ausgabe der Tiergeschichte des Albertus Magnus* (Sitzungsberichte der Königlich Bayerischen Akademie der Wissenschaften. Philosophisch-philologische und historische Klasse, Jahrgang 1912, 1. Abhandlung), München 1912.

Steel, Carlos, »Guillaume de Moerbeke et Saint Thomas«, in: Jozef Brams, Willy Vanhamel (Hg.), *Guillaume de Moerbeke. Recueil d'études à l'occasion de 700e anniversaire du sa mort (1286)* (Ancient and Medieval Philosophy. De Wulf-Mansion Centre. Series 1/VII), Leuven 1989, 57–82.

–, »Abraham und Odysseus. Christliche und neuplatonische Eschatologie«, in: Jan A. Aertsen, Martin Pickavé (Hg.), *Ende und Vollendung. Eschatologische Perspektiven im Mittelalter* (Miscellanea Mediaevalia 29), Berlin – New York 2002, 115–137.

Tkacz, Michael, W., »Albert the Great and the Revival of Aristotle's Zoological Research Program«, *Vivarium* 45 (2007) 30–68.

Tugwell, Simon, »Albert the Great. Introduction«, in: *Albert & Thomas. Selected Writings*. Translated, edited, and introduced by Simon Tugwell, New York – Mahwah 1988, 3–129.

Vanhamel, Willy, »Biobibliographie de Guillaume de Moerbeke«, in: Jozef Brams, Willy Vanhamel (Hg.), *Guillaume de Moerbeke. Recueil d'études à l'occasion de 700e anniversaire du sa mort (1286)* (Ancient and Medieval Philosophy. De Wulf-Mansion Centre. Series 1/VII), Leuven 1989, 301–383.

Van Steenberghen, Fernand, »Le ›De quindecim problematibus‹ d'Albert le Grand«, in: *Mélanges Auguste Pelzer* (Recueil de travaux d'Histoire et de Philologie, 3me Série, 26me Fascicule), Louvain 1947, 415–439.

Walsh, Francis A., »Phantasm and Phantasy. A Study in Terms«, *The New Scholasticism* 9 (1935) 116–133.

Weisheipl, James A., *Friar Thomas d'Aquino: His Life, Thought and Works*, New York 1974; dt. Übers. von Gregor Kirstein: ders., *Thomas von Aquin: Sein Leben und seine Theologie*, Graz – Wien – Köln 1980.

–, »The Life and Works of St. Albert the Great«, in: ders. (Hg.), *Albertus Magnus and the Sciences. Commemorative Essays 1980* (Studies and Texts, 49), Toronto 1980, 13–51; dt. Übers. von Gregor Kirstein: ders., »Albert der Große: Leben und Werke«, in: Manfred Entrich (Hg.), *Albertus Magnus: Sein Leben und seine Bedeutung*, Graz – Wien – Köln 1982, 9–60.

–, »Albert's Works on Natural Science *(libri naturales)* in Probable Chronological Order«, in: ders. (Hg.), *Albertus Magnus and the Sciences. Commemorative Essays 1980* (Studies and Texts, 49), Toronto 1980, 565–577.

Wielockx, Robert, »Les brefs traités zoologiques d'Aristote. Histoire gréco-latine du texte: de la Grande Grèce, par l'Italie, à Paris«, *Bulletin de Philosophie Médiévale* 53 (2011) 3–39.

Wingate, Sybil Douglas, *The Mediaeval Latin Versions of the Aristotelian Scientific Corpus, with Special Reference to the Biological Works*, London 1931.

Glossar

actus	der Akt, die Tat, die Tätigkeit, die Handlung
ancha	die Hüfte, das Hüftbein
anima	die Seele
animal	das Sinnenwesen
animatum	das Beseelte, Sinnenwesen
appendicia materiae	das mit der Materie Verbundene
ars	die Kunst
artifex	der Künstler, der Handwerker
bonum	das Gute; ein Gutes
chyon	das Hüftbein, das Hüftgelenk
corpus	der Körper
coxa	die Hüfte
coxae	die Hüftgelenke
coxendix	das Hüftbein, der Hüftknochen
cubitus	der Ellenbogen
delectabile	das Erfreuliche, Angenehme
determinare	bestimmen, behandeln
digressio	der Exkurs
esse	das Sein
facultas	das Vermögen, die Möglichkeit, die Befähigung
finis	das Ziel
forma	die Form
formalis	zur Form gehörig
fugere	fliehen
generans	der/die/das Zeugende
genus	die Gattung
imaginatio	die Vorstellung, Vorstellungskraft, das V.-vermögen
imitare	nachahmen
instrumentum	das Werkzeug
intellectus	der Intellekt, Verstand
i. practicus	praktischer Intellekt
i. speculativus	betrachtender Intellekt
intelligentia	die Intelligenz, Einsicht

intentio	der Wahrnehmungsgehalt, die Absicht, das Bestreben
materia	die Materie, der Stoff
medium	die Mitte, das Bindeglied
meguar	die Achse
membrum	das Glied
modiolus	die Nabe
mollities	die Weichheit
motus	die Bewegung
m. localis	räumliche Bewegung
m. processivus	fortschreitende Bewegung/Fortbewegung
natura	die Natur, das Wesen
perfectio	die Vollkommenheit, die Vollendung, die Vervollkommnung
phantasia	die Einbildungskraft, das Einbildungsvermögen, die Einbildung
phantasma	das Sinnesbild
potentia	das Vermögen, die Kraft, die Möglichkeit
potestas	die Macht, die Kraft
pyxis, (pixis)	die Büchse, hier: das Gelenk
pyxis, (pixis) coxae	das Hüftgelenk
ramus	der Ast, der Zweig
ratio	die Vernunft, die Gesetzmäßigkeit, das Argument
res	der Gegenstand, das Ding, die Sache
resonantia lucis	der Widerschein des Lichtes
resultatio	der Widerschein, der Widerhall
scapula	das Schulterblatt
scia	das Hüftbein, das Hüftgelenk
species	die Art
spiritus	der Geist, das Pneuma
substantia	die Substanz
syllogizare	schließen, folgern
tibia	das Schienbein
tractatus	der Traktat
triste	das Schmerzliche
umerus	die Schulter
unio	die Vereinigung
unire	vereinigen
universale	das Allgemeine
vertebrum	das Gelenk (durch das sich die Glieder bewegen), das Wirbelbein des Rückgrats
virtus	die Kraft, Tugend

Register antiker und mittelalterlicher Autoren und Namen

(Kursive Seitenzahlen: Der Name erscheint auf der angegebenen Seite nur in der Fußnote.)

Herders Bibliothek der Philosophie des Mittelalters

Bislang erschienen:

1 Gilbert Crispin (ca. 1045–1117)
Religionsgespräche mit einem Juden und einem Heiden
Lateinisch – Deutsch

2 Ibn Sab'in (1216–1271)
Die Sizilianischen Fragen
Arabisch – Deutsch

3/1 Thomas von Aquin (1224/5–1274)
Kommentar zum Trinitätstraktat des Boethius I
Lateinisch – Deutsch

3/2 Thomas von Aquin (1224/5–1274)
Kommentar zum Trinitätstraktat des Boethius II
Lateinisch – Deutsch

4 Johannes Duns Scotus (ca. 1265–1308)
Pariser Vorlesungen über Wissen und Kontingenz
Lateinisch – Deutsch

5 Yûsuf al-Basir (gest. 1040)
Das Buch der Unterscheidung
Judäo-arabisch – Deutsch

6 John Blund (ca. 1175–1248)
Traktat über die Seele
Lateinisch – Deutsch

7 Thomas von Aquin (1224/5–1274)
Über das Seiende und das Wesen
Lateinisch – Deutsch

8 Petrus Johannes Olivi (1248–1298)
Über die menschliche Freiheit
Lateinisch – Deutsch

9 Al-Farabi (875–950)
Über die Wissenschaften. Die Version des Dominicus Gundissalinus
Lateinisch – Deutsch

10 Albert der Große (ca. 1200–1280)
Über die Natur und den Ursprung der Seele
Lateinisch – Deutsch

11 Dominicus Gundissalinus (ca. 1110–1190)
Über die Einteilung der Philosophie
Lateinisch – Deutsch

12 Siger von Brabant (ca. 1235–1286)
Über die Lehre vom Intellekt nach Aristoteles. Nebst zwei averroistischen Antworten an Thomas von Aquin
Lateinisch – Deutsch

13 Roger Bacon (ca. 1219–1292)
Opus maius. Eine moralphilosophische Auswahl
Lateinisch – Deutsch

14 Johannes von Salisbury (ca. 1115–1180)
Policraticus. Eine Textauswahl
Lateinisch – Deutsch

15 Averroes (ca. 1126–ca. 1198)
Über den Intellekt. Auszüge aus seinen drei Kommentaren zu Aristoteles' De Anima
Arabisch – Lateinisch – Deutsch

16 Wilhelm von Ockham (ca. 1280–1349)
Über die Verknüpfung der Tugenden
Lateinisch – Deutsch

17 Hillel von Verona (1220–1295)
Über die Vollendung der Seele
Hebräisch – Deutsch

18 Thomas von Aquin (1224/5–1274)
Kommentar zur Hebdomaden-Schrift des Boethius
Lateinisch – Deutsch

19 Moses Maimonides (1135–1204)
Wegweiser für die Verwirrten
Arabisch – Hebräisch – Deutsch

20 Alain von Lille (ca. 1120–1202/3)
Regeln der Theologie
Lateinisch – Deutsch

21 Salomon Ibn Gabirol (1021/2–1070)
Lebensquelle I–II
Lateinisch – Deutsch

22 Gregor von Rimini (um 1300–1358)
Moralisches Handeln und rechte Vernunft (Auswahl)
Lateinisch – Deutsch

23 Albert der Große (um 1200–1280)
Über die fünfzehn Streitfragen
Lateinisch – Deutsch

24 Peter Abaelard (1079–1142)
Theologia Scholarium
Lateinisch – Deutsch

25 Johannes von la Rochelle († 1245)
Summe über die Seele (2. Abhandlung)
Lateinisch – Deutsch

26 al-Kindī (ca. 800–ca. 866)
Die Erste Philosophie
Arabisch – Deutsch

27 Johannes Duns Scotus (ca. 1266–1308)
Freiheit, Tugenden und Naturgesetz
Lateinisch – Deutsch

28 Heinrich von Gent († 1293)
Ausgewählte Fragen zur Willens- und Freiheitslehre
Lateinisch – Deutsch

29 Franciscus de Mayronis
(† verm. 1328)
Kommentar zum ersten Buch der Sentenzen
Lateinisch – Deutsch

30 Wilhelm von Ockham
(ca. 1280–1349)
Probleme der Metyphysik
Lateinisch – Deutsch

35 Albert der Große
(um 1200–1280)
Über die Prinzipien der fortschreitenden Bewegung
Lateinisch – Deutsch